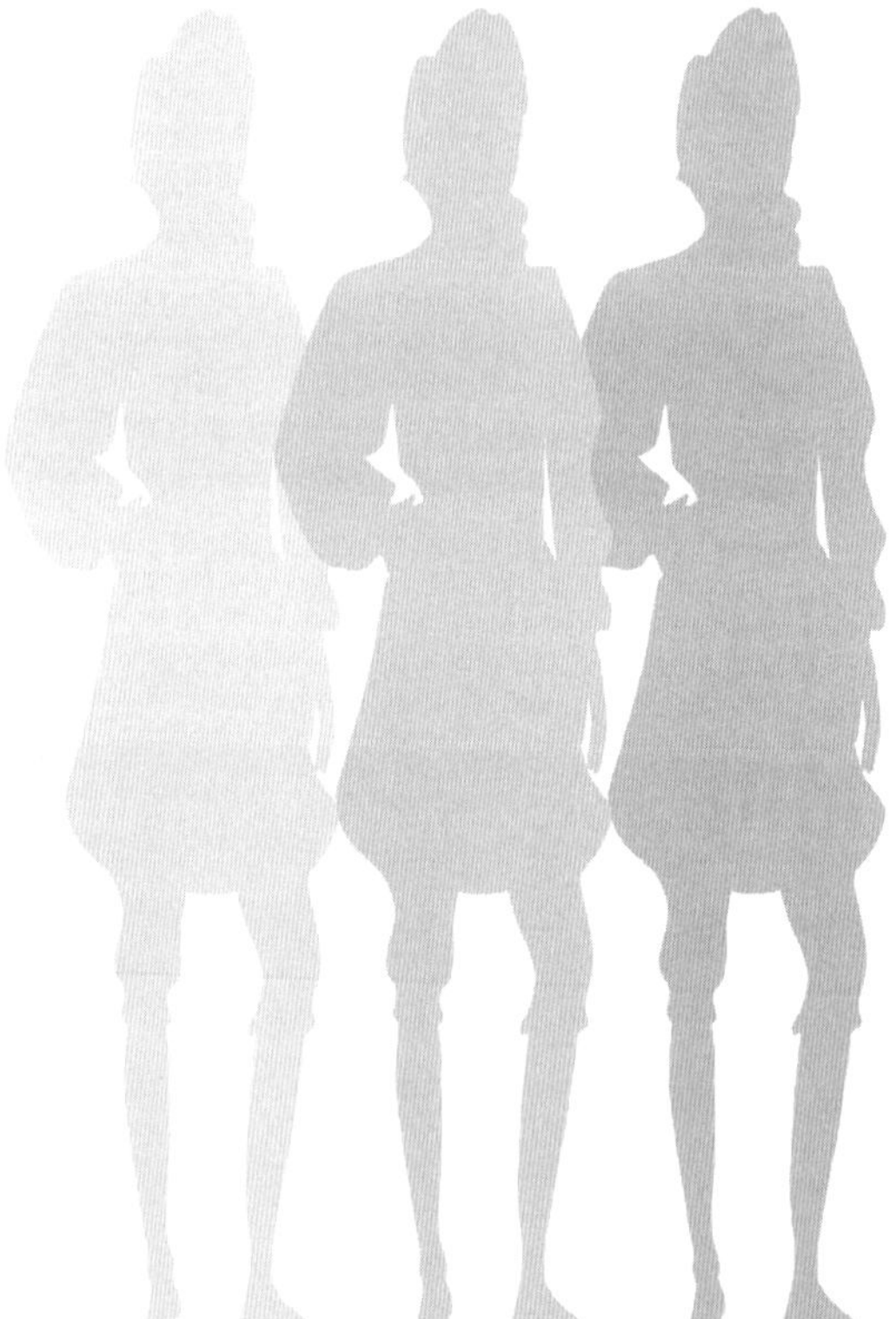

まえがき

本書を構想するきっかけとなったのは、二〇一四年十二月に行われた日本比較文学会第三十七回中部支部大会におけるシンポジウム「アダプテーションをめぐって」です。このシンポジウムにパネリストとして参加した武田美保子（司会）と、岩田和男、平林美都子が中心となって企画がなされ、そこに研究会でアダプテーション関連の文献を読みあっていたメンバーが加わって準備が進められ、各自がそれぞれの関心にそくして論文を書き、それらをある程度統一性のある形に編成したものが本書です。ちなみに、大橋洋一氏は研究会のメンバーではありませんが、わたしたちの要望に応えて、本書のために論文を書いてくださいました。

シンポジウムの趣旨は、いわゆる文学作品を映画化した映画アダプテーション、文学作品から同じメディアである文学作品への書き換え、演劇、ミュージカル、漫画、ゲームなどへの移し替えなど、原作とそのアダプテーション作品とのインターテクスト性について、多元的かつ多方向的な視座のもとに分析する、というものでした。メディアやジャンルを越え、様々に組み替えられ、作り替えられ、グローバルに繁殖し受容されていく近年のアダプテーションの増殖ぶりには、目を見張るものがあり、文学・文化研究に際しては従来のように、テクストを精読し、批評書に当って批評論文を書く、ということでは済まなくなり、文学・文化研究のパラダイム自体が大きくシフトしようとしているという現状認識があり、それがすべての出発点でした。

　たとえば、本書でも扱われているイギリス小説ジェイン・オースティンの『高慢と偏見』（一八一三）。この小説は、わたしが所属する英文学科でも大変人気があり、出版されてから約二〇〇年経つと言うのに、いまだに毎年のように学生や大学院生がこの小説やオースティンの他の小説で卒論や修論を書いています。学生たちのその人気は、この小説のアダプテーションである、ヘレン・フィールディングの『ブリジット・ジョーンズの日記』（一九九六）にまで及んでいます。一方で『高慢と偏見』は、一九九五年ＢＢＣ製作で映画化され、コリン・ファース演じるダーシー氏に多くの女性たちが熱狂し、これがＴＶ放映中は通りから人が消えたといわれています。二〇〇五年製作の劇場版では、キーラ・ナイトレイがエリザベス役を好演してアカデミー賞主演女優賞にノミネートされています。

　このように、何かと映画史上を賑わしてきたこの小説の映画版ですが、さらに驚くべきは、昨年二〇一六年に、セス・グレアム＝スミス原作のアダプテーション小説『高慢と偏見とゾンビ』が、イギリスＴＶドラマ『ダウントン・アビー』で注目を集めたリリー・ジェイムズ主演で映画化されたことです。イギリス文学の専門家の中には、この映画に対して眉をしかめる向きもあるようですが、ベネット姉妹が女性のたしなみとして中国流武道も習得し、日本の漫画やアニメよろしく美少女剣士として活躍しヒーローを助けるというこの映画は、原作の精神を活かしつつ、現代にふさわしいアダプテーションとなっています。その余波として、多くのゾンビを倒した勇ましい女剣士ベネット姉妹のプロットはゲーム化もされYouTubeにもアップされていますが、そこではゾンビを何人倒すかが競われています。

　また、舞踏会の場面も多く描かれているこの小説は、歌やダンスとも親和性が高く、二〇〇四年にはインドのボリウッド版『花嫁と偏見 *Bride and Prejudice*』が撮られ、バーナード・Ｊ・テイラー原作のミュージカルが各国で上演されています（二〇一七年二月には、京都女子大学英文学科恒例の催しものとして、日本で初めて上演されました）。こうしたとめどない拡散と繁殖の中で、小説『高慢と偏見』に対するわたしたちの関わり方や解釈も、幾多のアダプテーション作品とのインターテクスト的な関係性の中で修正され、更新されることになります。ですから、今後の文学・文化研究は、こうした状況への理解がなければ成立しないといっても過言ではないでしょう。

しかしながら問題は、アダプテーションをめぐるこうした状況にもかかわらず、アダプテーション研究における理論化や具体的な実践がひどく立ち遅れているということです。特に理論的考察については、わが国ではわずかに、二〇〇四年に、『舞台芸術』に寄稿された大橋洋一の「いつシェイクスピアはシェイクスピアであることをやめるのか？――アダプテーション理論とマクロテンポラリティ」が思い浮かぶ程度です。またその実践例としては、野崎歓編『文学と映画のあいだ』(東京大学出版会、二〇一三)、米谷郁子編『今を生きるシェイクスピア――アダプテーションと文化理解からの入門』(研究社、二〇一一)、杉野健太郎「アダプテーションをめぐるポリティックス――『華麗なるギャツビー』の物語学」(『交錯する映画――アニメ・映画・文学』ミネルヴァ書房、二〇一三、収録)、秦邦夫「女工(ミル・ガール)たちのモダニティ――『ヒンドル・ウェイクス』におけるアダプテーションと労働」(『英文学研究』第九十一巻、二〇一四)などを挙げることができるでしょうが、アダプテーションの理論化とその実践の深化に向けてさらに歩を進めなければならないと、わたしたちは痛感しています。

その一助となればと考えて取り掛かった本企画ですが、その具体的作業は当初の予想をはるかに超えた難しいものでした。なぜなら、アダプテーション研究は、わたしたち研究者が、従来的な既存の研究の枠組みの中に留まり続けるのを許してくれないからです。論文をまとめるためには、もともとの専門分野における知識は当然のこととして、まずその延長線上にある紙媒体におけるアダプテーションにもあたる必要があり、さらには映画のアダプテーションを映画それ自体として分析する映画批評の知識も備えておかなくてはなりません。またその元テクストの演劇やミュージカル上演、TVドラマ、ゲームなどのマスメディアの動向についても、絶えず意識しておくことが求められます。さらに当然のことながら、アダプテーションの理論的・実践的な先行文献に関する知識が必要とされます。

こうした膨大な情報を整理し、論文としてリーダブルなものとして呈示するためには、その情報のおおよそ半分、場合によっては三分の二を削って論の一貫性を持たせる必要があり、その作業は、通常の専門分野の論文を書く二、三倍の労力を要することもあるかもしれません。作業は難航続きでしたが、一方でこうした分析がアダプテーションを新たな批評理論として措定する契機ともなるという可能性を考えると、励みになる作業でもありました。

論文を書き、編集をする中で改めて考えたのは、物語の力ということです。元テクストと呼ばれているものは、時には民間伝承され、人々の間で物語られたものが文学テクストとして流通するという場合もあるかもしれません。またアダプテーションとして、元テクストが形を変え何度も何度も語り直されることにより、読者や観客は、その物語をさまざまな角度から何度も何度も反芻し味わい、時には勇気づけられ、堪能することができるわけです。文学・文化研究とは何かという根本的な問題への本質的な問いかけを促しその根幹を問う大切さを改めて認識させてくれるのも、アダプテーション研究の意義の一つに違いありません。

本書を通じて、各執筆者がアダプテーション研究に注いだ情熱を感じていただければ幸いです。

編者を代表して　武田美保子

目次アダプテーションとは何か

目次

アダプテーションとは何か

第一部　理論的考察

第二部　批評的実践

【凡例】

1、引用文中の強調（傍点、罫線等）は、断りのない限り、引用者によります。
2、引用文中の〔 〕内は、引用者の補足です。
3、文献からの引用ページ数は、文中の（ ）内に、英語文献の場合は著者名の後にアラビア数字で、日本語文献の場合は著者名の後に漢数字で示しましたが、文脈から判断して文献名が明らかな場合はページ数のみを示しました。なお、英語文献からの引用を和訳文献によって記した場合は、（Hutcheon 21；二六頁）のようにページ数を併記しました。

アダプテーションとは何か

アダプテーションとは何か

アダプテーションとは何か

序章■武田悠一

アダプテーション批評に向けて

1　理論化の試み

「アダプテーションadaptation」という語は、一般的には「環境への適応」という意味で使われています。この用語は、生物学の領域では進化と生存のための「環境への適応」、生存率と繁殖率を増加させられるような変化の過程といった意味で使われます。本書が議論の対象としているのは、もちろん、生物学的な意味でのアダプテーションではなく、文化現象としてのアダプテーション、たとえば文学作品を映画に「翻案」あるいは「改作」する行為、あるいは「翻案」「改作」された映画作品という意味でのアダプテーションです。とはいえ、この意味でのアダプテーションが生物学的な意味でのアダプテーションとまったく関係がないというわけではありません。スパイク・ジョーンズ監督、チャーリー・カウフマン脚本の『アダプテーション』（二〇〇二）という映画は、翻案《アダプテーション》についての翻案《アダプテーション》映画であり、「メタ＝アダプテーション映画」と呼ぶべき作品ですが、翻案／改作という意味でのアダプテーションが、その生物学的な意味と交錯する映画でもあります。スーザン・オーリアンのノンフィクション『蘭に魅せられた男』の翻案に取り組んでいるチャーリー・カウフマン（『マルコヴィッチの穴』で高い評価を得た脚本家として映画に登場し、ニコラス・ケイジがその役を演じています）は、執筆に行き詰りひどいスランプに陥りますが、脚本執筆の格闘そのものをテーマにするというアイデアを着想することによってスランプを脱します。こうして、アダプテーションのプロセスそれ自体を前景化することになるこの映画は、ロバート・スタムが言うように、「アダプテーション」という語それ自体の「ダーウィン的な意味あい」、すなわちハリウッド映画におけるアダプテーションの商業的な「適者生存」という問題──「（……）アダプテーションは原作の小説が「生き延びる」のを助ける「変異」と考えることができる」（Stam 3）──を提起しているのです。

文学作品を映画に翻案／改作すること（いわゆる「映画化」）は、英語で"film adaptation"あるいはたんに"adaptation"と呼ばれてきました。こういう意味でのアダプテーション研究は、比較的早くから行われており、英米では一九五〇年代以来の歴史があります。ところが、こうしたアダプテーション研究は個別のケース・スタディを積み重ねてきただけで、アダプテーションの理論的考察、アダプテーションの理論化はほとんどなされてこなかったと言わざるをえません。『アダプテーション研究──新しいアプローチ』（二〇一〇）の編者たちが言うように、「映画産業においてアダプテーションが果たしてきた支配的な役割にもかかわらず、アダプテーション理論は一九五〇年代以来ほとんど進化していない」（Albrecht-Crane 11）のです。

その一方で、アダプテーション研究はその関心の対象を拡げてきました。ジョージ・ブルーストーンの『小説から映画へ』（一九五七）以来のアダプテーション研究は、もっぱら小説をはじめとする文学作品の映画へのアダプテーションを対象としてきましたが、後で述べるように、近年その対象を文学作品や映画だけでなくもっと広範な領域にも広げ、またさまざまなテクスト間、メディア間のアダプテーションについても考察するようになりました。

そうした中で、二〇〇四年から二〇〇七年にかけて、ロバート・スタム、リンダ・ハッチオン、ジュリー・サンダーズ、トマス・リーチなどによるアダプテーション理論化の試みが集中的になされましたが、こうした試みが広く共有されているとはけっして言えません。一方、日本では、このようなアダプテーション理論化の試みは、今のところ大橋洋一が二〇〇四年に発表した「いつシェイクスピアはシェイクスピアであることをやめるのか？——アダプテーション理論とマクロテンポラリティ」——本書の第1章「未来への帰還——アダプテーションをめぐる覚書」は、この論考の改訂版《アダプテーション》です——以外に見当たりません。「シェイクスピアという特例を通して、〔アダプテーションの〕理論的一般化」を試み、「文学、演劇、文化研究においてアダプテーションのもつ意味を考える」（大橋 二五六頁）この論考がさらに敷衍され、展開されるべきだとわたしたちは考えていますが、本書はまさにその試みの一歩にほかなりません。

2　作品の死後の生

大橋洋一は、二〇〇四年の論考の中で、ミハイル・バフチンを援用しながら、「作品の死後の生」あるいは「マクロテンポラリティ」について論じています。

作品には前史のみならず後史が、その死後の生があります。バフチンがパラドクスと考えるのは、作品の死後の生のほうが、生前よりも、強度があり活気があり多種多様な意味が見出され、作品の価値を上げるということです——「作品は、それが属していた時代の境界を突き破り、何世紀も生きる、つまり〈マクロ時間〉を生きる。そしてしばしば（偉大な作品のときはつねに）その死後の生は、それが属していた時代の生よりも、強度があり充実しているのである」。（二八二頁）

作品が生きる「死後の生」というのは、ときに揶揄的に指摘されるように、後の時代の恣意的な改変あるいは曲解ではありません。バフチンが言おうとしているのは、「作品はその前史から充分な養分というか資源を吸収し、すぐれた作品は、それまでくみ取られなかった声を吸収している。それが創作され読まれた時代には、まだ開花しきれなかった可能性が後史においてさまざまな意味を輩出するかたちで開花」するということです。シェイクスピアの作品には、それまで「文学に浸透してこなかった民衆の言語層のなかに潜んで」いた意味が孕まれている。言い換えれば、シェイクスピアの作品は「〈失われた声〉の膨大な資料集あるいは書庫を構成している」のであり、それが未来において、新たな強勢とイントネーションによって聞き届けられた」（大橋 二八三頁）ということなのです。

「マクロテンポラリティ」という言葉で大橋が言おうとしているのは、作品が「長きにわたる死後の生」を生きているということ、「しかも、その間に、さまざまな意味が読み込まれ、また浮上し、異なる強勢、異なるイントネーションで受容されつづけている」ということです。そして、そのような受容を可能にしているのは、「作品が汲めども尽きぬ、あるいはいまだ解放されざる、あるいはいまだ卒業しない、意味を創造時において包含している」からなのです。シェイクスピアの作品が「マクロテンポラリティに参入している」というのはこの意味においてです。ただ注意すべきは、これが「天才作家の不滅の作品というロマン派的理想化」ではないということです。そうではなく、「マクロテンポラリティを可能にするのは読者や受容者の積極的な参加と対話」であり、このバフチン的「対話」は、「作品を崇拝して、ただ継承するのではなく、作品が変化し変容し新たな可能性を開示するようなかたちでの対話」にほかならないということなのです（二八四頁）。

そして、大橋が結論づけているように、このマクロテンポラリティとは、「まさにアダプテーションの時間あるいはアダプテーションそのもの」なのです。「その時代、時代におこなわれる解釈とは、その時代の社会と作品との対話の産物であり、作品が語れる部分を見出すこと、作品に封印されている意味を解放することであり、同じく劇作品の上演とは、その〈演出〉の現在時との対話から生まれるものであるし、これは解釈も上演も、ともに対話であるという資格においてアダプテーションでもあるということができるのです」（二八四頁）。

本書第1章の中で、大橋は「私たちが考えるアダプテーションのモデルでは、作品は過去に誕生したのではなく

〈未来からの贈り物〉となる」と言っています。「作品の意味の完全な開花／開示は、あるいは作品の完璧な誕生は、未来の不特定時にゆだねられる」からです。そして、「作品が、あたかも、未来から現在に送り届けられたかのように作品を考えるのがアダプテーション研究だ」と述べています。作品が「未来からの贈り物」であり、アダプテーション研究がその贈り物を実現するとしたら、アダプテーション批評は作品が孕む「未来」への応答ということになるでしょう。

3　増殖するテクスト

シェイクスピアの作品ほどのスケールはないにしても、少なくともそれが大衆文化の中で増殖させた、おびただしい数の翻案や改作という点からいえば、シェイクスピア作品におとらず多種多様な「死後の生」を生きた作品として、メアリ・シェリーの『フランケンシュタイン』を挙げることができるでしょう。この小説は、一八一八年に初版が出版されて以来ほぼ二百年が経った今でも依然としてわたしたちの想像力を刺激することをやめず、さまざまな批評を生み出し、舞台から映画、マンガ、アニメ、ゲームに至る翻案や改作、二次創作、盗作まがいの流用《アプロプリエーション》からパロディ、さらにはとんでもないゲテモノまで、ほとんどありとあらゆるテクストを増殖させつづけてきました。『フランケンシュタイン』という作品が生きた「死後の生」、この作品が参入した「マクロテンポラリティ」を、後の時代の恣意的な改変あるいは曲解として片づけてしまうのではなく、メアリ・シェリーの作品に封印されていた、どのような意味を解放したのか、そしてそのような意味を解放することがどのような文化的意義をもちうるのか、という観点から考えること、それは『フランケンシュタイン』というテクストをめぐって増殖してきたテクストを〈アダプテーション〉という観点から考えなおすことにほかなりません。

翻案作品を原作に対する「忠実度」に基づいて評価する従来のアダプテーション批評に代わって、アダプテーションを創造的な解釈ないしは翻訳とみなす傾向が生まれています。たとえば野崎歓は、文学と映画の関係について述べながら、「ひとつの文学作品がさまざまな国々で映画という鏡に映し出されることによって、その都度、まったく異なる装いのもとに立ち現れるという幻惑的な状況が、われわれにとってごく当たり前のものとなった」（野崎 五－六頁）と言っています。そのうえで、ヴァルター・ベンヤミンが「翻訳者の使命」の中で翻訳とは原作に「死後の生」を与える仕事、「生あるものの変容と新生」を作り出す仕事だと述べている（ベンヤミン 三九五頁）のを引き合いに出して、「映画は小説に対してまさしくそうした使命を帯びている」と述べ、さらに次のように言っています――「映画はいわば巨大な翻訳マシーンと化して、原作の似姿を産出し続けます。（……）映画から起源としての原作へとさかのぼって、対応する箇所を照合することばかりに気を取られていては、映画による創造を正当にとらえることはできないでしょう。原作から飛躍、跳躍して、その「ありうべき姿」のひとつを果敢に探究するところに映画化の面白さがあるのですから。それは、原テクストが異質なコンテクストに移植されて新たな生を得る過程でもあります」（野崎 九－一〇頁）。アダプテーションは、原作のコピーではありません。それは、原作の創造的な翻訳＝解釈であり、原作に「死後の生」を与え、そこに潜在していながらこれまで気づかれることのなかった〈未来〉を顕在化させるのです。

冒頭でも述べたように、「アダプテーション」という用語は、もっぱら「原作」小説の映画化（フィルム・アダプテーション）などに限定して使われることが多いのですが、そのようないわゆる「翻案」だけでなく、「原作」に基づいて、あるいは「原作」から離れて、多様に増殖するテクスト（小説、演劇、映画、マンガ、アニメ、ゲーム……）、純文学的な「翻案」だけでなく、無限に断片化、商品化して、ポップ・カルチャーとして消費されている、ありとあらゆるテクスト、といった意味で――従来の意味での「アダプテーション」よりはるかに広範な領域をカバーする概念として――〈アダプテーション〉という用語を使うこと。アダプテーションをこのように広い意味で捉える考え方は、たとえば、ロバート・スタムにも見られます。スタムは、アダプテーションを「メディアを横断して形式の変化をもたらすもの」と捉えた場合、そこには「読み、書き換え、批評、翻訳、変性、変身、再創造、音声変換、蘇生、変形、具体化、様式変換、シグニファイング〔「茶化す、悪戯をする、侮辱する、揶揄する、見せびらかす、非難する、やりこめる、模倣する、パロディ化する」などの意味を持つアフロ・アメリカンの用法〕、パフォーマンス、対話化、カニバリゼーション、再視覚化、化身、再強調」などが含まれると言っています（Stam 25）。

このように、アダプテーションをその多様性において捉えるだけでなく、多方向性において捉えることも必要でしょう。たとえば、小説から映画へといった一方向だけでなく、逆に映画から小説へ〈ノヴェライゼーション〉、あるいは映画から映画へ〈リメイク〉、さらには映画からマンガ、ゲームへ、そして逆にマンガ、ゲームから映画あるいは小説へ、といった多方向性を持つものとしてアダプテーションを考えるということです。そしてそのように考えると、原作〈オリジナル〉の小説を映画あるいは演劇に翻案〈コピー〉するといったように、アダプテーションをオリジナル／コピーの二項対立で考えることが意味をなさなくなります。言い換えれば、アダプテーションという概念は、そういう二項対立を脱構築するものになるのです。たとえば先に述べたように、シェイクスピアの戯曲は「オリジナル」ではなく、それ自体がすでにアダプテーションなのであり、『フランケンシュタイン』もまた、プロメテウス神話から創世記、ミルトンの『失楽園』からメアリ・シェリーの同時代のロマン主義文学、さらにはロックからルソーまでの思想の小説的アダプテーションというべきなのです。わたしたちは、シェイクスピアのテクストや『フランケンシュタイン』が多様かつ多方向に〈アダプト〉されてきたということだけでなく、シェイクスピアのテクストや『フランケンシュタイン』が、文学テクストのみならず、さまざまなテクストをいかに〈アダプト〉しているかを見なければなりません。

4　文化批評としてのアダプテーション

アダプテーションがこのようなものであるとしたら、すべてのテクストがアダプテーションということになってしまうのではないか、という疑問（反論？）が向けられるかもしれません。それに対するさしあたりの回答は、「すべてをアダプテーションとみなす」ということ、それこそがわたしたちの基本的な立場だ、というものです。文学を含むあらゆる文化現象、とりわけグローバル化したネット社会における文化現象は、創造と模倣、オリジナルとコピーといった二項対立ではもはや捉えきれません。とすれば、そうした二項対立を超える、新たな考え方が必要となるでしょう。そういう考え方のひとつがアダプテーションなのです。オリジナルとコピーの影響関係といった固定的な見方を捨て、多様かつ多方向的な相互関係を捉える概念としてアダプテーションを理論化する必要があるのです。

また、文化テクストを多様かつ多方向的な相互関係において見るという姿勢は、いわゆる「インターテクスト性（間テクスト性）」と同じではないかと言われるかもしれません。実際、リンダ・ハッチオンは『アダプテーションの理論』（二〇〇六）の中で、「アダプテーションとしてのアダプテーションが一種のインターテクスト性であることは避けられない」と言っています（Hutcheon 21：二六頁）。ハッチオンが言うように、アダプテーションとは「先行テクストとの関係で作られ受容されるもの」（6：八頁）にほかなりません。わたしたちがある作品を「アダプテーション」と呼ぶのは、それがべつの作品あるいは作品群と関係しているからです。アダプテーションをそのような関係性において見るということ、すなわちアダプテーションを「アダプテーションとして」見ることは、「ある意味で、ロラン・バルトが言うように、「作品」ではなく「テクスト」として扱うこと、複数の「模倣、引用、言及の立体音響として扱うことに等しい」（6：八頁）のです。要するに、「受容のプロセスという観点から見ると、アダプテーションはインターテクスト性の一形態」（8：一〇頁）なのです。こうした「アダプテーションとしてのアダプテーション」

について、ハッチオンは次のように言っています。

ミハイル・バフチンならば、それは進行中の対話の過程であると語ったであろう。その過程でわたしたちは、すでに知っている作品を現在接している作品と比較する。個々の作品が、他の作品そして文化体系全体と関連していることを強調することで、インターテクスト性を理論化したフランスの記号論やポスト構造主義の論考（たとえば、バルト、クリステヴァ）は、独創性や独自性、独立性についてのポスト・ロマン主義の支配的な概念に異議を突きつけた点で重要である。そうした理論では、テクストは目に見えるもの見えないもの、聞こえるもの聞こえないもの、さまざまな引用のモザイクであると言われる。テクストはつねに、すでに書かれており読まれているのだ。アダプテーションもまた同様である。（21：二六頁）

ハッチオンはアダプテーションの概念を拡大しすぎているのではないかと疑義を呈する向きもあるかもしれません。もちろん、ハッチオンはすべてがアダプテーションだと言っているわけではありません。彼女は、『アダプテーションの理論』で「何がアダプテーションでないのか」を明らかにしようとしています(1)。彼女がめざしているのは、文学や映画に限らずほとんどすべての文化テクストを〈アダプテーション〉という観点から見直すこと、すなわち、アダプテーションを文化的営みとして理論化することなのです。

本論集でわたしたちが提起しているアダプテーション概念も、インターテクスト性の概念とオーバーラップする部分が多くあります。アダプテーションを、バフチン、バルト、クリステヴァ、デリダ、ジュネットなどの現代批評の流れにそくして、インターテクスト性の観点から捉えるのが今日のアダプテーション理論（スタム、ハッチオン、サンダーズ(2)など）の主流です。ただ、アダプテーションが捉えようとする多様かつ多方向的な相互関係は、「インターテクスト」的であるだけでなく、「インターメディア（間メディア）」的あるいは「インタージャンル（間ジャンル）」

的な関係でもあります。文学という文字メディアが映像をはじめとする他のメディアにアダプトされるとき、あるいは、あるジャンルの小説が他のジャンルの小説にアダプトされるとき、一体何が起こっているのか。アダプテーション理論が探究するのは、こういう問題です。そして、こういう問題について考えるということは、結局、文化の中で文字や映像、あるいは音声やさまざまなパフォーマンスが担っている機能や役割について考えることでもあります。わたしたちがめざしているのは、そういう文化理論としてのアダプテーション理論を構築することなのです。

リンダ・ハッチオンの『アダプテーションの理論』は、シオバン・オフリンによる「エピローグ」と彼女自身による「第二版のまえがき」を付して二〇一三年に第二版が出版されましたが、この「エピローグ」と「まえがき」で強調されているのは、アダプテーションのインターメディア性です。これは、ハッチオンによれば、インターネットのグローバルな普及によって過去十年間に生じた新しいメディア環境がアダプテーションにどのようなインパクトを与えたかを検証するためです（Hutcheon with O'Flynn xxv）。もちろん、アダプテーションのインターメディア性に対しては、もっと以前から関心が向けられていました。たとえば、カミラ・エリオットの『小説／映画論争再考』（二〇〇三）は、小説と映画というメディアの異種混交性について論じています。オフリンの「エピローグ」は、インターメディア的なアダプテーションが、もはや小説と映画といった限定されたメディアを超えて、ほとんど無限にと言っていいほど増殖していることを例証しているのです。

5　本書の構成

本論集は、二部構成になっています。第一部は、主としてアダプテーションの理論的考察として書かれた論考からなっています。

第1章「未来への帰還――アダプテーションをめぐる覚書」（大橋洋一）は、文学を含むあらゆる文化現象をアダプテーションという観点から捉えなおそうとする本書の導入をなす論考です。アダプテーションは、一般に「高い評価の作品の創造的な反復」「先行作品の優秀性や高評価に依存する二番煎じ」といったイメージで捉えられ、オリジナル（原作）に対して二次的なものとして蔑視される傾向にあります。こうしたアダプテーション観を「逆転とまでいかなくても脱中心化」することが本章の目的です。

この「脱中心化」は、読者の役割を重視する受容理論による、作者中心の文学価値観の脱中心化と重ね合わせて論じられます。受容理論によれば、作品の完成は読者にゆだねられており、「テクストという客体に読者の主観が関与するとき、ここに出現する主客の稀有な一体化こそ、読書行為をまって初めて実現する」のですが、ここでの「読書行為」とはまさにアダプテーションにほかなりません。読者は、テクストを読む過程で、たとえそれを意識していないとしても、自らが置かれている時代の状況に合わせてテクストを書き換えているからです。セルバンテスの『ドン・キホーテ』と一字一句違わない「改作」を十九世紀に書いたピエール・メナールをめぐるボルヘスの短編小説を例として、引用とアダプテーションの関係が論じられ、初期ジャック・デリダの問題系である「差延」「エクリチュール」「代補」という概念がアダプテーションと同じ問題圏を共有していることが例証されます。さらに、たとえば『マクベス』のアダプテーションは、元テクストが「あたかも現代の中東情勢（端的にいえばイラクにおけるフセイン政権と多国籍軍との戦争（イラク戦争））を意味づけるもの」であるかのように想定することができる、あるいはそのようなものとして「自作自演」することができるとされ、要するにそのような関係性を原作との間に作り上げるのがアダプテーションなのだと論じています。最後に、この序章の冒頭でもふれた、ミハイル・バフチンの「作品の死後の生」あるいは「マクロテンポラリティ」という概念が示され、「〔作品の〕死後の生は、それが属していた時代の生より強度があり充実している」というバフチンの言葉にそくして、アダプテーションは〈未来からの贈り物〉であり、「作品の意味の完全な開花／開示は、あるいは作品の完璧な誕生は、未来の不特定時にゆだねられる」と結ばれています。ちなみに、アダプテーションと受容理論の関わりについては、第6章で武田美保子が『嵐が丘』の受容をめぐって具体的に論じています。また第5章では石塚倫子が今日の世界で『マクベス』のアダプテーションが生きる「死後の生」を詳細に論じています。

第2章「見ている／知っているのは誰か――〈語り〉のアダプテーションをめぐって」（武田悠一）は、小説と映画の〈視点〉の問題に焦点を当て、メディアの変換が生み出す〈語り〉の変容について考えながら、映画アダプテーションが原作小説の忠実なコピーなどではなく、むしろ文学の表現を多様化し、複雑化しているということを明らかにしようとしています。

まず、小説の〈語り〉をめぐる批評用語として使われてきた〈視点〉は、たんに視覚の問題――見ているのは誰か――ではなく、認識的な問題――知っているのは誰か――でもあるということが、ヘンリー・ジェイムズの小説『メイジーの知ったこと』とそのアダプテーション『メイジーの瞳』の〈語り〉の分析を通じて示され、映画は小説では「見えないもの」、すなわち、メイジーの〈視点〉から語られていると言われるジェイムズの小説が、実はある肝心なことをメイジーが「知らない」という条件のもとで語られているということを「見える」ようにしていると論じています。次に、ヴァージニア・ウルフの小説『オーランドー』をアダプトしたサリー・ポッターの映画を特徴づける「カメラ目線」が取り上げられ、それが小説の〈語り〉を複雑化しているだけでなく、ジェンダー・アイデンティティの流動性という問題を提起していること、観客にカメラの存在を意識させ、映画の虚構性を意識させてしまう「カメラ目線」が、ポッターの映画においてはユーモラスで観客に解放感を与えるものとして機能していることが示されます。最後に、アリス・ウォーカーの小説『カラーパープル』とスティーヴン・スピルバーグによるアダプテーションにおけるインターテクスト性の問題が論じられています。スピルバーグが書簡体というきわめて「文学的な」形式をもつ小説を、ヴォイスオーヴァーやクロスカッティングといった技法によっていかに「映画的な」映画に変容させたかを論じながら、「ウォーカーの小説が、ヨーロッパの男性たちによって書かれた書簡体小説の伝統をアフリカ系アメリカ女性作家としてフェミニズム的に書き換えたとしたら、ユダヤ系白人男性のスピルバーグがこの「ウーマニスト」小説をどのように変形したかは、もはや映画における〈語り〉の技法を超えた、人種とジェンダーにかかわる政治的かつ倫理的な問題」だと結論づけています。

第3章「アダプテーションを間メディア性から考える――「運動」の表象をめぐって」（岩田和男）は、最近のアダプテーション理論において注目されている、アダプテーションと間メディア性の関係について論じ、「優れて現代的なテクノロジーが文化現象に及ぼす批評的反映を把握し、間メディア性から見たアダプテーション理論の、これからの文学／文化理論に対して持つ有効性と限界（かもしれないもの）を示すこと」をめざしています。

二〇一三年に出版されたリンダ・ハッチオンの『アダプテーションの理論』第二版に付けられた、シオバン・オフリンによる「エピローグ」における、間メディア的なアダプテーションをめぐる議論を出発点として、アダプテーションと、間メディア性の関係性が示され、具体例として『高慢と偏見』や『タイム・マシン』が、おもに「運動」の表象という観点から分析されています。『高慢と偏見』『タイム・マシン』の映画アダプテーションにおける「エクフラシス的な」映像は物語を停滞させると論じられていますが、「運動」や「時間の経過」の描写は、メディアによる違いがもっとも際だつ場面です。言い換えれば、アダプテーションの、間メディア性が際だつ要素なのです。こうした「運動」の表象が文学と映画ではどう異なっているのかという問題は、ここで分析されている『高慢と偏見』と『タイム・マシン』だけでなく、さまざまな作品においても提起されうるでしょう。取り組んでいる問題が大きく、しかもeブックやゲームなどによる新しい形態のアダプテーションをも射程に入れているため、議論が錯綜するきらいがあり、たどりついた結論はいささかアンチクライマックスにも見えるのですが、全体としては挑戦的な論考と言うべきです。ルイス・キャロルのアダプテーション・ゲーム『アリス・狂気の再来』や、昨年（二〇一六年）日本でも映画版が公開された『高慢と偏見』の「ゾンビ・バージョン」アダプテーションにも言及されていて、もっとも最新のアダプテーションについての情報を得ることができます。

第4章「アダプテーションと映像の内在的論理――『ノーカントリー』における遅延を例に」（梶原克教）は、コーマック・マッカーシーの小説をコーエン兄弟がアダプトした映画『ノーカントリー』をめぐる議論を取り上げ、依然として原作を基準枠として原作への忠実度を（肯定的にせよ否定的にせよ）論じるアダプテーション批評がいかに多いかを例証しています。

「アダプテーション映画をめぐる言説の一貫した傾向性」として、「原作のモチーフを先行する文学作品に求めるにとどまらず、小説のテーマを映画が忠実に表現できるかどうかに拘泥する批評」が後を絶たないことが指摘されていますが、『ノーカントリー』の場合も例外ではなく、「起源としての文学に従属させられ、古典的作家の周縁に配置され、その忠実度を目安として評価され、文学制度へと貢献させられて」きたと批判しています。こうした制度的束縛から映画を解放するためには、「映画の内在的論理」にそくした批評が必要だというのが本章の主張です。この主張にそって、映画を「固有の論理を持つ「心理機構」として、「運動イメージ」と「時間イメージ」という二側面から考察した」ジル・ドゥルーズを参照枠として、「なによりもどのように見る／見えるかにかかわる」映画『ノーカントリー』が、「視ることの関係性から視ることの構造を表出させた映画」として分析されています。映画『ノーカントリー』において、「主要登場人物三人が、視覚的手がかりを客観的に解読しながらも当事者として事件に関わっていくのと並行して、観客もまた出来事の成り行きを予測する観察者から、情動と没入を通じた当事者へと変容してゆく」、言い換えれば、登場人物も観客も「見ること」を通じて「知ること」をめざすのですが、そこには絶えず「遅れ」が生じる。この「遅延」を分析することで、わたしたちは「文学とは異なる映画の内在的論理」と出会うことになる、という議論には説得力があります。

第二部には、アダプテーション批評の実践を集めました。

第5章「バーガーキング／クィーンの饗宴——ブラック・コメディとしての『マクベス』と七〇年代アメリカの食・文化・アメリカンドリーム」（石塚倫子）は、まず何よりも、「こんな面白い映画なら見てみたい」と思わせる、楽しい読み物になっています。

しかし、ただ楽しいだけではありません。シェイクスピアの悲劇『マクベス』のアダプテーション映画、『スコットランド、ＰＡ』（監督・脚本ビリー・モリセット、二〇〇一年）を取り上げ、シェイクスピアのアダプテーションとしてはマイナーな作品であり、原作を汚していると批判される一方で、ブラック・コメディ的なパロディとして評価されてもいるこの作品について詳細に論じながら、「この映画の中で、シェイクスピア作品とシンクロするものと、新たなコンテクストで原作が書き換えられ、重ね書きされ、占有されたものを検証し、そこで何が洗い出されているかを考えていく」ことによって、『スコットランド、ＰＡ』が四世紀以上の時間を超えて原作の「死後の生」を生きていることを例証しています。一九七〇年代のアメリカ・ペンシルヴェニア州の小さな町、スコットランドを舞台とするこの映画は、十一世紀のスコットランドを舞台とする『マクベス』の「死後の生」を生きることによって、おそらく今まで誰も思ってもみなかったような意味を原作から引き出すと同時に、一九七〇年代アメリカのファスト・フード文化が孕んでいた意味を、ポップカルチャー、階級格差、アメリカンドリームといった観点から探っているのです。

第6章「『嵐が丘』の受容をめぐって――小説と映画のあいだ」（武田美保子）は、作品の受容という観点からアダプテーションについて考える試みです。

エミリー・ブロンテの小説『嵐が丘』は、多くの謎を含んでおり、読者をその謎の解明に駆り立てるテクストですが、このテクストから生み出された数多くのアダプテーションもまた、そうした謎をめぐる解釈にかかわってきました。本章の目的は、一九三九年から二〇一一年に至る四つのアダプテーション映画を、とりわけそれぞれの映画が、キャシーとヒースクリフの関係と、ヒースクリフを取り巻く謎に関して、どのように元テクストの「空白」をうめようとしているかという観点から分析することによって、「小説『嵐が丘』が視覚メディアの中でどのように映像化され、時代の変化の中でいかに解釈し直されていったか」「こうしたアダプテーション映画と元テクストとの相互関係性が、私たち読者にどのような相互作用を起こしうるか」「各々の映画の相互関係性とはどのようなものか」を論じています。議論はジェンダーと人種の問題にも及び、アダプテーション映画の分析を通じて、元テクストが孕む「破壊的な力」が明らかにされます。本章では『嵐が丘』のアダプテーション小説も取り上げられていますが、特筆すべきは、水村美苗の翻案小説『本格小説』をめぐる分析と議論です。アダプテーションについて語るアダプテーション小説、すなわち「メタ＝アダプテーション小説」という観点から分析がなされ、この小説を読むとき、わたしたち読者は、「元テクストが時代を越え、文化圏を越え、言語を越えて変容することによって新たな生命を吹き込まれる」プロセスそのものに立ち会うことになると論じています。

第7章「スヴェンガリアン・モーメント——『トリルビー』とアダプテーションの条件」（小西章典）は、ジョージ・デュ・モーリアの小説『トリルビー』が演劇に、そして映画にアダプトされる際に働く「力の動き」を跡づけようとしています。

アダプテーションの作用とは、テクストの「拡散」にほかなりません。小説『トリルビー』は、「〈読んだ人〉よりも〈見た人〉の数の方が圧倒的に多かった」。挿絵画家でもあった作者デュ・モーリアのイラストレーションがこの小説の大きな魅力になっていたからです。それゆえ、この小説を演劇あるいは映画というアダプテーション＝「拡散」に向かわせるモーメントとして主人公のスヴェンガリ、魔術的な〈催眠術師／メスメリスト〉に焦点が当てられるとき、分析の対象となるのは、小説を〈読む〉というより、挿入されたイラストレーションを〈見る〉ことと演劇版（あるいは映画版）アダプテーションとの関係性です。小説における〈文字〉と〈挿絵〉の関係は、アダプテーション論の観点からも興味深い問題だと思います。それは、小説を「読む」ことと「見る」こと、文字メディアと視覚メディアの関係、つまり、いわゆる「インターメディア性」の問題であり、メディア変換としてのアダプテーションの問題だからです。挿絵が、文字で書かれた物語をこの目で見たいという欲望に応えてきたとすれば、小説と挿絵の関係がアダプテーションを生み出す重要な契機の一つであるとする本章の議論から、わたしたちは、そもそも挿絵そのものが文字で書かれた小説の視覚的アダプテーションと言えるのではないかと考え始めるでしょう。

第8章「ヴァージニア・ウルフと使用人の肖像――アダプテーションをめぐって」（大西祥惠）は、ヴァージニア・ウルフの『ダロウェイ夫人』をモチーフとするマイケル・カニンガムの『めぐりあう時間たち』を、いわゆる「使用人問題」の観点から読む試みです。

「使用人問題」は、ウルフが『ダロウェイ夫人』を執筆していた頃のイギリスにおいては社会問題でした。父権的な階級制度が揺らぎ始め、より良い職業を求める女性たちが使用人の仕事を敬遠するようになったために使用人が不足し、その結果、かつては厳格な主従関係であった主人と使用人の関係はより不安定になったのです。ウルフ家もまた、深刻な「使用人問題」を抱えていました。とりわけ、一九一六年から十八年間ウルフ家に仕えたネリー・ボクスオールとウルフの関係は緊張に満ちたものでした。ウルフと使用人との間のこうした関係が『ダロウェイ夫人』の翻案小説である『めぐりあう時間たち』（と、その翻案映画）でどのように描かれているかを分析することによって、イギリスにおける階級意識の変容を辿るのが本章の趣旨なのですが、この問題がウルフの『フラッシュ』にも、また『フラッシュ』を使用人の視点から描き直したマーガレット・フォースターの『侍女』にも現れていることに注目して、ウルフにおける「使用人問題」を、アダプテーションとの関係から検証しています。

第9章「創作手法としてのアダプテーション――デイヴィッド・ミッチェルの『ナンバー9ドリーム』」（平林美都子）は、「中心となる物語に多様なメディアによる物語が交錯し、リアリティとフィクションの境界を曖昧にしていく」ポストモダン小説、デイヴィッド・ミッチェルの『ナンバー9ドリーム』を、創作手法としてアダプテーションを用いた作品として読む試みです。

『ナンバー9ドリーム』は、主人公の父親探しをテーマとした成長物語なのですが、成長物語の伝統的な終結には向かわず、物語は「散布と拡散」に向かいます。この「散布と拡散」がテクストの精読によって跡づけられるのですが、この精読はまた、『ナンバー9ドリーム』のメタフィクション性を明らかにすることにもなり、この作品そのものが「物語創作のメタファー」になっていることが論じられます。作品のタイトルがそこから採られているジョン・

レノンのナンバー「#9ドリーム」と「ノルウェイの森」（作中で主人公が見る夢の中で、レノンは「#9ドリーム」は「ノルウェイの森」の「子孫」だと言います）、作中で直接的・間接的に言及される村上春樹の小説をはじめとするさまざまなテクストが混じり合う「ハイブリッドな構造」をもつ『ナンバー9ドリーム』は、「テクストの多方向への拡散と新たな意味の潜在的な可能性という、アダプテーションそのものを説明している」のであり、「小説の創作手法としてアダプテーションを使用しているだけでなく、アダプテーションとは何かという根源的な問題をも考えさせてくれる」と結論づけられています。

6　未来への応答

先に述べたように、二〇〇四年から二〇〇七年にかけてアダプテーション理論化の試みが集中的になされたということと、文学研究がもはや従来のやり方では立ち行かなくなったという事態とは、どこかで繋がっている、とわたしは考えています。日本でも、英語教育に文学はいらないという風潮の中で、大学の文学部や英文科の解体・改組が進んだのも、英文学会の会員数の大幅な減少傾向が見られたのもこの頃です。また、百十年の歴史を持ち、大学の英語・英文学研究室の大半が購読していた英文学雑誌『英語青年』は二〇〇九年に紙媒体での発行を止め、ウェブページで細々と継続された『Ｗｅｂ英語青年』も二〇一三年には終了しました。とすれば、この頃に現れ始めたアダプテーション研究・批評は、解体しつつある文学研究――とりわけ英文学研究――が向かうべき新たな方向として模索されていた（たとえ、はっきりと意識されていないとしても）のではないでしょうか。

アメリカでスタムやリーチがアダプテーションの理論化を試みたのは、おそらくこうした意識においてだと思われます。日本では、「アダプテーション研究なんか映画好きのオタクがやることだ」と冷笑している英文学者もいますが（そして、実際そうとしか言えないような論文も見かけますが）、アダプテーション批評をめぐるわたしたちの論集は解体しつつある（あるいは、もう解体してしまった？）文学研究に代わる新たな文学／映画研究の試みとして構想されています。その意味で、本書はいまだ存在しない批評の未来への応答にほかなりません。

【注】

1　ハッチオンによれば、たとえば「他の作品へのアルージョンや短い残響（……）ほとんどのサンプリング音楽（……）剽窃や（……）続編、前日譚（……）ファンによる二次創作」はアダプテーションではない（Hutcheon 9：一二頁）が、パロディはアダプテーションに含まれる（170：二一〇頁）ということになります。ただし、パロディはアダプテーションと対比的に論じられていて、アダプテーションはパロディと同様「先行テクストとの関係をあからさまに明示している」けれども、アダプテーションはパロディとは違って「この関係をはっきりと公表している」（3：五頁）と言っています。

2　サンダーズは、「アダプテーションと流用《アプロプリエーション》のプロセスは（……）多くの点でインターテクスト性という支配的な実践の下位区分である」（Sanders 17）と言っています。

【引用文献】

Albrecht-Crane, Christa and Dennis Cutchins, eds. *Adaptation Studies: New Approaches.* Madison, NJ: Fairleigh Dickinson UP, 2010.
Bakhtin, Mikhail M. *Speech Genres and Other Late Essays.* Ed. Caryl Emerson and Michael Holoquist. Trans. Vern McGee. Austin: U of Texas P, 1986.
Bluestone, George. *Novels into Film: The Metamorphosis of Fiction into Cinema.* Baltimore: Johns Hopkins UP, 1957.
Elliott, Kamila. *Rethinking the Novel/Film Debate.* Cambridge: Cambridge UP, 2003.
Hutcheon, Linda. *A Theory of Adaptation.* London and New York: Routledge, 2006.（『アダプテーションの理論』片渕悦久・鴨川啓信・武田雅史訳、晃洋書房、二〇一二年）
——— with Siobhan O'Flynn. *A Theory of Adaptation.* Second Edition. London and New York: Routledge, 2013.

Leitch, Thomas. *Film Adaptation & Its Discontents: From Gone with the Wind to The Passion of the Christ.* Baltimore: Johns Hopkins UP, 2007.

Sanders, Julie. *Adaptation and Appropriiation.* London: Routledge, 2006.

Stam, Robert. "Introduction: The Theory and Practice of Adaptation." *Literature and Film: A Guide to the Theory and Practice of Film Adaptation.* Ed. Robert Stam and Alessandra Raengo. Malden, MA: Blackwell, 2005.

*

大橋洋一「いつシェイクスピアはシェイクスピアであることをやめるのか?——アダプテーション理論とマクロテンポラリティ」『舞台芸術』(京都造形芸術大学舞台芸術研究センター) 6号、月曜社、二〇〇四年、二五五-九四頁。

野崎歓「文学から映画へ、映画から文学へ」野崎歓編『文学と映画のあいだ』東京大学出版会、二〇一三年。

ベンヤミン、ヴァルター「翻訳者の使命」『ベンヤミン・コレクション2 エッセイの思想』浅井健二郎編訳、ちくま学芸文庫、一九九六年。

第一部 理論的考察

第一部理論的考察

第一部　理論的考察

第1章■未来への帰還
アダプテーションをめぐる覚書

大橋洋一

1　はじめに

（……）一九九八年の〔アラバマ・シェイクスピア・フェスティヴァルにおける〕大成功だった『じゃじゃ馬ならし』の上演で、なにを記憶しているのかと、もし観客が尋ねられたら、迷わず上演の最後と答えるだろう。そこではケイト〔この劇のヒロイン〕が、スパンダックスのボディ・スーツの姿でペトルーチオ〔ケイトの夫〕のハーレー・ダヴィドソンに飛び乗って去るのだ――この結末はシェイクスピアのほとんどの版で採用されてはいないのだが、言い換えるとシェイクスピア劇が興業的に成功するとき、その成功の原因となったのは、正確にはシェイクスピアそのものではないのだ。（Taylor 200-201）

こう評者が語るとき、おそらくここで前提とされている「シェイクスピアそのもの」とは、シェイクスピアの版本に記されているものだけであって、版本の内容を省略したり、何かを付加したり、一部もしくは全部を改変したりしたものは「正確にはシェイクスピアではない」ということになります。しかし、これは結論ではなく出発点にすぎません。問題は、簡単には決着しません。たとえばシェイクスピアのテクストを一部省略して上演した場合、それは、もうシェイクスピアでなくなるのでしょうか。

シェイクスピアの現存するテクストにある語を、一言でも省略・追加・改変したら、シェイクスピアでなくなるということはありません。そもそもシェイクスピアの版本は、省略・追加・改変の余地を最初から残す可塑的な性質を帯びています。現存する作品の中には上演時間二時間で収まるものから、四時間はかかるものまで長さにばらつきがあります。小説ジャンルと違い、上演時間に制限のある商業演劇において上演時間は均一であったはずで、長い台本は適宜省略して上演することは最初から前提とされているはずです。また、たとえばバーナード・ショーの演劇作品にみられる詳細なト書きはシェイクスピア作品には最初からありません（当時の演劇テクストがすべてそうです）。したがって上演の時と場に応じて自由な演出が許されているのです。

もしこのようにして、つまりさらにいろいろな事例を検討して、アダプテーションが作品に対する外的操作ではなく作品に内在する諸属性にして作品という出来事の説明にもなりうるということを論証できれば、アダプテーションをめぐる思考は大きな変化を受けることになるでしょう。実際、私たちがめざすところもそこなのですが、そこから新しい思考のパラダイムが生まれ、アダプテーション研究の未来が開けると安易に考えてしまうのも危険なのです。たとえば「スピリットspirit」という言葉があります。「精神」という意味のほかに、文学・演劇ジャンルにおいては、「作品の趣旨、意味」といった意味になります。そこからこの「精神／趣旨」の概念を活用して、要は、姿かたちは変われども「シェイクスピアの精神」が尊重されていれば、「シェイクスピア」だという方向に議論をもっていくことは可能です、いや、それはごくふつうに行われていることです。「シェイクスピアの精神」とは何かについて、判断はわかれるものの、「シェイクスピアの精神」に言及することで、シェイクスピア作品の範囲が広がるのは事実です。現代服による上演はいうまでもなく、部分的なアダプテーション作品までも「シェイクスピア劇」に含まれるようになります。ただし、「精神」といえるコアなりエッセンスという、きわめて曖昧模糊とした前時代の遺物にひれ伏すという犠牲を払うことによって。

アダプテーション研究は、そのままでは「精神の保存」という大時代的な問題設定に回収されるばかりで、あくまでも「精神」に奉仕する二次的、間接的、格下の研究にすぎなくなります。この布置を変換しないかぎり、アダプテーションの未来はありません。そのためにもアダプテーションを「精神」の奴隷から解放することが求められるのです。私たちの未来への掛け金もそこにあります（なお本章は、可能な限りあらゆるものをアダプテーションとしてみようとする遍在論をめざしていますが、そうした遍在論に対する慎重な姿勢と、アダプテーションの普遍性ではなく特異性の重視の姿勢としてハッチオンを、またシェイクスピア研究における理論的研究として上演まで含めた、そして慎重な具体的考察としてKidnieを参照のこと）。

2　アダプテーションとは何か

用語としてのアダプテーションadaptationは、ラテン語の語源では「新しい文脈に適合させる」を意味します。そのため「新しい文脈に適合するよう」「書き換える rewriting」あるいは「修正する revision」ことは「アダプテーション」であり、「翻訳 translation」も「アダプテーション」と近しい関係にあります。翻訳は通常、水平的な異言語間翻訳をいいますが、古い言語を現代語に翻訳するような同一言語内における異時代間翻訳もあり、翻訳は「新しい文脈／環境に適合させる」ためにもとの言語を転換することとみなすことができ、翻訳とアダプテーションを組み合わせて「トラダプテーション tradaptation」なる用語も一時造られました（流通には失敗しています）。あるいは原典があり、それを新しい環境で消費できるよう、手を加えることを「変換 alteration」とすれば、これもまたアダプテーションの同義語となります。ただし手の加え方によっては、原典との開きが大きくなり原典の「模倣 imitation」（悪い意味では「模造品」）とみなされるならば、これもまたアダプテーションに分類されます（Fischlin and Fortier

2-5. 参照)。「アダプテーション」と最も類似したものとして使われるのが「アプロプリエーションappropriation」です(Sanders参照)。両者は同じ意味で使われることも多いのですが、「アプロプリエーション」の方は一方でフランスのドゥルーズの思想の中で「領属化」とか「再領属化」というように翻訳され肯定的意味合いを帯びつつ、他方で「流用・盗用・横領」という否定的意味合いから自由になっていません。これはimitationが「模倣」と「模造」に引き裂かれているのと同様の現象であり、反復的、重複的、再利用的な現象なり出来事は、オリジナルとの距離によって二次的事象に格下げされるのが常であることを改めて認識させてくれるものです。この関係性を完全に転覆・逆転したいとまでは思いませんが、脱中心化できればと考えるのです。

またさらに、いまでは否定的意味に汚染されつくして肯定的意味の萌す余地がないと思われている類語に「エピゴーネン」があります。「追随者」「亜流」「模倣者」を意味するドイツ語ですが、もともとはギリシア神話においてテーバイ攻めの十年後に、敗死した七将の息子たちが父親の汚名を晴らすため再びテーバイ攻めを誓うとき、みずからを「エピゴノイ」(単数形は「エピゴノス」で「のちに生まれた者」を意味する)と称したという故事に由来します。エウリピデスの戯曲『ヒケティデス』(『救いを求める女たち』、『嘆願する女たち』と訳されています)は、このエピゴノイの決意によって締めくくられているのです。なぜ「エピゴノイ」たちが、先行者の汚名をそそぐどころか、拭い去れない汚名にまみれ「エピゴーネン」という悪しき存在に堕したのか、そのさまざまな理由を、たとえすべてではなくとも、考察することが、アダプテーションの、ある種の汚名をそそごうとする、われらエピゴノイたちを支援することになるのかもしれません。端的にいえば独創性、創発・創始性、ひいては直接性、第一次性の形而上学的優位と、間接性、二次性、後発性、模倣性の蔑視という布置(それがいつ頃から生じたのかは別にして)に由来します。アダプテーションというと、高い評価の作品の模倣的な反復というイメージが一般的で、その場合、先行作品の優秀性や高評価に依存する二番煎じという悪しきイメージが生じます(嗚呼、エピゴーネン)。しかし、もちろん先行作品が失敗作であったり駄作であったりする場合もあるわけですが、その場合、先行作品を原作とし、それを改良・凌駕する改作もしくは独創的作品として評価され、二次性を希釈もしくは抹消され、翻案と呼ばれることはないように思われます。先行作品と後発作品とが拮抗する場合、日本でいうような「本歌取り」的関係が生じます。私たちの賭けも文学という出来事はすべて本歌取りでありアダプテーションであるという段階にまで進むことにあります。それを阻むのが、「エピゴノイ」の例からもわかるように後発者への評価の低さなのです。

そしてこれは言い換えると作者中心の文学価値観であり、読者あるいは消費者への低評価なのですが、これを逆転とまでいかなくても脱中心化したい。むしろ読者が作者になることは魅力的な転換なのですが、そこまでは言い切れないところもあります。一方、作者は、無から想像するのではなく（「無からは何も生まれない」）、先行作品の読者として出発し、そこから独創を志向する。こう考えれば読者中心でなくとも、作者の脱中心化こそが重要な次の一手となります。そして最終的にめざすところ、それはアダプテーションの遍在であり、アダプテーションこそ、作者の、そして作品の振舞いであり、文学事象の根幹をなす手法にして現象であるということになります――願わくば、こうすることで「エピゴノイ」たちを「エピゴーネン」の汚名から解放することができんことを。

3　読者の復権

二十一世紀になってから活況を呈するようになった認知論的文学理論の淵源ともいうべきもののひとつに、レイコフの『レトリックと人生』があり（レイコフの今では古典となったこの研究は、それ自体で、アダプテーションによる理解というふうにアダプトあるいはメタファー化できる理論と考えられるのですが）、そしていまひとつに西ドイツに端を発する受容理論があります。受容理論を観念論的なテクスト論の亜種とみなし、現実の歴史的・社会的・ジェンダー的読者を扱うことのできなかったその理論的行き詰まりを指摘する声は昔から強いのですが、ここでは読者の役割を重視する理論的枠組みを、アダプテーションのパラダイムに変換できないかを考えてみます。

受容理論によれば、作品は、どのように緻密に構成されていても、最終的な完成は読者の想像力と判断にゆだねられているところがあり、読者なくして作品は完成しないのです。これは所与の条件となっています。テクストという客体に読者の主観が関与するとき、ここに出現する主客の稀有な一体化こそ、読書行為をまって初めて実現する、という考える受容理論において、読者は作者に匹敵する創造性を発揮するわけではないのですが、作者のコントロールのもと作品を補完する重要な共作者であり、ときには、作者を凌駕する想像力を発揮したり、作者から完成を丸投げされたりもする重要きわまりない存在となります。読者の機能を重視すると、読者の認識や解釈、さらには読者のいだく漠然とした印象が、作品の具現化に大きく貢献し、最終的に、作品のアダプテーションと言えるものが、批評・研究・解釈のすべてにおいて生起するともいえますし、別の作者が改作・アダプテーションを行う前に、読者自身が作品の受容段階で、すでにいつも作品のアダプテーションを実行しているということになります。

アダプテーションは作者の側からではなく、読者の側からのアプローチなくして、その特性をみきわめることはできないと考える私たちにとって、読者=受容者は、テクストに対する認識過程の中で、絶えずテクストを書き換えていると考えられるのです。読者こそがアダプターなのです。そしてこのことは、読者が自らを改作者と強く意識しなくとも生じていることです。テクストが認知され受容されるとき、受容者は、それをつねに状況に適合させるのです。

4 『ドン・キホーテ』の著者

このことの興味深い実例として、ボルヘスの「『ドン・キホーテ』の著者ピエール・メナール」があります。十九世紀にセルバンテスの『ドン・キホーテ』のアダプテーションを作ろうとしたピエール・メナール（架空の作家）の本に関する書評という体裁をとったこの短編小説は、その中でセルバンテスの『ドン・キホーテ』とピエール・メナールの改作版を次のように比較しています――

メナールのドン・キホーテとセルバンテスのものとの比較は一つの啓示になる。セルバンテスはたとえばこう書いている。（第一部第九章）

（……）真実、その母は歴史、それは時の好敵手、行為の保管所、過去の証人、現在への規範で且つ教訓、そして未来への警告。

十七世紀に「天才的な俗人」セルバンテスによって書かれたこの列挙は、単なる修辞的な歴史の賞揚である。メナールは一方でこう書いている。

（……）真実、その母は歴史、それは時の好敵手、行為の保管所、過去の証人、現在への規範で且つ教訓、そして未来への警告。

歴史、真実の母。この考え方は驚異的である。ウィリアム・ジェイムズの同時代人であるメナールは、歴史を現実の調査ではなく、その源泉だと規定するのである。彼にとって歴史的真実とは、すでに起こったことではない。われわれが起こったと判断することである。最後の句――現在への規範で且つ教訓、そして未来への警告――とは恥ずかしげもなく実際的である。（篠田一士訳、三八－三九頁、強調は原文）

著名な短編小説の、まさにさわりの部分ですが、メナールの改作が原典と一字一句同じというファンタジーを、受容理論の寓意として捉えることもできます。ジェラール・ジュネットの説明のように「メナールの『ドン・キホーテ』はセルバンテスのそれと字句の点でも厳密に一致するが、しかし二世紀にわたる歴史の間隔ゆえにより多くの富と深みを、そして全く異なる意味を獲得していたのである」（ジュネット 五三六頁）。言い換えると、読者は歴史的知識や教養があっても、また無知な場合はなおさら、古典ですらも同時代文学として読み（「それは時の好敵手」）、つねにテクストに同時代作家を、ピエール・メナールを想定するのだ、ともいえます。受容理論でいう〈想定された作者〉とは、この場合、常に、読者の同時代作家となります。ならば読者は、つねにテクストを同時代文学に、同時代の状況に適合させている、つまりアダプテーションしているということになります。古典の、一字一句間違えぬ「引用」であっても、その「引用」は、読者の力によって、同時代文学に変容をとげる。「引用」というものはありません。あるいはアダプテーションされない生のテクストというものもありません。すべて変成作用を受ける、アダプテーション作品となるということです。さらに言い換えれば、これはまさに読者の読書行為のメタファーでもあります。ジュネットが述べているように、「厳密に原文通りの『ドン・キホーテ』を自分自身の才能を頼りに書くメナールは、書く行為と見做された、あるいは書く行為に偽装された読む行為を寓意的にあらわしているのだ」（ジュネット 四四〇頁）と。この引用とアダプテーションの関係は、読者がテクストを認識する瞬間、脳内では古典が翻案に変わることのメタファーにほかなりません。

そして忘れてならないのは、ここで選ばれている作品がセルバンテスの『ドン・キホーテ』であることです。『ドン・キホーテ』自体が、中世の騎士道物語のアダプテーションであることと、ピエール・メナールのアダプテーション行為とは無縁ではないはずです。さらに小説を反叙事詩、反ロマンスというアンチの集積としてみる場合、『ドン・キホーテ』がルカーチの『小説の理論』以降、まさにジャンルの鼻祖として仰がれてきたことを考慮すると、アダプテーションは小説の始まりとともにあったことが改めて思い起こされるのです。そしてこのことはボルヘス自身の創作とも無縁ではありません。

ボルヘスの最初期の短編集『汚辱の世界史』の後半には世界史とも汚辱とも関係のない補遺のような部分があって、

そこには古い説話集からの短い抜粋（魔術を題材にした）が集められています。正確には抜粋というよりも「引用」です。その中のひとつ「お預けをくった魔術師」（篠田一士訳）（中村健二訳では「待たされた魔術師」）は、すべてが一瞬の幻として振出しに戻りリセットされる「邯鄲の夢」のような面白さがあるのですが、末尾に「ドン・ファン《ママ》・マヌエル王子の『パトロニオの書』（一三三五）より」とあります。これはドン・ファン・マヌエルの『ルカノール伯爵とパトロニオによる模範とすべき本』（邦訳題『ルカノール伯爵』）所収の第十一話の「引用」です——さすがにメナールのような一字一句そのままの引用ではないとしても。この両者を比較した『ルカノール伯爵』の翻訳者牛島信明氏によればボルヘスのそれは「中世の物語の現代語訳」そのものであって、メナールは、ボルヘス自身のラディカルな分身なのです。中世の説話集の疑似引用が、そのまま現代人にとっての同時代文学と遜色のないかたちで翻案されたのです——字句は、ほぼそのままで。そして以後、ボルヘスの短編は、まるで古い物語の逐語的現代語訳か引用であるかのように生成されていきました。（ちなみにこの『ルカノール伯爵』所収の説話には、アンデルセンの「裸の王様」の原型になった物語、ならびにシェイクスピアの『じゃじゃ馬ならし』の原型となった物語が含まれ、まさにそれは「現在への規範で且つ教訓、そして未来への警告」、つまりアダプテーションの材料の宝庫となっているのです。）

5　代補としてのアダプテーション

受容理論からの読み直しとは別に、ここで補足として現代の批評理論がアダプテーション研究（もちろんこれ自体が現代の批評理論のひとつですが）と切り結ぶ実例として、まさに補足性を問題にする前期というより初期デリダの「代補」概念を考えてみます。実際のところ初期デリダの問題系であった「差延」「エクリチュール」「代補」という脱・現前の形而上学的概念は、すべてアダプテーションと同じ問題圏を共有しているといってもよいことは、いずれもが第二次性という特徴をもつことからもわかりますし、デリダのこういう観点がアダプテーション研究の高度な再考をもたらしたといっても過言ではありません。

ここで取り上げる「代補」とは、「補足」と「代理」を組み合わせて作られた言葉ですが、もとのフランス語も、その英訳も、ありふれた言葉で「補足」「付録」を意味します。そもそも付録とは、基本的になくてもよいものです。本体が完結・完成しているがゆえに追加されるのが付録であって、本体の独立性・自立性が前提としてあります。しかし、それならなぜ蛇足ともいえる付録をつけるかといえば、おそらく本体が完璧なかたちで完成していない、あるいはさらに完成する余地があるからです。したがって本体と付録の関係は二重性を帯びます。不要なものでありながら、実は必要とされる、あるいは必要な面がある。結局、不要か必要かは最初から決定不可能なのです。あるいはこの付録の概念を額縁というメタファーで置き換えてもいいかもしれません。額縁は物理的には絵画作品の外部ですが、私たちの認識において額縁は絵画作品の一部となっているかもしれません――この場合、目に見える額縁だけでなく、作品の評価ときには価格を左右したり、価値全体を変動させたりする、美術館あるいは美術芸術という制度、美術・芸術言説、美術品市場における格付けもまた額縁の一種とみなすこともできます。額縁は絵画の外部であると同時に内部なのです。アダプテーションとは、こうした額縁のありようと同等の機能と意味をもっているものと考えることができます。そもそもアダプテーションは、なくてもいいのです。独立し完結した作品があれば、なにもその「亜流」や「模倣」を作る必要はないはずです。しかし同時に、アダプテーションあるいは、それ自体がアダプテーションのアダプテーションともいえる翻訳とか解釈とか簡略化・要約さらには語り直しなどは、時代の、文化の、要請によって必要とされるかもしれません。それは作品の存続に必要不可欠なものとなります。そしてさらにいかなる要請とも無縁であっても、作品のアダプテーションは、作品の改変ではなく、作品の最終的完成への重要な一段階ともなるのです。こうなると外側からの操作、あるいは額縁のように枠づけただけでは、うまくメタファー化できない（ちなみにメタファーによる認識も、一種のアダプテーションと考えることはできるのですが）ので、別のメタファーが必要になるのかもしれません。たとえば夏目漱石の『夢十夜』にある、仁王像を彫っている運慶の夢というかエピソード。運慶は、木を外部から彫っているのではなく、木の中に埋まっている仁王像を掘り出しているだけだと語るときの主観と客観の交錯、内部と外部との通底を思い出してもいいかもしれません（ただし運慶の仁王像は、実際には大きな木を彫るのではなく、寄木細工のように部分を構築してから組み合わせる方式であることは知らないことにします）。アダプテーションは、時代と状況の要請によって外部から加工しているのではなく、内部に宿る真の作品を顕在化しているのだとも言えるからです。『夢十夜』の語り手が運慶の方式をまねて木を彫ってもうまくいかなかったのは、掘り出すという受動的な行為が実は積極的な芸術的創造でもあって、この創造性がなければ仁王像は出てこないのです。受動性と積極性、発見性と創造性、そして内と外、どちらも截然と分かたれるどころか、相互嵌入しているとみることができます。アダプテーションは、余計な修正・加工・改訂かもしれませんが、それがまた作品の十全たる具現化・実現化への道を開いていることになります。

かくして原典、起源、本体に対して、事後的に外部からの干渉的に生ずる修正／付加／削除／加工などのアダプテーションは、二次加工でありながら同時に作品の錬成や完成を可能にし、作品の外部でありながら作品の一部（内部）ともなります。後発の二次加工が決して二次的でもなく不必要なものでもないかもしれず、まさにアダプテーションは「代補」にほかならないという洞察は、さらに、作品の作者を特権的な地位からずらすことになります。作者とは神であり、神の言葉としてのテクストは一字一句たりとも変更してはならず、全体の構想の書き換えなどもってのほかという文学事象あるいは読書行為における神学構造は、「第二次の文学」（ジュネット）であるアダプテーションの、第一次的創造性あるいは「代補性」が認識されるにつれて解体される可能性がでてきます。これはアダプテーション中心のパラダイムの転換をはかるとき、作者中心の文学観から読者中心の文学観への移行が、すでに確認したように、不可欠であったこととも関係します。これは読者も作者であるということではありません――作者としての読者は、メタファーとしては成立しても、実際に、読者が、作者と同等の文章力、想像力をもつことはありません（すぐれた作者が読者になっているような場合を除いては）。そうではなくて、神学構造の解体とは、作者の作品や言葉が絶対ではないこと。これは作者の言葉を、あるいは作品を、誤謬あるいは失敗とみることではなく（そのように見ることもできる場合もありますが）、可塑的な素材としてみることを意味します。作品を最後の言葉としてみるのではなく、むしろ最初の言葉であると、それも、私たちに向けて投げかけられゆだねられる最初の言葉とみるのです。

演劇実践は、このふたつの方向に開かれています、あるいは切り裂かれているといってもいいでしょう。つまり神学構造と脱神学構造に切り裂かれているのです。なにしろ神／劇作家の言葉／台本を、その精神／趣旨を忠実に再現・具現化するのが演技者あるいは演出家の役割であるからには、ここには、道化すら決められた台詞しか話すことができないという厳然たる神学構造しかないことになります。しかし同時に、演劇ほど、たとえ原作者がどれほど細かな指示を残していようが、あるいはト書きの指示が少なく演技者の解釈あるいは観客の想像力に完成がゆだねられていればなおさらのことですが、最終的完成が、作者の側ではなくて受容者の側にゆだねられ、演出者・演技者そして観客の自由な解釈に開かれていることが可視化されているジャンルはほかにありません。そもそもパフォーマンスという言葉の意味が「完成させる」という意味であり、完成は演技者や観客の参加なくしてはありえない。つまり神学構造は脱構築されているのです。ちなみに私が観たドニゼッティの歌劇『ロベルト・デヴリュー』（一八三七）は、現代のどこかの国（エリザベッタとかマライアなどがいるラテン系の国）の宮廷を舞台にしていました。このオペラはイングランドのエリザベス女王の宮廷における女王とエセックス伯（ロバート・デヴルー）との関係をあつかう歴史物ですが、役名がイタリア語化され、無国籍化している上に、さらに演出によって、現代の世界に置き換えられ、脱歴史化されていました。ただし、このような演出は珍しくありません。

6　サブテクストとしてのアダプテーション

ドイツの解釈学者ガダマーが、英国の歴史学者コリングウッドを経由して主張することになった文学観のひとつに、文学は、特定の歴史的・文化的状況から発せられる問いかけに対する答えとしてみるべきだというものがあります（ガダマー 五七一頁）。文学作品が答えとなっているような、問いとは何であるのか。文学作品を成立させている問いかけこそが、特定の文学作品の意味を決定すると考えるとき、考察の対象となるのは、その問いを準備し、答えを生み出す特定の歴史的・社会的文化的状況であることはまちがいないのですが、さらにつきつめると、特定の状況から生まれる問いかけに対して、作者が、あるいは文学作品そのものが、どのような振舞いをみせるかを考えることにもなるのです。

ただし文学作品は、問いかけに対する答えであるとしても、古今東西の文学作品が人間にとって有益な指針となるような答えを次々と生み出してきたとはとても思えないし、文学は、問いかけに対して回答不可能性を誇示したり、問いかけの有効性に疑問を呈したり、逆に新たな問いかけをしたりと、およそ直接的な回答行為とは無縁の振舞いに長けてきました。しかしそうした変則的な回答も回答であるとみなして、文学は答えであるというテーゼを考えるとき、文学と、文学をとりまく外的世界との関係が問題になってきます。

ここで重要になってくるのが、フレドリック・ジェイムソンの「サブテクスト」に関する議論です。文学は、それを囲繞する多様で複雑な諸状況に直接対峙するとか、諸状況を余すところなく作品に取り入れるなどということはありません。むしろ、その文学作品が、ひとつの答えであるかのようにみせかけるために現実を、世界を創造するのです。そしてそれがサブテクストとなるのです。最初に状況なり世界があって、それと対峙して解答としての文学作品を成立させるのではなく、文学作品を解答として成立させるような状況なり世界を構築して、それを作品の中に取り込む——これがジェイムソンの考える「サブテクスト」でした（ジェイムソン 一三九頁。なおジェイムソンのサブテクスト論の重要性と、そこに文学の戦略的属性をみるものとしてEagleton参照）。

したがって文学作品における「世界」というのは外的世界という装いのもとに、作品を「答え」として成立させ正当化するために、あらかじめ造られた世界であり、これはまた言い換えると、文学作品は、現実の状況に直接向きあっているのではなく、シミュレーションを行っている、あるいは、もっと単純にいえば、作品と世界との関係は「自作自演」になるということです。「自作自演」というのは、さらに、文学があたえる答えは、たんに一言、二言で表明したり、要約できるようなスローガンなり教訓（つまりwhat）ではなく、物語化あるいはドラマ化されるもの、つまり問題の特質が提示され、それがいかなる帰結を生むか、問題解決にむけての選択肢はなにか、その有効性とか不可能性はなにか、解決への糸口、解決処理がいかにして段階をへてなされるか、そのプロセスとして（つまりhowとして）存在する以上、「自作自演」というとき、文学作品はwhatではなくhowを示すもの、howそのものであることを前提としています。この「自作自演」の中で、あたかも生々しい未加工の現実であるかのように存在しているのが状況の「サブテクスト」ということになります。

ここで一般的なアダプテーションとは何かを思い出してみます——たとえばシェイクスピアの悲劇『マクベス』を。この作品を、十一世紀のスコットランドに実在した国王と、その国王をめぐる血なまぐさい権力闘争の中で国王を殺して自ら国王となった実在の国王の悲劇というオリジナルの設定から、たとえばスコットランドではなく現代の中東の出来事に変えるとします。アメリカを中心とする多国籍軍が、某国の独裁者とその政権を倒すべく、海外に逃亡したその国の反体制勢力を結集して、その国に攻め込むという設定になります。これは『マクベス』を、あたかも現代の中東情勢（端的にいえばイラクにおけるフセイン政権と多国籍軍との戦争（イラク戦争））を意味づけるもの、あるいは世界史の現在から発せられる問いの答えであるかのように設定したというふうにみることができます（現代スコットランドの劇作家デイヴィッド・グレッグの作品『ダンシネイン』は、『マクベス』の続編というアダプテーションですが、そこで示されているのは、『マクベス』と二十一世紀の中東情勢との驚くべき通底ぶりであり、さらには戦争後のアメリカ中心の多国籍軍による占領と状況の泥沼化も暗示されているのです——『マクベス』の続編という体裁を少しも崩してはいない作品ですが、現代の観客は、そのように受け止めるはずです）。これは『マクベス』があたかも現代史における諸問題に対する回答あるいはさらなる問題提起を求めて書かれた作品であるかのように想定することです。言い換えれば、そのようなものとして作品が振舞っている、まさに「自作自演」ということです。とすれば同じことは、十七世紀の初めに書かれ上演された『マクベス』という作品にも起こっています。『マクベス』は同時代の歴史的・社会的・文化的状況に対する答えであるということです。この作品の初演時の観客が、そのように受け止めたとしても、この作品にかぎっては、不自然なことではありません。しかも、何も知らない観客が、古い作品を、あたかもそれが十七世紀初頭のイングランドとスコットランドの状況から発せられる問いに対する答えであるかのように改作したと考えたとしても、それが新作ではなく旧作であると考える誤解を別にすれば、問題はないのです。

もし「問いと答え」という問題系、そしてそれが「自作自演」であるという問題系によって文学作品を考えるとき、新作であっても、旧作の改作、言い換えればアダプテーションということになります。その作品が、答えであるかのように現実を構築するというか、その作品が答えであるかのような関係性を、それが受容される時点における現実との間に設けること。まさにこれこそがアダプテーションです。アダプテーションは、原作に対する変更・改変など後発的に二次的に生ずる場合が普通でしょうが、見方によれば、誕生当初からアダプテーションなのです。あるいはそれが新作であっても、旧作（原作）のアダプテーションとみられ受容されるということです。作品とアダプテーションの関係は、そこに空間的・時間的距離が介在するようなものではありません。作品の発生とアダプテーションそのものは同時なのです。

7　未来への帰還

晩期バフチンが考察した主題のひとつにアダプテーション問題がありました（バフチン自身「アダプテーション」とは言っていないのですが）。たとえば *Speech Genre and Other Late Essays* という英語圏で独自に編まれた著書におさめられた絶筆も含む諸論文では〈great time〉や作品の死後の生〈after life〉が問題になっています（作品の死後の生というのは曖昧、あるいは無意味な表現ですが、これは作家の死後と同義と考えていただきたい)。ここでは、ある文献による造語を利用して、バフチンの問題を〈マクロ時間〉〈マクロテンポラリティ〉と命名して確認しようと思います。

バフチンは、作品を、それが誕生した時代に還元し封じ込める批評や研究は、作品の可能性を狭めてしまい、作品への裏切りであると批判します。「偉大な文学作品は何世紀にもわたる準備期間のたまものであり、それが創作された時代というのは、長く複雑なプロセスのあとの熟した果実をただもぎとればよかった」(Bakhtin 4)と考えるバフチンは作品には前史のみならず後史があり、「作品は、それが属していた時代の境界を突き破り、何世紀も生きる、つまり〈マクロ時間〉を生きる。そしてしばしば、その死後の生は、それが属していた時代の生より強度があり充実している」(4)、「あたかもその創造された時代における状態をみずから凌駕するかのように」(4)と述べています。

作品は、その前史となるものが養分となって開花をうながすとなれば、開花して終わりですが、同時に、作品は時代や状況との対話の産物でもあるために(「問いと答え」系列の文学観のバフチン版は「対話性」となります)、時代や状況と完全にシンクロするのではなく(シンクロすると自他の区別がなくなり、対話からモノローグになる)、当然、実現しなかった要素、時代や状況とのズレ、解消しない対立が作品の中に存在しつづけます。ここには完結性と未完性、自己実現と終わりなき対話という二重性があるのですが、それは〈ミクロ時間〉と〈マクロ時間〉との共存・対立となってバフチンの中で展開します。たとえば、ある作品が「農奴解放闘争の観点から有意義と認められて読まれるとしたら」(4)、農奴も農奴制も消滅したとき、その作品は読む必要がなくなる。バフチンによれば、作品は〈ミクロ時間〉――「現在時、最近の過去、予測可能な未来」――で、その生涯(前史と後史)を終えることになります。これに対し「無限の終わりなき対話の時間、その中で、いかなる意味も死ぬことはない」(169)〈マクロ時間〉を死後の生として生きる作品があります。これは未完成要素、非実現要素が作品に存在すること、作品が、その誕生時に、汲めども尽きぬ、あるいはいまだ実現・解放されていない意味を確保しているということです(そうした未決要素を状況と対話させる読者や受容者の側の作業が不可欠なことはいうまでもありません)。この〈マクロ時間〉における読者の作業が、作品を時代と可能な限りシンクロさせようとする試み――それは近未来に一度だけで終わるものではない――であって、その具現化は、たとえば批評・解釈であり、作品の改変・改作であり、それらすべてをアダプテーションとしてくることができるのです。

アダプテーション研究をすすめる際に強力な前提となるものとして、作者と読者の関係における読者の役割・関与の重要性に対する認識があり、作品が読まれた時代と、作品が本来なら忘却され読まれなくなる時代との関係における後世の重要性に対する認識があり、これは作品の受容と受容史を、作品の創造と同等に重視する（ときには受容史が優位に立つ）パラダイムの変換を要請することになります。こうなると作品を、それが創造される以前の多くの潮流とか伝統をくみ上げながら、あるいは反発したり無視しながら生まれてきたものと考え、それが、やがて歴史の流れの中で、誤解にさらされたり思潮の変化によって、誕生したときには想像だにできなかった異様なものに変質をとげたり、誤解によって評価が上がったり下がったりするかと思えば、忘れられて歴史の闇に消えていくと想像すること――こうした発想とは逆の考え方が必要となるかもしれません。バフチンが作品の「死後の生は、それが属していた時代の生より強度があり充実している」というとき、新たな考察のためのモデルが必要であることを痛感させられるのです。つまり私たちが考えるアダプテーションのモデルでは、作品は過去に誕生したのではなく〈未来からの贈り物〉となるのです。作品の意味の完全な開花／開示は、あるいは作品の完璧な誕生は、未来の不特定時にゆだねられるのです。

未来からの贈り物としての文学作品、未来にある起源というのは、たとえば現時点では理解不可能なテクノロジーの産物がタイムマシンで未来から送りこまれてくるというSFではおなじみの設定ですが（映画『二〇〇一年宇宙の旅』のモノリスとか『ドラえもん』の四次元ポケットなどとか）、この通常ではあり得ないような事態が、アダプテーションを考えるときに重要なパラダイムとなります――作品が、あたかも、未来から現在に送り届けられたかのように、作品を考えるのがアダプテーション研究だということです。あるいはこう考えてもいいでしょう。作品は、未来という起源あるいは故郷に向けて旅しているのであり、アダプテーションは、その旅を容易ならしめる、否、可能にする原動力である、と。アダプテーション無くして、作品の未来への帰還の旅はありえないのです。もちろん未来への帰還の旅といっても、あくまでもメタファーであり、作品が、ＳＦドラマで伝説の故郷である地球に向けて旅する〈宇宙船ギャラクテカ〉のように時空間を移動しているのではなく、作品の誕生時には実現していなかったり、抑圧されていたりした意味が時代の変遷とともに浮上し実現し脚光を浴びるようになる、そのようなプロセスのことをいいます。帰還とは抑圧された意味が浮上する出来事の連なりなのです。

バフチンは「人文科学のための方法論」という覚書の末尾で、こう述べています――「完全に死に絶えるものはなにもない。あらゆる意味は、その帰還祭をもつだろう。〈マクロ時間〉の問題である」(170) と――この一節はクラークとホルクィストの著書のエピグラムとして使われていますが、そこでは出典は明示されていません。日本語訳としては「絶対的な死というものはない。どんな意義にもそれぞれ復活の日がおとずれる」とあります。英語では homecoming festival と訳されている「帰還祭」のロシア語 'prazdnik vozrohdeniya' は、宗教的な意味をおびていて「復活祭」と訳すこともできるということです (Bristol 10-11 ―― Bristol の考察の簡潔な紹介としては Desmet and Sawyer があります)。したがって〈マクロ時間〉においては、「あらゆる意味は、その復活祭をもつだろう」――私たちに言えるのは、アダプテーションとは、無償の歪曲でも恣意的あるいは人為的な意味づけなり現代的解釈でもなく、意味の「帰還祭」であり「復活祭」なのです。このようなプロセスを表象するメタファー／アダプテーションとして考えられるのは、たとえば新興独立国家が、建国時には追放したり抑圧していた反対勢力を、時代の変遷の中で解放する、海外追放していた人々の帰国を許す、ときには弾圧し埋葬した死者たちをも蘇らせる (名誉復権というかたちで) という政治的・歴史的プロセスかもしれません。不完全な抑圧体制として出発した国家なり共同体が、長い年月の、ときには激しい闘争と諸勢力の対話を通して、未来において、その発足時の理念なり理想型を実現するというプロセスこそ、作品の未来への帰還であるといえばわかりやすいかもしれません。

あるいはいきなり文学形式とは無縁の政治的・歴史的プロセスにアダプテーションを関係付ける前に、たとえばベンヤミンの救済の歴史についての説明に耳を傾けてもいいかもしれません。ベンヤミン流にいえば、歴史という勝者の側に立つ連続体に穴をあけ、作品と時代との思いがけないシンクロなり連携を組織すること、つまりアダプテーションを実現するのは、読者／批評家の透徹した洞察であり、そのとき、これまで見捨てられてきた、あるいは抑圧されてきた、エピソードなり出来事なり要素なりアイデアなりが、解放の歴史における重要な契機であったことが顕在化するのです。「死者たちを目覚めさせ、破壊されたものを寄せ集めて繋ぎ合わせたい」（ベンヤミン「歴史哲学テーゼ」）と望む、その姿勢は、〈マクロ時間〉における死者あるいは追放者、排除され抑圧された要素の帰還のイメージと重なり合います。そしてそこにこれまで顧みられることのなかった、あるいは残酷に抑圧された隠れた物語が浮上するのです。アダプテーションのめざすところがこれです。アダプテーションの基本構造である未来への帰還、作品の時間内存在は、ユートピアへの道あるいはユートピアへの帰還をめざす救済の歴史を生きることでもあるのです。そうであればこそ、アダプテーションの最終審級は政治となるのです。

コーダ　Ｉ

だがアダプテーションの歴史は救済どころか起源や原典の破壊、堕落の歴史ではないかという反対意見もあるでしょう。アダプテーションが一段低くみられるのも、作者の独創性信仰という偏見だけでなく、こうした堕落の歴史が厳然としてあるからだ、と。シェイクスピアのように材源となった作品を凌ぐ作品を書くのは稀であって、その証拠に、シェイクスピア作品の翻案作品は、どれもシェイクスピアには及ばない――ブレヒトですらも、と。また、だからこそ美術・芸術分野において、可能な限りオリジナルな状態を復元する努力が行われ、それは高く評価されている、と。そうです。「復元」の問題がありました。それ自体に問題はないのですが、アダプテーションと対比すると、これが最強の敵となるのです。

芸術分野における復元とか修復に関して、その超絶的な技術と努力については、ただ驚くしかなく、そこから私たちが被る恩恵ははかり知れないものがあります。復元作業とその意味を否定するつもりはまったくありません。ただ、オリジナルなものに可能な限り近づけるといういとなみは、アダプテーションとは正反対の方向をめざしていることはたしかです。ここで思い出されるのが『ドン・キホーテ』の著者ピエール・メナールです。セルバンテスの文章を正確に引用（ある意味では復元）しても受容者たる読者が現代人の場合、その「引用」（復元）された文章の作者として、読者はどうしてもセルバンテスだけではなくピエール・メナールを想定せずにはいられません。メナールとは復元作業の結果出現する想定された作者、それも原著者とは異なる著者なのです（これは復元者・修復者の顔が思い浮ぶとか、その仕事ぶりが想像できるということではありません）。復元作業、オリジナルの回復は、アダプテーションを排除するのではなく、それ自体がアダプテーションである、つまり未来に向けられた新たな創造、作品の隠れた様相の開示というアダプテーションとみることはできるのです。オリジナルの復元もまた、アダプテーション作業に奉仕する重要な実践であるということです。

コーダ　Ⅱ

最近見た日本の劇団によるシェイクスピアの『じゃじゃ馬ならし』（Theatre Company カクシンハン 二〇一六）では、最後に、男性優位の社会なり思想を全面的に支持するようにみえたカテリーナが、彼女を拷問的に洗脳したペトルーチオを拳銃で射殺し、男性優位思想を信じて疑わぬ愚かな男をこれで「馴らした」とうそぶくところで終わっていました。これは「正確にはシェイクスピア」ではなく、さらに「シェイクスピアの精神」にも反した暴挙なのでしょうか。ちなみに『じゃじゃ馬ならし』には *The Taming of the Shrew*（略して The Shrew「ジ・シュルー」）と *The*

Taming of a Shrew（略してA Shrew「エイ・シュルー」）の二つの版本があり、「ジ・シュルー」がシェイクスピアの真の作品、「エイ・シュルー」が別の作者の作品とみなされているものの、両者の関係はよくわかりません。シェイクスピアは「エイ・シュルー」（劇の本編を劇中劇とする構成は最終的に完結しています）という先行作品を材源として、質量ともに上回る「ジ・シュルー」（こちらは劇中劇構造が完結していない）を創作したと考えられるのですが、シェイクスピアの『ジ・シュルー』を見た作家が、『エイ・シュルー』をあとから創作したという可能性も指摘されています。両者は、筋のあらましは同じですが、登場人物名、台詞など大きく異なるため、修正・改正版という関係ではなく、翻案作品となっているのかもしれません。また両者ともにシェイクスピアの作品かもしれず、その場合、シェイクスピアの自己改訂もしくは自己アダプテーションの可能性も出てきます。またさらにジョン・フレッチャーは、この作品の続編『女の勝利またの名じゃじゃ馬馴らしが馴らされて』を創作し、チャールズ一世の宮廷では一六三三年、両作品が連続上演され比較された記録も残っています（Oliver 64）。フレッチャー作品は、男尊女卑的シェイクスピア作品とその根底にある男女関係を徹底して揶揄しています。ここにあるのは、どれが起源でもない、あるいはどれもが起源となり、どれもが相互に影響を及ぼしあうアダプテーションの宇宙です。そしてパフォーマンスとなると、シェイクスピアの真の作品『ジ・シュルー』では劇中劇構造が最後には消滅しているのに対して、現在の上演の多くは、『エイ・シュルー』にならって劇中劇構造を完結させている。つまり騙されて領主と思い込まされている鋳掛屋スライが登場し、劇中劇としてみた女馴らしを自分の家で実践する決意を固めるところで終わるのです。まあ『エイ・シュルー』もシェイクスピアが書いた、もしくは書いた作品の他者による聞き書きかもしれないから、劇中劇構造の完結か未完結によってシェイクスピアの精神に忠実かどうかははかれませんが、ただ繰り返していえば、最近の舞台では劇中劇構造を最後まで使うことが多く、シェイクスピア作品の上演は、多く、いやほとんどの場合、アダプテーションとなっているのです。

ただ、それにしても最後でカテリーナがペトルーチオ（劇中劇をみているクリストファー・スライも兼ねる）を射殺するのは、つまりカテリーナがペトルーチオを、フレッチャー作品のように馴らしてしまうのは、その精神に反した、やりすぎと考えている人がいてもおかしくありません。しかし、ほんとうにそうなのでしょうか。なんでもありの寛容な姿勢を特徴とするアダプテーション作法から、そういえるということではありません。そもそもタイトルの *The Shrew* は、日本語で「じゃじゃ馬」と訳されたので、馬と思い込んでいる読者や観客は多いのですが、また実際、じゃじゃ馬のカテリーナを馴らすのを野生馬の調教というメタファーで語っているので、「じゃじゃ馬」＝「お転婆娘、不良娘、あれくれ娘」というイメージが定着しておかしくないのですが、Shrew は馬ではありません。ネズミにみえるモグラの一種で、中には馬をも殺す猛毒をもつ体液を分泌する種類もあって、日本でも「毒ネズミ」と呼ばれたことのある小動物です。したがって劇のタイトルは、「〈毒ネズミ／モグラ〉の調教」となって、馴らすのが男、馴らされるのが女という関係性は自明のものではないのです。男もまた「毒モグラ」であって馴らされる、いや、男こそ馴らされねばならないというのは、タイトルに明示されています。それが時代の変化とともに作品の内容とも関係するようにみられてきたのでは？　ケイトがペトルーチオを射殺するのは大胆なアダプテーションかもしれませんが、同時に、シェイクスピアの（隠れた）精神にもっともかなった結末だったのかもしれないのです。そうなれば大胆すぎる演出も、『シュルー馴らし』を未来への帰還へと送り出したともいえるのです。

【引用文献】

Bakhtin, Mikhail M. *Speech Genres and Other Late Essays*. Ed. Caryl Emerson and Michael Holquist. Trans. Vern McGee. Ausitn: University of Texas Press, 1986.

Bristol, Michael D. *Big Time Shakespeare*. London: Routledge, 1996.

Desmet, Christy and Sawyer, Robert, eds. *Shakespeare and Appropriation*. London: Routledge, 1999.

Eagleton, Terry. *The Event of Literature*. New Haven: Yale University Press, 2012.（『文学という出来事』大橋洋一訳、平凡社、二〇一八年）

Fischlin, Daniel and Fortier, Mark. *Adaptations of Shakespeare: A Critical Anthology of Plays from the Seventeenth Century to the Present*. London: Routledge, 2000.
Gaines, Barry and Maurer, Margaret, eds. *Three Shrew Plays: Shakespeare's* The Taming of the Shrew *with the Anonymous* The Taming of a Shrew *and Flethcer's* The Tamer Tamed. Indianapolis: Hackett Publishing Company, Inc, 2010.
Greig, David. *Dunsinate*. London: Faber and Faber, 2010.
Kidnie, Margaret Jane. *Shakespeare and the Problem of Adaptation*. London: Routledge, 2009.
Oliver, H. J., ed. *The Taming of the Shrew*, The Oxford Shakespeare. Oxford: Clarendon Press, 1982.
Sanders, Julie. *Adaptation and Appropriation*, The New Critical Idiom, Second Edition. London: Routledge, 2006.
Taylor, Gary. 'Afterword: The Incredible Shrinking Bard.' *Shakespeare and Appropriation*. Ed. Desmet and Sawyer. London: Routledge, 1999. 197 - 205.

*

ガダマー、ハンス＝ゲオルク『真理と方法II』轡田收・巻田悦郎訳、法政大学出版局、二〇〇八年。

クラーク、カテリーナ／ホルクィスト、マイケル『ミハイール・バフチーン』川端香男里・鈴木晶訳、せりか書房、一九九〇年。

ジェイムソン、フレドリック『政治的無意識——社会的象徴行為としての物語』大橋洋一・木村茂雄・太田耕人訳、平凡社ライブラリー、二〇一〇年。

ジュネット、ジェラール『パランプセスト——第二次の文学』和泉涼一訳、水声社、一九九五年。

ハッチオン、リンダ『アダプテーションの理論』片渕悦久・鴨川啓信・武田雅史訳、晃洋書房、二〇一二年。

フアン・マヌエル、ドン『ルカノール伯爵』牛島信明・上田博人訳、スペイン中世・黄金世紀文学選集3、国書刊行会、一九九四年。

フレッチャー、ジョン『女の勝利またの名じゃじゃ馬馴らしが馴らされて』エリザベス朝喜劇10選、岡崎京子訳、早稲田大学出版会、一九九五年。

ベンヤミン、ヴァルター「歴史の概念について」（歴史哲学テーゼ）、『ベンヤミン・コレクションI——近代の意味』浅井健次郎編訳・久保哲司訳、ちくま学芸文庫、一九九五年。

ボルヘス、J・L『伝奇集、エル・アレフ、汚辱の世界史』篠田一士訳、集英社版世界の文学9、集英社、一九七八年。

――『汚辱の世界史』中村健二訳、岩波文庫、二〇一二年。

レイコフ、G／ジョンソン、M『レトリックと人生』渡部昇一・楠瀬淳三・下谷和幸訳、大修館書店、一九八六年。

第2章 ■ 武田悠一

見ている／知っているのは誰か

■ 〈語り〉のアダプテーションをめぐって

1 アダプテーションの再概念化

文学も、映画も、物語を「語り」ます。映画は語らないと言う人もいますが、映画は文学のようには語らないとしても、やはり「語る」のです。本章の目的は、具体的な文学作品（小説）とその翻案映画《アダプテーション》を取り上げて、物語の文学的語りと映画的語りがどのように違うのかを検証し、その差異が何を意味するのか考えることです。

十九世紀末に映画が誕生して以来、文学の物語は繰り返し映画として語り換えられてきました。そもそもそうした語り換え、すなわちアダプテーションが可能なのは、両者がある種の〈物語の構造〉を共有しているからでしょう。一九二〇年代のロシア・フォルマリズムから、一九五〇、六〇年代の構造主義を経て、「物語論（ナラトロジー）」と呼ばれるようになった物語の構造分析は、物語のこうした構造ないしは「文法」を抽出しようとしてきました。すなわち、何らかの形で物語形式の普遍的構造、あるいは「深層構造」を探り出そうとしてきたのです。

もちろん、文学と映画の物語に共通の普遍的構造を見出すことができるとしても、実際に語られた文学の物語と映画の物語には明らかな差異があります。そうした差異は、〈物語の構造〉を具体化するそれぞれの表現媒体によってもたらされるものです。この「差異」に注目し、それが何を意味するのかを探求するのがアダプテーション研究です。

これまでのアダプテーション研究・批評のほとんどは、文学的物語（小説）から映画的物語への変換をめぐって行われてきました。たとえば、ブライアン・マクファーレンの『小説から映画へ——アダプテーション理論入門』（一九九六）は、ヴィクター・シーストロームの『緋文字』（一九二六）を始めとする物語映画が、小説の物語コードをどのように映画的なコードに変換しているかを構造主義的に分析したものですが、その分析は物語戦略が小説から映画へとどのように変化するかに焦点を合わせています。マクファーレンのアプローチの枠組みは、文学テクストの物語技巧が映画というメディアでどのように変化するかを分析することなのですが、その分析は文学の観点から、文学を規範として、行われているのです。こうした文学中心主義的なアダプテーション批評は、ロバート・レイによれば、アメリカでアダプテーション研究がアカデミックな領域として出現したのはニュー・クリティシズムが支配的だった一九六〇－七〇年代の英文科であったことの歴史的帰結であり、アダプテーション批評がその後も〈オリジナル〉〈文学〉／〈コピー〉〈映画〉というハイアラーキーにもとづいて文学分析の方法を映画に適用してきたからです（Ray 44-46）。

『文学と映画』（二〇〇五）へのイントロダクションとして書かれた「アダプテーションの理論と実践」の中で、ロバート・スタムはアダプテーション研究を枠づける文学的アプローチへの依存を問題視し、「文学テクストをその圧倒的な権威から降格させ、アダプテーションの再概念化の可能性を示」そうとしています（Stam 9）。スタムは、「アダプテーションの議論にとって決定的に重要なのは、メディアの特有性という問題である」として、「小説にはできない、どういうことが映画はできるのか？」が問われなければならないと言います（Stam 16）(1)。

スタムによれば、そもそも「忠実な」アダプテーションなど不可能であり、映画に語り換えられた小説は「メディアの変化によって、自動的に〔小説とは〕違った、独自のものになる」のです。たとえば、リアリスティックで自然主義的と思われているジョン・スタインベックの小説『怒りの葡萄』（一九三九）の、リアリストと思われている監督ジョン・フォードによる「忠実な」アダプテーション（一九四〇）にも、アダプテーションが生み出す「自動的な差異」（Stam 17）があります。ジョード一家がオクラホマの家を棄ててカリフォルニアに発つ前に、母親（マ・ジョード）が思い出の品々に思いをはせる場面は、小説では次のように描写されています――

彼女は腰をおろして、その箱を開いた。なかには手紙類、切り抜きの束、写真、一組のイヤリング、小さな金の結婚指輪、髪編みにして端に金の輪のついている時計鎖などが、はいっていた。指で手紙類にさわってみた。それを、そっと撫でた。そして、トムの裁判記録が載っている新聞の切り抜きを、そっと引きのばした。
（Steinbeck 100 ;（上）二〇一頁）

この一節の映像化は、いくつかの「不可避的な補足」（Stam 18）を生み出します。スタインベックは、マ・ジョードが箱を開けてその中に入っている「手紙」や「写真」をさわったと書いているだけですが、フォードは特定の写真（ニューヨークの自由の女神が写っている）と特定の手紙（ウィリー・メイからの葉書）の映像を呈示しなければなりません。手紙は誰かからの手紙であるはずですし、写真は何かを写したものだからです。「トムの裁判記録が載っている新聞の切り抜き」は、「ジョードに七年の刑（Joad Gets Seven Years）」という見出しと小さな活字が並ぶ新聞記事の切り抜きのクローズアップとして呈示されます。小説は「イヤリング」と言っているだけなのに、フォードは鏡に向かってそれを耳につけようとするマ・ジョードを映像化しています。こうしたミザンセヌの細部を超えて、ショットを合成する映画の編集もまた「自動的な差異」を生み出します。マ・ジョードが竈の火のそばで思い出の品々を眺めるミディアム・ショット、その火の揺らめきが映る彼女の顔のクローズアップ。マ・ジョードの顔のクローズアップと彼女の見ている品々のクローズアップが、ショット／切り返しショットの黙想的なリズムをともなって交互に交代する視点編集（point-of-view editing）。スタインベックの一節には、もちろん音楽への言及はありませんが、フォードの映画版では「レッド・リヴァー・ヴァレー」のメランコリックなアコーディオン演奏がフィーチャーされています。こうして、映画は「小説にはできないこと」をしている、とスタムは言うのです。

本章がめざしているのは、スタムに倣って「映画はどのように小説にはできないことをしているのか」を明らかにし、映画アダプテーションが原作小説の忠実なコピーなどではなく、むしろ小説という文学の表現を多様化し、複雑化しているということ、とりわけ、小説と映画の〈視点〉と〈語り〉の問題に焦点を当てて、メディアの変換が生み出す表現の多様化・複雑化について考えることです。

2　〈視点〉と〈焦点化〉

〈視点〉は、英米の小説批評ではつねに重要な問題として論じられてきました。たしかに、物語が誰の視点から語られているかは、小説の〈語り〉のあり方を左右する重要な問題です。小説の技巧について論じながら、デイヴィッド・ロッジは次のように言っています――「物語を語るときに視点をどこに設定するかは、小説家の選択項目としてはおそらく最も重要なものであろう。虚構の登場人物やその行動への読者の感情的・倫理的反応を根本的に左右する問題だからだ。たとえば、不倫――どのような不倫でもいいが――の物語を考えてみれば、それを語るのが配偶者を裏切った不倫の張本人か、裏切られた人物か、不倫の相手か、あるいは第三者かによって、我々の反応はだいぶ違ってくる。『ボヴァリー夫人』が主に夫シャルル・ボヴァリーの視点から語られたとしたら、我々の知っている物語とはだいぶ違ったものになっていただろう」（ロッジ 四四－四五頁）。

批評用語としての〈視点〉は、一般的に「物語られる状況・事象が提示される際の知覚・認識上の位置」（プリンス 一四七頁）と定義されています。ここで注意すべきは、この定義にも表れているように、字義的には視覚に関わる言葉である「視点（point of view）」――誰がどこから「見て」いるのか――が、認識的な問題――語られているのは誰が「知って」いることなのか——に比喩的に拡大されているということです。小説の〈語り〉をめぐる批評用語として使われてきた〈視点〉は、知覚に関わる問題と同時に認識に関わる問題にも方向づけられているのです。〈視点〉という用語が孕むこうした二重性を解消し、小説の〈語り〉についてより厳密に論じるために、〈焦点化〉という用語を提起したのがジェラール・ジュネットです。ジュネットは、〈視点〉という用語は、あまりにも曖昧で視覚的にすぎると考えました。〈語り〉には、「見る」ということだけでなく、「聞く」「触る」「匂う」「味わう」などのさまざまな知覚が関わっているからです。ジュネットの〈焦点化〉は、視覚だけでなく〈語り〉にともなうすべての感覚・知覚を包含する概念なのです。

したがってジュネットは、〈焦点化〉を知覚（視覚）の観点——誰が何を見ているのか——からではなく、認識の観点——誰が何を知っているのか——から分類・定義しています。彼は、語り手が登場人物の誰よりも多くを知っている場合の〈語り〉（英米の批評では「全知の語り手」による〈語り〉と呼ばれているもの）を「非焦点化、もしくは焦点化ゼロ」の〈語り〉と呼びます。つぎに、ある登場人物が知っていることだけが語られる場合を「内的焦点化」と呼びます。この内的焦点化はさらに三つに分類されますが、その第一は「内的固定焦点化」であり、その好例として、ほぼ一貫して一人の少女に内的焦点化されるヘンリー・ジェイムズの『メイジーの知ったこと』が挙げられています。第二は、内的不定焦点化であり、『ボヴァリー夫人』が例として挙げられています。この作品では、内的焦点化の対象は、最初はシャルル、次にエンマ、そしてもう一度シャルルへといった具合に変わっていくからです。最後は、内的多元焦点化です。その典型的な例として、ロバート・ブラウニングの物語詩『指輪と書物』（この作品では一つの犯罪事件が、順次、殺害者・犠牲者たち・弁護側・検察側等の視点から物語られます）と、映画『羅生門』(2)が挙げられています。ジュネットはさらに、焦点化の第三のタイプとして「外的焦点化」——「主人公はたしかにわれわれの眼前で行動するのだけれども、主人公の思考や感情については、われわれは決して知ることができない」——を挙げ、その例として、ダシール・ハメットやヘミングウェイのいくつかの中編小説を挙げています（ジュネット 一二一-一二三頁)。

ジュネットは、〈視点〉をめぐる従来の議論の問題点に関して、次のように述べています――

このテーマを扱った理論的研究(それらは、本質的には単なる分類に終始している)は、遺憾ながらその大半が、本書において私が叙法と呼んでいるものと声と呼んでいるものを混同しているのである。言い換えるなら、どの作中人物視点が語りのパースペクティヴを方向づけているのかという問題と、語り手は誰なのかというまったく別の問題とが、あるいはより端的には、誰が見ているのかという問題と、誰が語っているのかという問題とが、混同されているのだ。(ジュネット 二一七頁)

〈視点〉という字義的には視覚に関わる用語は、語られる内容を「見ているのは誰か」という問題と、物語を「語っているのは誰か」という問題を「混同」させてきた。しかし、〈視点〉について議論する際には両者を明確に区別しなければならない。そう考えてジュネットは〈焦点化〉という「より抽象度の高い」(ジュネット 二二一頁)術語を採用したのです。この術語に基づくジュネットの「単なる分類」ではない「分類」によれば、「少女の視点だけがほぼ一貫して守られている」『メイジーの知ったこと』の〈語り〉は、「内的固定焦点化」の好例ということになります。ジュネットは、「少女の「視野の制限」は、彼女にはその意味が理解できない大人の物語内容において、とくに際立った効果を発揮している」(ジュネット 二二三頁)と述べるだけでそれ以上の分析はしていません。そこでわたしたちは、メイジーが見ていることと見ていないこと、彼女が理解していることと理解していないことという観点から『メイジーの知ったこと』の〈語り〉を分析し、この物語における「見ているのは誰か」/「知っているのは誰か」という問題について考えてみたいと思います。

3　『メイジーの知ったこと』の〈視点〉

アダプテーションという観点から小説の〈語り〉について考えるとき、注目しておかねばならないのは、〈視点〉にせよ〈焦点化〉にせよ、字義的には小説（あるいは文学一般）というよりむしろ映画にふさわしい用語だということです。映画においては、カメラの位置という文字通りの意味での視点が問題になりますし、カメラがどこに焦点を合わせるかという文字通りの意味での焦点化が問題になります。それに対して、小説（文学）において視点や焦点化が問題になるのは、映画のように字義的な意味ではなく、比喩的に拡大された意味においてなのです。このことが、〈語り〉のアダプテーションについて考える際にどのような意味をもつのか、『メイジーの知ったこと』にそくして見てみましょう。

すでに見たように、デイヴィッド・ロッジは『小説の技巧』の中で〈視点〉という技巧について解説するとき、ヘンリー・ジェイムズの『メイジーの知ったこと』を例に挙げています。ロッジによれば、ジェイムズは「視点の操作」に関しては「名人級の腕前」の持ち主で（ロッジ 四五頁）、わけても『メイジーの知ったこと』における〈視点〉の操作は見事というほかはなく、彼はこの作品によって「英文学史上、真の意味で最初の現代作家と呼びうる（……）小説作法を開発した」（ロッジ 四八頁）とまで言っています。

『メイジーの知ったこと』（一八九七）は、両親の不倫と離婚と再婚が子供に及ぼす影響を扱った作品です。物語はヴィクトリア朝のイギリスを舞台に展開します。中産階級の夫婦、アイダとビールの結婚生活が破綻し、二人の離婚によって、六歳になる娘のメイジーがともに養育権を主張する両親の間を六カ月ごとに行き来させられることになります。やがて両親はともに不倫相手と再婚します。父ビールは、メイジーの家庭教師オーバモアと、母アイダは魅力的ではあるが弱々しい貴族のサー・クロードと。両親の再婚後、メイジーには新しい家庭教師ウィックス夫人があてがわれます。ウィックスは、若くて美しいオーバモアを雇って失敗したアイダがその反動で雇った、オーバモアとはまったく対照的な、古色蒼然とした老婆です。物語は、メイジーがウィックス先生と新しい人生に乗り出したところで終わります。

デイヴィッド・ロッジが言うように、この物語の〈視点〉は、両親の「不倫」に巻き込まれ、「その不倫によって境遇を左右されながら、何が起こっているのかをほとんど理解できない子供に設定されて」います。メイジーは「利己的で無節操な大人の喧嘩の手駒として、あるいは恋の駆け引きの仲介役として利用され」（ロッジ 四五頁）、やがて成長して、小説の最後では、自分を媒介にしてミセス・ビール（オーバモア）と愛人関係になったサー・クロードに対して、もし彼が愛人のオーバモアを棄てれば、自分もウィックス先生を棄てて、彼と二人でパリに駆け落ちしてもよい、と告白するまでになります。最終的には、メイジーがウィックス先生を犠牲にしてサー・クロードとオーバモアの三人で暮らせばよいというサー・クロードの提案がしりぞけられて、メイジーはウィックス先生と暮らす決意をするのですが、自分がサー・クロードとオーバモアを結びつけたことが、サー・クロードを愛する一人の女性としてどのような意味をもつのかをメイジーが自覚し始めたときに、言い換えれば、彼女が大人たちの道具ではなく、一人の女性になり始めたとき、物語は完結するのです。

『メイジーの知ったこと』の〈視点〉がいかに見事に操作されているかを示すために、ロッジは「アイダが再婚して間もなく、甘い生活に酔いしれながら、メイジーの生活の改善などという実行できもしない計画に乗り出す様子を描いている」十一章の冒頭の一節を引用しています。

彼女は次から次へと不満の種を見つけながら改善の余地ばかり増やしていき、まるで改善策と誓約をばらまいているかと思えるほど、躍起になって見積もりを立てて歩いた。彼女の訪問はまるで衣裳のようなもの、その態度は、ウィックス夫人の言葉を借りれば、まるでカーテンのようなものであった。だが、彼女は極端に走りがちな人間であった――我が子に対してもほとんど口をつぐんでいたかと思うと、これもウィックス夫人の言葉によれば、大きく開いた胸元にそのか弱い芽をかき抱くこともあった。いつもひどく急いでおり、胸元の開き具合が大きいほど、外で大事な用事があることを示していた。部屋に侵入してくるときはたいがい一人であったが、サー・クロードを連れて入ってくることもあり、二人の関係が始まったころ、このような外見が楽しそうに表していたものは、ウィックス夫人の表現を借りれば、奥方の浮かれ具合以外の何ものでもなかった。「だって、本当に浮かれているんじゃない！」いかにも愉快そうな笑い声の中、サー・クロードが母親を連れ去ると、メイジーは、意味深長な、しかしお馴染みとなった表現を借りてそう叫ぶのであった。大声で笑う婦人たちが家に来ていたころでさえ、メイジーは、こうして結婚の喜びに身を委ねているときほど手放しではしゃぐ母親を見たことがなかったが、この喜びこそ母親が心ゆくまで享受すべきものであることは幼い少女の目にも明らかであり、彼女は、これから起こるであろう楽しそうな事だけを勝手に想像して幸せな気分に浸るのであった。（James 66：ロッジ 四三－四四頁の柴田元幸・斉藤兆史訳による）

たしかにここで語られていることは、メイジーの〈視点〉でとらえられたものだと言えますが――そして、作品全体を通して一貫してそうなのですが――しかし、それを語る語り口は、とても六歳の子供のものとは思われません。ロッジが言うように、「これはメイジーの視点から語られる――ただし、メイジーの声で語られるどころか、およそ子供の言葉を模したとは思えないような文体が用いられている」のです。『メイジーの知ったこと』は、「純粋無垢な子供の視点を、成熟した大人の――優雅で、複雑で、繊細な――文体によって具現化している」（ロッジ 四五－四六頁）のです。

『メイジーの知ったこと』がメイジーの〈視点〉から語られているということは、必ずしもそれが彼女の「声」で語られているということではありません。また、ここで語られているのは、必ずしも彼女が知覚したこと、あるいは理解・認識したこととは限りません。ここで語られているのは、メイジーが実際に知覚し理解したことではなく、彼女が「知覚し、理解しそう」ではあるけれども、「純粋無垢な子供」である彼女が実際には知覚し、理解しなかったことです。言い換えれば、『メイジーの知ったこと』は、メイジーが「知らなかったこと」と、それを彼女が知っていたかのように語る「声」(「文体」＝語り口)の間のギャップを生み出すような視点操作を行い、「子供」のメイジーが実際には知らなかったことを、あたかも彼女が知っていたかのように「大人」が語る物語なのです。ロッジによれば、こうした見事な視点操作が、「けっしてメイジーの視点からずれることなく、ウィックス夫人の存在をうまく利用して、メイジーには下しえないアイダについての大人の判断をそれとなく伝える」(ロッジ 四八頁)ことを可能にしているのです。

ロッジは、〈視点〉を物語の技巧として論じ、それを巧みに操る小説家ジェイムズの「腕前」を讃えています。たしかに、それは「見事」というほかはないのですが、『メイジーの知ったこと』における〈視点〉と〈語り〉は、技巧の問題として片づけることのできない問題、わたしたちの知覚・認識に関わる――そして、ある意味では倫理にかかわる――問題を孕んでいるとわたしは考えています。

〈視点〉にせよ〈焦点化〉にせよ、視線やまなざしを思い起こさせる概念であるのに、物語を語る小説の技巧として論じられてきたのは考えてみれば奇妙なことです――小説においては、実際に見るということはないのですから。わたしたちは、小説の〈視点〉や〈焦点化〉について論じるとき、実際の視覚を問題にしているのではありません。それでは、何を問題にしているのか。二〇一三年にリリースされた『メイジーの知ったこと』のアダプテーション(邦題は『メイジーの瞳』、以下『メイジーの瞳』と表記します)が、その「何か」について考えるヒントを与えてくれるように思われます。

映画『メイジーの瞳』は、舞台を現代のニューヨーク、マンハッタンに設定して、ジェイムズの小説を現代化しています。ロックシンガーのスザンナ(ジュリアン・ムーア)とイギリス出身の美術商ビール(スティーヴ・クーガン)

の間には六歳の娘メイジー〔オナタ・アプリール〕がいますが、スザンナとビールは顔を合わせると口論をし、相手を罵り続け、ついに離婚してしまいます。ところが、二人とも親権を手放さないため、メイジーは十日ごとに二つの家を往復しなければならなくなります。やがて父ビールはメイジーのベビーシッターであった若いマーゴ〔ジョアンナ・ヴァンダーハム〕と再婚し、母スザンナも当てつけのように若いバーテンダーのリンカーン〔アレキサンダー・スカルスガルド〕と再婚します。しかし、それは子供の世話を押しつけるための自分勝手な結婚でした。多忙な両親はメイジーを新しいパートナーに押しつけて長期出張に出るといった無責任な振舞いをし、その結果、メイジーは四人の「父母」の間を行き来しなければならなくなります。結局はビールとマーゴ、スザンナとリンカーンも破局することになり、ビールはイギリスに帰り、スザンナはツアーに出てしまい、メイジーを世話する人がいなくなってしまいます。置き去りにされたメイジーを見かねたマーゴは、いとこから借りたビーチハウスにメイジーを引き取って世話をし始め、やがてリンカーンもやって来て、二人は恋人同士になります。そこに突然スザンナがメイジーを迎えにやって来ますが、両親の無責任さを知っているメイジーは、まだいくぶんかはましなマーゴとリンカーンと暮らし、スザンナと一緒に行かないことを選びます。

この映画ではジェイムズの小説と同様に、メイジーの〈視点〉から見た世界が描かれます〔これが、この映画の邦題が『メイジーの瞳』となっている理由だと思われます〕(3)。この映画でしばしば使われるメイジーの背丈に合わせた低いカメラアングルは、メイジーの視点から見た世界を描くジェイムズの小説の話法を、映画的にアダプトしたものと言えます。たとえばオープニング・シークエンス。母親のスザンナが弾き語りの子守唄でメイジーを寝かしつけると、画面が暗転してチャイムの音が聞こえる。「ピッザ・マン！」と叫んで階段を降りるメイジーを捉えた俯瞰ショット。玄関のドアを開けるメイジーを外からとらえたショットとピザの箱をもって立っている配達の男性の切り返しショット、さらにメイジーを挟んで配達人と後からやってきた若い女性〔すぐ後でベビーシッターのマーゴだとわかります〕が立っているショットが続くのですが、カメラがメイジーの目線に置かれているため、配達人と女性は下半身しか映っていません(4)。ピザマンへのチップを取りに階段を上るメイジーの耳に両親が言い争う声が聞こえてきます。こうして、これから語られるこの映画の世界がメイジーの視点から見られたものであることが強調されるのです(5)。

メイジーは、まだ六歳の子供なのに、観察力が鋭く、賢いため、両親の無責任さをはっきりと認識していますが、それだからといって、親を批判したりはしません。母親も父親も、欠点だらけの人間ですが、それなりに優しいところもあり、ジェイムズの小説と比べると、ここに登場してくる人物たちは、皆おしなべて優しく、それなりの責任感を持っています。人物たちの優しさが、離婚した親を持つ子供の現代的な姿を描く物語の、ある種の息苦しさの中に、ある種の柔らかさを感じさせます。特に、メイジーと継父母とのかかわりがそうです。

メイジーは、実の父母といるときよりも、若い継父母と一緒にいるときの方が心安らかに過ごせるようになり、とりわけ若い継父リンカーンとは、彼の仕事場であるバーでジュースを飲ませてもらったり、通りや公園でゴッコ遊びをして、弾けるような笑顔を浮かべることができるようになります。そしてそのことが、意外にも、若い継父と継母の距離を近づけることになるのです。

メイジーを演じているオナタ・アプリールは、見つめ、うなずき、短い返事をするだけであるにもかかわらず、抑制された喜びや悲しみの感情を、細かく表現しています。彼女は、父親と母親が激しく言い合うのを、母親が若いリンカーンとじゃれ合うのを、父親が若いマーゴと親しげに囁き合うのを静かに見ています。子供には、何も知らないようでいて実は何でも知っているようなところがありますが、同時に、何でも知っているように見えて何も知らないというところもあります。わかっていたり、わかっていなかったりする、その二重性を彼女は巧みに演じています。たとえば、幼い娘をほったらかしにしてコンサート・ツアーに出ていた母スザンナが、不意に戻って来て、継父母と穏やかな日々を送っている娘を連れ去ろうとする最後のシーン。そのとき、メイジーは母を恐れます。しかし、次の瞬間、その恐れを察知して衝撃を受けた母を、一転して憐れむような、慈しむような瞳で見つめるメイジーを、オナタ・アプリールは見事に演じています(6)。

4　メイジーの「知っていること」と「知らないこと」

「並行し、交差しあう二つの語りの形式を実践することによって、映画は文学の語りを複雑化する」とロバート・スタムは言っています（Stam 35）。映画は、言葉によって語る——ヴォイスオーヴァーであれ登場人物の会話であれ——と同時に、それを視覚的・聴覚的に文脈化します。映画において、わたしたちはアクセントやイントネーションをともなう言葉を聞くだけでなく、言葉にともなう顔の表情や身体表現を目にするのです。

ジル・ドゥルーズは次のように言っています——

（……）奇妙なことに、演劇ばかりか小説さえもがどれほど会話をそれ自体として把握するのに無力であったことか。例外は、映画と同時代的な作家（プルースト、ジェイムズ）か、映画から影響された作家（演劇のウィルソン、小説のドス・パソスやナタリー・サロート）だけなのだ。（……）映画が発明していたのは、それまで演劇からも小説からものがれていた音声的な会話であり、また会話に対応した視覚的ないし可読的な相互作用だった。（……）会話と相互作用はやはりトーキーの当初から映画こそが獲得したものであり、そこから映画特有のジャンル、本来的に映画的な「コメディー」、とりわけアメリカ喜劇が作られたのだ。（……）話は、その内容や対象から独立した仕方で相互作用を生み出し、諸個人の関係を密接にし、あるいは分離させ、彼らに勝者か敗者になることや、遠近法の変更や転倒すら強いる。（ドゥルーズ 三一九–三二〇頁）

映画『メイジーの瞳』でメイジーが対話するのは、もっぱら大人たち——主として両親と継父母——ですが、彼女が大人たちと交わす会話は彼女と大人たちとの関係を、そして関係の変化を映しだす鏡になります。両親の身勝手な行動に振りまわされるうちに、彼らとメイジーの関係はどこかぎくしゃくしたものになり、疎遠になっていきますが、継母となったマーゴと継父となったリンカーンとの関係はますます親密になっていきます。とりわけリンカーンとは、公園で遊んだり、彼が働いているバーに一緒に行ったりするうちに、母親のスザンナが嫉妬するほど親密な仲になります。二人は、親子というより、友だち、というより恋人同士のようにも見えてきます。まるでデートをしている恋人たちのように公園で楽しく遊ぶのです。そのメイジーに向かってリンカーンが「利口な奴め（wise guy）」と言うと、メイジーが「奴じゃない、女の子よ（I'm not a guy. I'm a girl.）」と応えるシーンがあります。

一方、母親との関係は、一緒にベッドで横になって楽しげに言葉を交わす冒頭のシークエンスの親密なものから、スザンナがメイジーに一方的に命令し、メイジーが戸惑いながらも頷くといった、ぎくしゃくしたものになっていきます。二人をとらえるショットの構図も、ベッドに寝そべる水平的なものから、街中でスザンナがメイジーを見下ろす垂直的なものに変化していきます。たとえば、メイジーを迎えに来たスザンナがタクシーの中でメイジーと交わす会話を見てみましょう。座席に座ってメイジーを抱き寄せ、「会いたかったわ」とキスをするスザンナに、「私も」とメイジーは応えますが、戸惑った表情で体をのけぞらせます。メイジーが腕にやけどをしているのを見つけたスザンナが「パパと二人だけのときは気をつけなさい」と言うと、メイジーは「マーゴもいる」と応じます。「マーゴって、あのマーゴ？　家にいたマーゴのこと？」と問い質すスザンナに、メイジーは口を閉ざします。このシーンでは、メイジーの顔はスザンナの肩越しに、スザンナの顔はメイジーの肩越しにとらえられ、それぞれのショットが交互に何度も繰り返されます。このカメラワークから、スザンナの苛立ちとメイジーの当惑が浮かび上がってきます。そしてこのシーンは、次のようなやり取りで終わるのです。

スザンナ「パパはマーゴが好きじゃないのね？」

メイジー「好きよ」
スザンナ「そう？　パパはマーゴにキスをする？　他にどんなことしてる？」
メイジー「わからない」
スザンナ「そうよね」

メイジーは、自分の母親が若いリンカーンとじゃれ合うのを、父親が若いマーゴとキスをするのを、そしてやがてマーゴとリンカーンが抱き合ってキスをするのを傍から見ています。六歳のメイジーは、彼らのしていることが何を意味するのか「知っている」（英語のknowには「性的な事がらを知る」という意味もあります）のでしょうか、それとも「知らない」のでしょうか。この映画が描き出すのは、知っているとも知らないともいえないメイジー、というより、知っているのか知らないのか自分でも分かっていないメイジーなのです。

すでに見たように、ジェラール・ジュネットは〈視点〉を〈焦点化〉と言い換え、「誰が何を見ているのか」からではなく、「誰が何を知っているのか」から物語の〈語り〉を分類・定義し、語り手が登場人物の誰よりも多くを知っている場合の〈語り〉を「非焦点化、もしくは焦点化ゼロ」の〈語り〉、ある登場人物が知っていることだけが語られる場合を「内的焦点化」と呼びました。そして、ジェイムズの小説『メイジーの知ったこと』のように、一人の作中人物だけに焦点化される〈語り〉を「内的固定焦点化」と呼びました。ジュネットによれば、この場合「ある作中人物が知っていることしか」語られません（二二二頁）。小説『メイジーの知ったこと』ではメイジーの「知っていること」しか語られない、というのです。とすれば、メイジーは一体何を「知って」いるのでしょう。

映画『メイジーの瞳』では、メイジーは自分が見聞きしている大人たちの言動が何を意味するのか「知らない」にもかかわらず、あたかも「知って」いるかのように対応します。それは、大人たちの身勝手な振舞いに翻弄されながらも、大人たちに依存して生きるほかない彼女が無意識のうちに身につけた知恵なのかもしれません。

この映画を観たあとでもう一度ジェイムズの小説を読み返すと、実はこの小説全体が、メイジーの無知の上に成立しているのではないかとさえ思えてきます。この小説の中で行われている、ある肝心なことをメイジーが「知らない」という条件のもとで物語が〈語られて〉いると言ってもいいのです。この小説は、メイジーがそれを「知った」とき、すなわち、サー・クロードとミセス・ビール（オーバモア）を結びつけたことが、サー・クロードを愛する一人の女性としての自分にとってどのような意味をもつのかをメイジーが自覚し始めたときに完結するのです。

それにしてもなぜ、小説において、メイジーは最終的にクロード卿とミセス・ビールの関係が生み出す新しい家庭に参加することをせず、ウィックス夫人とイギリスに行くことを選択するのでしょうか。その理由は、クロード卿がメイジーに接する姿勢にあるとジェイムズは示唆しているように見えます。ジョン・カーロス・ローは、クロード卿がメイジーに対して“old boy”“my dear old woman”“old man”“woman”“my dear fellow”“my dear man”“dear boy”“old girl”“Maisie boy”“my dear child”などと呼びかけているのをとらえて、「メイジーに関しても、自分自身に関しても、同様にジェンダーを混乱させる」行為だと論じています（Rowe 129）。クロード卿については「クィア」という語も使われています（James 183, 246）。クロード卿の、あるいはジェイムズ自身の、セクシュアリティの問題とともに、ここではクロード卿がメイジーに対して自分の同輩として接しており、メイジー自身も、二人だけでパリに逃げようとクロード卿を誘う場面で、ミセス・ビールを棄てるのなら、自分もウィックス夫人を棄ててあなたに従うと迫るとき、クロード卿に対して対等の女性として接していると考えることができるのです。このときメイジーが何歳なのかは定かではありません（ローは、「十一歳から十四歳のあいだ」と想定しています（Rowe 127））。ジェイムズはメイジーの年齢を曖昧にすることで、彼女がクロード卿を誘う動機が早熟な性的欲望を孕んでいるのか、それとも単に保護者を求める幼児的願望からなのか、その判断を読者にゆだねていると言うべきでしょう。

5　『オーランドー』のアダプテーション

映画は小説では見えないものを可視化しますが、映画ではまた「見ること」そのもの、つまり〈まなざし〉も可視化されます。そのことについて考えるために、ヴァージニア・ウルフの小説『オーランドー』（一九二八）と、それをサリー・ポッターが映画にアダプトした『オルランド』（一九九二）を取りあげてみましょう(7)。

ウルフの小説『オーランドー』は、冒頭で十六歳の少年であった主人公のオーランドーが、エリザベス朝の一五〇〇年代後半から四〇〇年弱の時空を超えて生き続け、十七世紀末には女性に性転換し、十九世紀ヴィクトリア朝時代に結婚して一児の母となり、この小説の現在である二十世紀を女性詩人として生きる、という幻想物語《ファンタジー》です。小説のこのプロットは、ほとんどそのまま映画『オルランド』でも踏襲されています。小説のほぼ中程（全六章のうちの第三章）で描かれるオーランドーの男性から女性への性転換は、映画でもほぼ真ん中（九四分の映画の中の五〇分頃）で描かれています。監督のサリー・ポッターは、自ら執筆した『オルランド』のシナリオ版（一九九四）への序文の中で、ウルフの小説『オーランドー』の映画化は少女の頃からの夢だったと言っています。十代のころに初めてこの小説を読んだとき、「それがまるで映画であるかのように、心の目で観た」というのです。ポッターは、『オーランドー』という小説が映像的であり、それゆえ「きわめて映画的」であると直観的に感じていたのです。それ以来、『オーランドー』は「意識的であれ、無意識的であれ、いつも参考にしていたし、インスピレーションの源であった」(Potter ix)というのです。この序文でポッターは、小説からシナリオへの創作過程について述べていますが、その方法は、要するに小説を何度も読んで、骨格だけになるまで読みこんで、そこから彼女自身の今日的な視点で映像によるストーリーを展開するというものです。

もちろん、小説をただ忠実になぞるだけでは、かえって「この小説の中で自分が愛しているもの」を表現できないとポッターは考え（Potter ix）、ウルフの作品を今日の視点から映像化するために、いくつかの「変更」を加えています。まず、物語の構造を単純化したこと。ストーリー・ラインを単純化し、主人公オーランドーの物語に直接かかわりのない出来事を省く。さらに、今の観客に理解しやすい「理由」を与えること。たとえば、オーランドーがなぜ不滅ともいえるほど長生きするのかということについて、小説は何の説明も与えていませんが、映画はエリザベス女王の命令として（「色褪せてはならぬ、萎んではならぬ、年老いてはならぬ」）長寿を与えられます。またオーランドーの性転換は、小説ではたまたまそうなったと語られていますが、映画ではある危機――男性としてのアイデンティティの危機――に直面したことの結果として起こることが示唆されます。オーランドーは戦場で死と破壊を目の当たりにし、殺し殺されるかもしれない場面に遭遇します。オーランドーを性転換に導くのは――映画のロジックによれば――男としての彼に期待されているものに順応したくないという彼の気持ちなのです。後に、女となったオーランドーは、女としての彼女に期待されるものにも順応できないと感じます。そして、オーランドーが結婚して夫と息子をもつ詩人として生きる小説とは違って、映画のオーランドーは法的な結婚はせずに未婚の母となり、娘とともに生きていくという選択をするのです。

ポッターの映画『オルランド』は、アダプテーションにおける〈語り〉の問題を提起しています。たとえば、この映画のオープニングを見てみましょう。映画が始まると、クレジット・タイトルが流れる中、性別の定かでない声が聞こえてきます。そして、大きな樫の木の下の場面へのカット。エリザベス朝時代の服装をした一人の若い男性（オーランドー）が、本を手にして、小声で詩を暗誦しながら木の下を歩いています。その映像に、ヴォイスオーヴァー（オーランドー自身の声）が重ねられます――「彼が男か女かは明らかだ――当時の若者は好んで女性的に装ったとしても」。オーランドーは木の根元に座り、風景を眺めます。ヴォイスオーヴァーが続くなか、オーランドーはその中で自分が「彼（he）」と呼ばれていることを捉えて、ヴォイスオーヴァーに割って入り、「つまり、私のこと（"that is, I"）」とカメラに向かって直接語りかけます。

この映画で明確に発せられる最初の言葉であるオーランドーのヴォイスオーヴァーは、小説の書き出しをなぞっています。ウルフの語り手は、こう語り出しています――「彼は――といっても、当時の服装からしてなにか性別さだかならぬ様子ではあるのだが、男であることに疑いはない――垂木にぶら下げてあるムーア人の首に向かって剣をふるっているところであった」。ウルフの小説『オーランドー』は、副題に「伝記」とあるように、自らを「伝記作家」と名乗る語り手が登場して物語を進行させます（この語り手は、性別を超えている、ということになっています）。物語は、「十六世紀がまだ終わっていない」頃の、「まだ十七歳になっていない」少年オーランドーの描写から始まります。その冒頭から強調されるのが、ジェンダーの両義性、というか流動性です。「ムーア人の首に向かって剣をふるう」という「彼」の振舞いは過剰なまでに男性的なのですが、「彼」の女性的な衣装はその男性性を滑稽なものにしてしまいます。たとえ「彼」の「性別《セックス》」に疑いはないにしても、そのジェンダーは曖昧で流動的なのです。

6　〈まなざし〉の可視化

ポッターの映画は、オーランドーのジェンダーとセクシュアリティをめぐるウルフの物語を、映像によって再現しようとしています。すでに見たように、冒頭のシーンでは男のオーランドーを演じるティルダ・スウィントンの女性的な顔のクローズアップに重ねられるヴォイスオーヴァーの中で、「彼」という代名詞が反復されることによって、オーランドーの女性的な顔と、そのオーランドーを指し示す代名詞「彼」との間のギャップが強調され、あたかもそのことに気づいたかのように、画面の中のオーランドー（つまり、登場人物としてのオーランドー）は「彼」という言葉を捉えて、「つまり、私のこと」とカメラに向かって（ということは、観客に向かって）直接語りかけます。ヴォイスオーヴァーへのこの介入は、「彼」でもあり「彼女」でもあり、また「彼」でも「彼女」でもない「私」の物語に対するオーランドーの自意識を示す映画的表象と言えるでしょう。

ポッター自身、『オルランド』シナリオへの序文の中で次のように述べています。

私は脚本全体を韻文で書こうと試みました。心のうちを打ち明けるヴォイスオーヴァーを試してみました。そして最終的には、ティルダ・スウィントンの助けを借りて、オーランドーがカメラに向かって語りかけるというやり方に落ち着きました。私は、ヴァージニア・ウルフのウィットを人々が大声で笑えるような映画的ユーモアに転換したいと思いました。私は、この直接的な語りかけが黄金の糸を創り出し、それが、レンズを通して、観客をオーランドーと結びつけ、こういう形で見られているものと見ているものが笑いの開放感の中で一体になることを望んだのです。（Potter xiii）

オーランドーの観客への直接的な語りかけは、映画における〈語り〉と〈まなざし〉の可視化を伴っています。ヴォイスオーヴァーは、オーランドー自身によって語られるナレーションなのですが、その語りの中で、画面上の登場人物としてのオーランドーは三人称の「彼」で言及されます。言い換えれば、ここには語り手としてのオーランドーと登場人物としてのオーランドーがいるのであり、登場人物としてのオーランドーが「私」として一人称で直接カメラに向かって語りかけるとき、ヴォイスオーヴァーの語りは中断され、オーランドーはいわば「彼」と「私」に分裂します。語りにおけるこうした自己の二重化――たとえて言えば、「ボケ」と「ツッコミ」の一人二役のような――が、この映画の表現をユーモラスにしているのです。

さらに、オーランドーの直接の語りかけは観客のフィルム体験と同時的であるのに対して、ヴォイスオーヴァーは回顧的です。こうした時間的な分裂と〈語り〉の複雑化は、文学の語りと映画の語りの根本的な差異を指し示しているだけでなく、スザンヌ・フェリスが言うように、ポッターは映画における〈語り〉のこうした不安定性をジェンダー・アイデンティティの流動性という問題にリンクさせているのです（Ferris 111）(8)。

7　カメラ目線

主人公のオーランドーがカメラを見て観客に直接語りかける、いわゆる「カメラ目線」はこの映画のオープニング・シーン以外にも何度も繰り返されます。たとえばオーランドーがエリザベス女王の寝室の前の廊下で、女王が着替えをしているのを待っているシーン。「入りなさい」という女王の声に従ってドアを開けたオーランドーは、部屋に入る前にカメラに視線を向けます。ポッターのシナリオには、「オーランドーは一瞬カメラを見つめ――うぶな狼狽の表情を浮かべて――ドアから部屋の中へ消える」というト書きがありますが（Potter 8）、ここでのオーランドーの〈まなざし〉は、これから起こるであろうことへの不安と期待を表していると同時に、観客へのめくばせ（「これから何が起こるかわかるよね」）のようなものであり、そのめくばせによって、「これから何が起こるかよく見ててごらん」と観客に語りかける〈語り〉となっています。

あるいは、オーランドーが大使として派遣されたウズベキスタンのヒヴァ（小説ではコンスタンティノープル）で暴動に巻き込まれ、ハリー大公とともに銃を持って戦闘に加わるシーン。城壁を乗り越えてきた敵をハリー大公が狙い撃ちし、敵はその場に倒れこみます。オーランドーはその瀕死の敵に駆け寄るのですが、ハリー大公に「そいつは敵です」と言われ、しばし沈黙した後、暗い表情で問いかけるようにカメラを睨みつけます。敵を躊躇なく撃ち殺し、瀕死の人であっても「敵」として冷淡に割り切り立ち去っていくハリー大公と、瀕死の敵の傍らで跪くオーランドーのコントラストが際立つ場面です。この「カメラ目線」は、敵か味方かで態度を決めなければならない戦場の世界、つまり男たちの世界に対する疑念を観客も共有するように促しています。すでに述べたように、ここでオーランドーが直面した危機――男性としてのアイデンティティの危機――が男性から女性への性転換のきっかけとなるのです。

こうした「カメラ目線」は、写真ではごく普通に見られるものですが、一般的に映画では避けるべきものと考えられているようです。ロラン・バルトはこう言っています。

「写真」には、私の目をまともに見すえる能力があるからである——しかしこの能力は、正面を向いたポーズが一般に古めかしいものとされるようになったため、次第に失われつつある（とはいえ、これが映画との新たな相違点なのである。映画では、誰かが私を見つめることは決してない。映画は「虚構」であるゆえに、それが禁じられているのだ）。（バルト　一三六－一三七頁）

映画において「カメラ目線」が禁じられているのは映画が「虚構」だからだ、とバルトは言うのですが、少し付け加えて言えば、カメラ目線は観客にカメラの存在を意識させ、映画の虚構性を意識させてしまうということなのでしょう。暗い映画館の客席に座って、映画という虚構世界に浸っていたわたしたちは、わたしたちの「目をまともに見すえる」〈まなざし〉に出遭って、その世界への感情移入を一時的に妨げられるのです。自分が見られていると感じることなく、安心してスクリーン上の物語に感情移入していた観客は、「カメラ目線」によって、カメラを通して自分が物語の中の人物に見られているような感覚にとらわれるのです。

ジャック・ラカンは、彼がサルトルの『存在と無』に読み取った「まなざし」について、それは「見られるようなまなざしではなく、〈他者〉の場で私によって想像されるまなざし」だと言っています（ラカン　一一二頁）。ラカンは、諸々の欲動の交錯するカオスである幼児が、自己の像を獲得する過程を「鏡像段階」と呼びましたが、それは、自己があるとすれば他者から見られているだろうという像を、自己として引き受けるということです。自己は、他者のまなざしに依存している、というより、まなざしの他者性が「自己というもの」を形成するのです。ラカンが強調するのは、まなざしのこの他者性です。ラカンのいう「まなざし」は、主体にとって外部的な空間に現れます。言い換えれば、視線が向けられていないときでさえ、自分が見られているのを「見る」とき、まなざしが「作動する」のです。

映画において「カメラ目線」がタブー視され、禁止されることさえあるのは、それが〈まなざし〉の他者性を孕んでいるからであり、「自己の他者性」に直面することを観客に強いるからでしょう。しかし、ポッターの映画は、この「カメラ目線」を肯定し、むしろ積極的に使っています。それは、いわば、「自己の他者性」の肯定です。この肯定が、「ウルフのウィットを人々が大声で笑えるような映画的ユーモアに転換」することを可能にしているのです。ポッターの映画の「カメラ目線」はユーモラスで、オーランドーの性転換の描写と同じように、観客に緊張を強いるのではなく、解放感を与えるものなのです。

8　忠実性からインターテクスト性へ

ロバート・スタムは、アダプテーションについて語る際の新しい基準が必要だと主張していますが、その基準として、今まで支配的であった「忠実性」に代わって、「インターテクスト性」を提唱しています。そして、インターテクスト的でジャンル横断的なテクスト関連の複雑さを示す例として、アリス・ウォーカーの小説『カラーパープル』（一九八二）とスティーヴン・スピルバーグの翻案映画（一九八五）を挙げています。スタムによれば、小説『カラーパープル』には以下のようなインターテクスト的な要素があります――(1)書簡体小説としての要素（登場人物の複数の声、階級意識、父権制の抑圧といった問題との関連）、(2)歴史小説としての要素（黒人差別の歴史）、(3)自伝的奴隷体験記としての要素（個人としての社会的異議申し立て）、(4)リアリズム小説としての要素（社会的下層としての黒人家庭の日常生活の描写）、(5)教養小説としての要素（主人公の成熟、自立の物語）、(6)内省的小説としての要素（主人公の言葉との格闘というテーマ）、(7)おとぎ話としての要素（少女のファンタジー的要素）、(8)読者を鼓舞する小説（宗教的、世俗的、フェミニズム的）としての要素（小説全体に見られる教訓的な傾向）、(9)自助文学としての要素（不当な差別を克服する主人公）、(10)ブルースとしての要素（口承文学、話し言葉、音楽）（Stam 25-26）。さらに、これ以外にも、(11)

性的告白としての要素（女性のセクシュアリティに関わる問題の呈示）、(12)レズビアン小説としての要素（女性同士の——性的なものを含む——関係）などが考えられるでしょう。

スタムが示しているように、『カラーパープル』という小説はさまざまなテクストとのインターテクスト的な関係において成立しているのです。そして、この小説を映画にアダプトしたスピルバーグの『カラーパープル』も、ウォーカーの小説だけでなく、それ以外のさまざまなテクストとのインターテクスト的な関係において成立しているのです。たとえば、映画の中でセリーが妹のネッティから読み書きを習うとき、ディケンズの『オリヴァー・トゥイスト』を読むのですが、ウォーカーの小説にはないこの文学的言及は、スピルバーグの映画の「文学性」を補強するだけでなく、言語を習得して自立していくセリーの姿を、つらい経験にもめげず、たくましく生きる術を身につけて行く孤児オリヴァーの姿とインターテクスト的に関係させるのです。

映画がインターテクスト的に関係するのは、小説（文学）だけではありません。映画は、映画とも、またそれ以外のメディアとも関係し合うのです。スピルバーグの『カラーパープル』には、たとえばゴスペルのシーンに見られるような黒人ミュージカルとの、ジャズやブルースという音楽との、スラップスティックやミンストレルショーなどの大衆演芸とのインターテクスト的な関係が見られます。スタムが考察しているのは、ウォーカーの小説が孕んでいるさまざまなインターテクスト的な要素のうち、スピルバーグがどれを取り上げ、どれを無視し、また何を付け加えているかです（Stam 26）。ここでは、わたしたちの関心——アダプテーションは小説の〈語り〉をどのように変形しているのか——にそくして、書簡体という文学（小説）の伝統的な〈語り〉の形式が、映画というメディアによってどのように変形《アダプト》されるのかを見てみましょう。

9　書簡体／ヴォイスオーヴァー／クロスカッティング

ウォーカーの『カラーパープル』は、二人の姉妹セリーとネッティによって書かれた手紙によって構成されています。セリーは、その手紙を最初は神に宛てて書き、次にネッティに宛てて書きます。一方、アフリカで伝道を行っているネッティはセリーに宛てて手紙を書き続けます。その大量の手紙はセリーの夫ミスターによってトランクの中に隠されていますが、ついにセリーの友人であり、恋人でもあるシャグの助けを借りて発見され、読まれることになります。隠されていて読まれなかったネッティからの手紙は、この小説のほぼ真ん中あたりから現れ、セリーが神に宛てた手紙をさしはさみながら、小説の中間部を構成します。この後、セリーの手紙の宛先はネッティになり、そして最後の手紙でセリーは再び神と星と木々、空、人間たち、すべてのもの、そしてもう一度神に呼びかけます。

こうしてこの小説を読む読者は、セリーが神に宛てて、また妹のネッティに宛てて書く手紙を、またネッティからセリーに宛てられた手紙を、それを書き、読むセリーとともに（あるいは、いわばその肩越しから）読むような感覚をもちます。そこに書かれ、読まれるのは、セリーという黒人女性が、自らの置かれた状況を自覚し、それを自己表現することによって、自立していく過程です。そして、この過程を通じて、わたしたち読者は、書くことと読むことが黒人女性であるということ（つまり、人種とジェンダーの問題）と、いかに深く絡み合っているかを見ることになるのです。

書簡体という形式は小説の歴史と同じくらい古いものです。手紙の形式で書かれた小説は十八世紀のイギリスでは非常に盛んでした。十九世紀に入ると、書簡体形式を小説全体に採用することはあまり行われなくなりましたが、小説の中に手紙を挿入することはいまでも行われています。今日ではあまり見られなくなったこの形式は、小説に一種ドキュメンタリーに似たリアリズムを与えるいくつかの特徴を備えています。書簡体小説は一種の一人称の語りですが、普通の自伝的な語りには見られない特色があるのです。まず、自伝的ストーリーでは、語り始める前から語り手はその内容をすでに知っています。しかし手紙においては、新しい事態が生じる過程がその都度いわばリアルタイムでたどられます。さらに、書簡体小説では、複数の書き手が導入できるため、同じ出来事を違った観点から、まったく異なった解釈をそえて語ることができるのです。

書簡体小説の手紙はもちろん本物の手紙ではなく、作者による虚構です。しかし、虚構の手紙は本物の手紙と区別できません（実際には出されない手紙もあるのですから、作者による虚構の手紙もそれが誰かに宛てて出されれば、本物の手紙になる可能性があるのです）。書簡体小説が持つリアリズムはここから生まれてくるのです。

小説が生まれて間もない頃、書簡体小説の持つ擬似ドキュメンタリー的リアリズムは、読者に対して比類のない呪縛力を持ちました。長大な書簡体小説『クラリッサ』（一七四七—四八）が一巻ずつ出版されている最中に、作者リチャードソンのもとには、ヒロインを殺さないで、と嘆願する投書が殺到したといいます。『パミラ』（一七四〇—四一）を出版直後に読んだ読者の中にも、それが本物の書簡であって、リチャードソンは単に編者にすぎないと思った人が大勢いたといいます。今日の読者はそこまでナイーヴではありません（テレビ・ドラマのヒロインやヒーローを死なせないでといった投書がないわけではありませんが）。とすれば、ウォーカーはこの古い形式をどのように甦生させ、この形式によって、今日の読者にどのようなインパクトを与えようとしているのでしょうか。

この書簡体という形式は、ウォーカーにとって中心的な関心と関わるものです。「『カラーパープル』を書いたときのこと」（『母の庭をさがして』所収）というエッセイの中で、ウォーカーは自分が創造した人物たちが彼女のイマジネーションの中で語り合っているさまを描いています。この小説が、ウォーカーが想像したそのような人物たちの語り合いから生まれたとすれば、手紙という語りかけの形式がとられたのもうなずけます。また書簡体という形式が、ネッティからの手紙によってアフリカの文化・生活の描写を導入するということも可能にしているのです。

書簡体小説は、もともと男性によって創始されたものであり、女性を教育することによって、文学的に支配するという意図をもっていました。アリス・ウォーカーは、この伝統的な形式をアフリカ系アメリカ人の女性たちの口承物語の伝統に接ぎ木することによって、黒人女性たちの声に文学的表現を与えると同時に、書簡体小説という男性中心主義的・ヨーロッパ中心主義的な伝統を修正し再定義したのです（この点に関してはHenderson参照）。『カラーパープル』は、手紙を読み書きする登場人物たちの複数の声を通して、アメリカの黒人女性にとってのリテラシーという問題を提起しています。すなわち、人種差別と父権制の抑圧のもとにある彼女たちにとって、〈書くこと〉と〈読むこと〉がもつ意味というテーマです。

一方、この小説を映画としてアダプトしたスピルバーグ監督の『カラーパープル』は、書簡体小説という形式を登場人物の複数の声によって維持しながら、たとえばそれをヴォイスオーヴァーという映画特有の技法によって映画化しています。たとえば、ヒロインのセリーが神に、そして妹のネッティに語りかけるという形で内的独白をする際のナレーションがそうです。また、ヒロインのセリーが、アフリカにいる妹のネッティからの手紙を読むシークエンスでは、異なった空間で複数の出来事が同時並行的に起こっていることを示すために、複数のシーンからのショットを交互につなぐ編集法であるクロスカッティングの技法を使って、手紙を書き、読むという行為を「映画的」に表現しています。こうして、スピルバーグは、書簡体というきわめて「文学的な」形式をもつ小説を、きわめて「映画的な」映画に変容させたのです(9)。

クロスカッティングという技法は「並行編集」とも呼ばれ、異なる複数の空間の出来事の「同時性」ないしは「継起性」をきわだたせるために複数の空間を繰り返し往復する編集法であり、D・W・グリフィスがこれを物語映画にふさわしい劇的な映像言語へと高めました(10)。たとえば、『国民の創生』（一九一五）では、「黒人暴徒」に脅かされる白人家族が、駆けつけるKKK（クー・クラックス・クラン）によって事なきを得るというシークエンスのサスペンスを高めるためにこの技法が使われています。グリフィスのクロスカッティングは、市民の秩序と安寧を脅かす不合理な（黒人の）暴力と、それを排除しようとする無辜なる市民（白人）との競合を映像化したものであり、人種差別を正当化していると言わざるをえません。スピルバーグは、ヒロインのセリーが、アフリカにいる妹のネッティからの手紙を読むシークエンスでこの技法を使うことによって、グリフィス的な人種差別を問題視しているとも言えるでしょう（スピルバーグがそれを意識していたかどうかわかりませんが）。とすれば、この映画はクロスカッティングというう伝統的技法ともインターテクスト的に関係し合っていることになります。もっとも、スピルバーグのアダプテーションは、ウォーカーの小説の「問題を孕んだ」要素――レズビアニズム――を排除しています。また、小説には存在しない、シャグと説教師の父親との「和解シーン」を付け加えて、シャグを小説よりバイセクシュアルでなく、反抗的でなく、自立していない女性として描くことによって、この映画をより父権的な方向へ引き寄せている（スピルバーグにはそうする意図はなかったでしょうが）という点では反‐フェミニズム的なのですが。

小説（文学）が映画によってアダプトされるときどのような変形が行われているのかについて考えると、小説と小説の、小説と映画の、そして映画と映画のインターテクスト的な関係が見えてきます。ウォーカーの小説が、ヨーロッパの男性たちによって書かれた書簡体小説の伝統をアフリカ系アメリカ女性作家としてフェミニズム的に書き換えたとしたら、ユダヤ系白人男性のスピルバーグがこの「ウーマニスト」(11)小説をどのように変形したかは、もはや映画における〈語り〉の技法を超えた、人種とジェンダーにかかわる政治的かつ倫理的な問題です(12)。逆に言えば、映画における〈語り〉それ自体が――小説における〈語り〉と同様――たんに「技巧」として片づけることのできない、政治的・倫理的問題にかかわっているということであり、アダプテーション批評もこれを避けて通ることはできないということなのです。

【注】

1 もちろん、シーモア・チャットマンが言うように、「小説にできて、映画にはできないこと」もあります（Chatman）。

2 映画『羅生門』の登場人物たちがはたして「内的」に焦点化されているかどうか、いささか疑問です。というのも、この映画は実際には人物たちを「外部から」、外的に示しているからです。もちろん、ジュネットの言う「焦点化」は、人物たちの知覚（視覚）というよりは、むしろ認識にかかわる概念なのでしょうが、それでも『羅生門』を「内的」焦点化の例として挙げるのは疑問です。そもそも、何をもって「内的」と「外的」を区別するのでしょう。

3　監督のデイヴィッド・シーゲルの次のようなコメントがあります――「オナタは自分が何を考えているのかをシンプルに伝える能力がある。それがカメラを前にして自然にできるというのは、六歳に限らずどんな役者にもなかなか無い特別な才能だ。さらに圧倒的な存在感と注意力があった。メイジーの視点で語るこの物語には、秘められた生活を覗いているような気持ちにさせる女の子が必要だった。オナタを見つけられたのはラッキーだったよ。（……）メイジーは観察者という存在で、混乱した世界の中で自分の居場所や自分の声を見つけようとしている女の子。みんなのいいところを探そうとしているし、そうするなかで、不思議と彼女のまわりの世界もよくなる。人間の本質的で非常に原始的なところにふれられる作品になったと思うよ」（「Interview with Scott McGehee & David Siegel」）。

4　この映画では、メイジーが母親と、父親と、マーゴと、リンカーンと手をつないで歩くショットが繰り返されますが、この場合もカメラの位置は、大人たちの腰までしか背丈のないメイジーの目線に置かれています。

5　この点について、監督のスコット・マクギーはインタビューで次のように語っています――「実は原作もメイジーの視点から書かれている、とても実験的な小説だ。映画を作る上で指針となったのは、〝すべてを子どもの視点から見る〟ということ。撮影は照明を温かい色にして子どものイノセントな感じに、セットデザインは壁の色に至るまで楽天的に見えるように細かく相談した。衣裳も明るく、特にメイジーが着る洋服に楽しさが出るようにと〔衣裳担当の〕ステイシー・バタットと話をした。カメラワークやストーリーテリングについても、肉体的にメイジーの視点というだけでなく、心理的な意味でもメイジーの空間を語る、それがデザインに表れるようにしていった。メイジーが今、何に注意しているのかとか、逆に彼女の表情を映すことによって、彼女が感じていることを見てとってもらうというようにね」（「Interview」）。

6　全体として、映画の物語はジェイムズの小説よりずっとやさしい語り口になっています。たとえば、両親の自己中心性にしても、小説ではかなりシビアに描かれているのに対して、映画では母親にせよ、父親にせよ、自分勝手ではあるけれどもどこか憎めないキャラクターです。この点に関して、デイヴィッド・シーゲルは「原作は当時珍しかった共同親権について悲観的に描かれていて、メイジーがシニカルに育っていく話だったが、映画は希望の見えるストーリーにしたかったんだ」

と述べています（「Interview」）。

7　ウルフの小説も、ポッターの翻案映画もタイトルは*Orlando*ですが、小説の日本語訳のタイトル表記が『オーランドー』、映画の日本語表記が『オルランド』となっています。その表記に従って、ここでも小説は『オーランドー』、映画は『オルランド』と表記します。

8　オーランドーは男性から女性へと性転換します。この転換を表象するために、二人の俳優をキャストすることにポッターは反対しました。彼女によれば、そうすると映画が「ジェンダーを超えた縫い目のない連続した個性というまさにあの感覚をなくしてしまうからです。これは、実際、たまたま男であったひとが、たまたま女になる物語なのです。だから、最後まで一人の俳優でなければならなかったのです」（Dowell 17）。この「たまたま」的な態度は、冒頭のヴォイスオーヴァーから映画全体に行き渡っている態度です。この映画を特徴づけているのは、ステラ・ブルツィが言うように、「性差への無関心」（Bruzzi 193）です。ほとんどのジェンダーに囚われた物語が、「彼」と「彼女」の緊張に満ちた関係にこだわっているのに対して、この映画はたまたま「彼」であったり「彼女」であったりする「私」の物語なのです。それゆえ、男のオーランドーを演じる女優ティルダ・スウィントンの女性性は、「偽装されるのではなく、無視されている」のです（Bruzzi 192）。彼女の演技は、たとえば声を低くしたり、乱暴な動作をしたりして、男らしさを強調したりはしませんし、かといって女らしさが強調されるのでもない。彼女は、いわば、女性のままで男の演技をしているのです。

9　『カラーパープル』の小説から映画への「変容」については、Digbyが詳しく論じています。

10　「クロスカッティングはパラレル編集とも呼ばれ、パラレル・アクションを意味していることが多いが（……）パラレル編集とは、異なった時間に起こる複数のアクションをインター・カットすることを指す。D・W・グリフィスは、自作の一巻ものにおいて多くのクロスカッティング編集を使ったことで有名であり、サスペンスを生み出すために、土壇場の救出場面においてクロスカッティング編集のテンポを次第に速めている。クロスカッティングは、時間的な同時性に加え、テーマ上の比較対象をも暗示することができる」（ブランドフォード九六–九七頁）。その一例として、カーツの暗殺と水牛の屠殺がクロスカットされる、フランシス・フォード・コッポラ『地獄の黙示録』（一九七九）の最後の場面を挙げることができますが、これは、セルゲイ・エイゼンシュタイン『ストライキ』（一九二四）における、軍隊に虐殺される労働者と屠殺場で屠殺される牛のクロスカッティングの引用でもあります。

11　ウォーカーは、黒人女性のフェミニストを「ウーマニスト」（womanist）と名づけました。『母の庭をさがして』冒頭の定義によると、黒人社会で 'womanish' というと、「大胆な、勇気のある、意志の強い」という意味になるといいます。'girlish' が「気まぐれで、無責任で、不真面目な」という意味をもつのと正反対です。〈弱い性〉として保護されたり、かばわれたりしてこなかった黒人女性、炭鉱や畑で男たちと一緒に働いてきた黒人女性のプライドが「ウーマニスト」という言葉にはこめられているのです。

12　スタムによれば、ウォーカーの小説の三年後にリリースされたスピルバーグの映画は、次のような論争を巻き起こしました——「(1) アイデンティティをめぐる問題（白人男性の監督が黒人女性の小説をアダプトできるのか?）、(2) キャノンをめぐる問題（どの文学作品が学校で教えられるべきか?）、(3) 人種とジェンダーをめぐる問題（この映画は黒人男性を悪魔化しているか?）、(4) アカデミー賞をめぐる問題（人種差別、あるいは反スピルバーグ的偏見がこの映画のオスカー獲得を妨げたのか?」（Stam 41）。

【引用文献】

Bruzzi, Stella. "The Erotic Strategies of Androgyny: *The Ballad of Little Jo, The Crying Game, Orlando*." *Undressing Cinema: Clothing and Identity in the Movies*. London and New York: Routledge, 1997.

Chatman, Seymour. "What Novels Can Do That Films Can't (and Vice Versa)." *Critical Inquiry* 7, 1 (Autumn 1980): 121-140.

Digby, Joan. "From Walker to Spielberg: Transformation of *The Color Purple*." *Novel Images: Literature in Performance*. Ed. P. Reynolds. New York: Routledge, 1993.

Dowell, Pat. "Demystifying Traditional Notions of Gender: An Interview with Sally Potter." *Cineaste* 20, 1 (July 1993): 16-17.

Ferriss, Suzanne. "Unclothing Gender: The Postmodern Sensibility in Sally Potter's *Orlando*." *Literature / Film Quarterly* 27, 2 (1999): 110-115.

Henderson, Mae G. "*The Color Purple*: Revisions and Redefinitions." *Alice Walker*. Ed. Harold Bloom. New York: Chelsea, 1989.

James, Henry. *What Maisie Knew*. London: Penguin Books, 2010.

McFarlane, Brian. *Novel to Film: An Introduction to the Theory of Adaptation.* Oxford: Oxford UP, 1996.

Potter, Sally. *Orlando.* London: Faber & Faber, 1994.

Ray, Robert B. "The Field of 'Literature and Film.'" *Film Adaptation.* Ed. James Naremore. New Brunswick, NJ: Rutgers UP, 2000.

Rowe, John Carlos. "The Portrait of a Small Boy as a Young Girl: Gender Trouble in *What Maisie Knew.*" *The Other Henry James.* Durham and London: Duke UP, 1998.

Stam, Robert. "Introduction: The Theory and Practice of Adaptation." *Literature and Film: A Guide to the Theory and Practice of Film Adaptation.* Ed. Robert Stam and Alessandra Raengo. Malden, MA: Blackwell, 2005.

Steinbeck, John. *The Grapes of Wrath.* Harmondsworth, Middlesex: Penguin Books, 1939.（『怒りの葡萄』（上・下）大久保康雄訳、新潮文庫、一九六七年）

Walker, Alice. *The Color Purple.* New York: Harcourt Brace, 1982.

———. "Writing *The Color Purple.*" *In Search of Our Mother's Garden: Womanist Prose.* New York: Harcourt Brace, 1983.

Woolf, Virginia. *Orlando.* London: Penguin Books, 1993.（『オーランドー』杉山洋子訳、ちくま文庫、一九九八年）

＊

ジュネット、ジェラール『物語のディスクール』花輪光・和泉涼訳、風の薔薇、一九八五年。

ドゥルーズ、ジル『シネマ２＊時間イメージ』宇野邦一他訳、法政大学出版局、二〇〇六年。

バルト、ロラン『明るい部屋——写真についての覚書』花輪光訳、みすず書房、一九九七年。

ブランドフォード、スティーヴ＋バリー・キース・グラント＋ジム・ヒリアー『フィルム・スタディーズ事典——映画・映像用語のすべて』杉野健太郎・中村裕英監修・訳、フィルムアート社、二〇〇四年。

プリンス、ジェラルド『物語論辞典』遠藤健一訳、松柏社、一九九一年。

ラカン、ジャック「対象「a」としての眼差しについて」『精神分析の四基本概念』ジャック＝アラン・ミレール編、小出浩之他訳、岩波書店、二〇〇〇年。

ロッジ、デイヴィッド『小説の技巧』柴田元幸・斉藤兆史訳、白水社、一九九七年。

「Interview with Scott McGehee & David Siegel」『メイジーの瞳』パンフレット、東宝映像事業部、二〇一四年。

●映像資料

スピルバーグ、スティーヴン（監督）『カラーパープル』（DVD）、ワーナー・ホーム・ビデオ、二〇〇三年。

フォード、ジョン（監督）『怒りの葡萄』（DVD）、ファーストトレーディング、二〇一一年。

ポッター、サリー（監督）『オルランド』（DVD）、アスミック、二〇〇二年。

マクギー、スコット／デイヴィッド・シーゲル（監督）『メイジーの瞳』（DVD）、ポニーキャニオン、二〇一三年。

第3章 ■ 岩田和男

アダプテーションを間《インター》メディア性から考える

■

「運動」の表象をめぐって

1　間メディア的アダプテーション

本章で私は、アダプテーション理論の重要な核にあるとされている間《インター》テクスト性に並ぶほど、最近重要さが増しつつある間メディア性との関連性をめぐる議論を検討することで、アダプテーションの現在を特徴づけているといえる状況を活写したいと思います。そうすることで、コンピュータ化という、優れて現代的なテクノロジーが文化現象に及ぼす批評的反映を把握し、間メディア性から見たアダプテーション理論の、これからの文学／文化理論に対して持つ有効性と限界（かもしれないもの）を示すことができたら、と考えています。具体例としては、『高慢と偏見』や『タイム・マシン』などを取り上げます。

リンダ・ハッチオンの『アダプテーションの理論』（二〇〇六）は、二〇一三年に第二版が出版されましたが、この第二版にはシオバン・オフリンによる「エピローグ」が付け加えられています。そのなかでオフリンは、間メディア的特質が如何にアダプテーションの現在と関連しているかを論じています。彼女は、「アダプテーションの実践と生産の進化」を「ウェブ二・〇の世界を規定している再メディア化《リメディエイション》と間メディア的製品に明らかな、人間の想像力の活性化する現場」と言い換えています（O'Flynn 206）。彼女が言う「再メディア化」については、後で詳しく紹介するとして、まず「間メディア的製品」という表現が示唆するオフリンの考えについて検討してみましょう。というのも、ここでの「間メディア」とは、アイブックに代表される、本の新しい形態であるeブック（電子図書）の意味で使われている場合が大半だからです。

eブックの、「形態上そして双方向的なデザイン上の進化を布置図的に」よく示しているのが、「本が双方向的タブレットに間メディア的にアダプトされてい」る例としての、T・S・エリオットの『荒地』のアイブック版と、ムーンボット・スタジオの『モリス・レスモア氏の空飛ぶ本』です。共通するキーワードは、言うまでもなく双方向性で、「メディア融合の間メディア的実践における新しい達成のモデルケース」とも表現されるように、双方向性が担保するメディア融合こそが、間メディア性の指し示す「人間の想像力」を「活性化」する「現場」、という捉え方です。だからオフリンは、このアイブック版eブックのメディア融合のことを「メディア的経験の諸変種」とも呼んでいます（O'Flynn 200-206）。

では、そういうeブックをも包含するような、間メディア性が関わるアダプテーションの現場、オフリンが「間メディア的なアダプテーションの新しい形態」（181）と呼ぶ現象の、具体的な新しさとは一体どういうものなのでしょうか。それについては、オフリンがまた一方で、ファンが愛好する物語を翻案したりするときに起こる「間メディア的またはメディア内的アダプテーションのパターン」（188）と言っていることがヒントになります。前者の「新しい形態」とはメディア横断的な物語り化という現象、後者はファン・カルチャーの初期形態を指すと考えられますが、その両者が相まったうえで、さらにメディア企業を巻き込んだかたちで起こるのが、アダプテーションの現在の複雑な様相だというのが、彼女の基本的な捉え方なのです。

話は単純なようでその実、結構複雑です。というのも、明らかな変化があるのに、だからと言って、今までとはすっかり本質的に変わってしまって、分断されているわけではない。だったら同じなのかというと、決してそうではないという、まるで循環しているかのように聞こえる話なのですから。

その間の事情をオフリンは、初版が出てから七年後の「今日のハイブリッドなメディア風景の中で」も、ハッチオンが『アダプテーションの理論』初版においてした最後の問い、すなわち「何がアダプテーションでないのか」が、依然として「適切以上のもの」であるという言い方で表しています。そうオフリンが考える根拠は、既に指摘したように、アダプテーションをめぐる環境が複雑になったからなのですが、ではなぜそうなったのかというと、「横断的《トランス》メディアの出現」によって、だと言います。もはやアダプテーションが、翻案と訳して済まされる状況に到底ないのはもちろんですが、それは、「コード変換のプロセスとして理解する」と、「再創造《リクリエイション》、リメイク、再メディア化、修正《リヴィジョン》、パロディ、再発明《リインヴェンション》、再解釈《リインタープリテーション》、拡大《エクスパンション》、延長《エクステンション》」という具合に、実に多くのモードを持つ文化現象となっているのです（O'Flynn 181）。

「横断的メディア」とはどういうことを言うのでしょうか。オフリンが挙げる定義は、「マルチ・プラットフォーム間に存在していて、一まとまりで理解されている個別の部門群はそれぞれ別々に遭遇するものであるのに、ある統合され相互に連結しあった物語全体を構成する」作品群というものです（181）。具体的な企画の例としてオフリンは、『シャーロック・ホームズ』の新しいＢＢＣ版を示して、

> 初期に存在するコンテンツでできた、中心になる映画やＴＶ番組アダプテーションを延長させるためにデザインされることもあるが、そこでは、初期コンテンツが版権ごとに認識可能となっている。（……）そこでは様々なコナン・ドイル作の物語から抽出され、再活性化されたエピソードの一つひとつ、そして、ワトソン、シャーロックや他の登場人物たちのためのブログを含む他のオンラインのコンテンツが、デジタル空間内にその物語を広げていくために作られている（182）

と説明しています。最近の海外ドラマを取り巻く環境は、世界戦略的見地から作られるからでしょうか、このような様態を持つことがもう既に決して珍しいことではなく、大げさな言い方をすれば、海外での販売を考えている視聴覚メディアの企画とは、もうこれが世界標準なのかもしれません。

さて、このような状況が、どうアダプテーションを取り巻く環境を難しくするというのでしょうか。オフリンによれば、それは著作権問題の複雑化です。

> 弁別的なプロセスとしてのアダプテーションとメディア横断的物語《トランスメディア・ストーリーテリング》りの間の重なりをさらに複雑にしているのが、（……）かつては著作権の侵害と見られていたところで、収束的なメディアとメディア横断的生産の現場の沢山の主要プレーヤーたち（……）が、所与の物語世界とブランドへのファンの忠誠心の歓迎の意の表明として、ファン参加型でファン産出のコンテンツを擁護していることだ。（184）

前世紀には「一方通行の会話」であった製作者とファンあるいは観客との関係が、「今やファンとコンテンツ製作者のそれぞれの共同体間の、マルチチャンネルにネットワーク化された意見交換の場となってい」て、この変化が要求する事態というのが、「生産者《プロデューサー》がファンに反応して適応すること」（187）なのです。

そうは言っても、従来の関係を覆すような産業変化がそう簡単に起こるはずはなく、その間の複雑な事情をオフリンは、『レイダース・アダプテーション』が不調に終わった話（188）、そして、『スター・ウォーズ』をめぐるファンの要求が如何に知的所有権の話を複雑にしたか（188）を例に検討したうえで、とりわけ二十一世紀的アダプテーションにおけるファンの位置づけの変化に注目します。そして、中でも最も衝撃的だったのが、「オリジナル（……）に対するファン忠誠度の深さ」と、オリジナルであることに対する「価値の深さ」、そして、「その忠誠心を、製作者であるのに、ルーカスが裏切っている」とファンが見ていること（190）だと指摘しています。

つまり、「『スター・ウォーズ』のファン・リメイクの現象」に見るべきは、「今やファン映画のリメイク、パロディ、延長の時代が到来しつつある」だけでなく、「ソーシャル・ウェブとウェブ二・〇テクノロジーを通じてなされる、ファンの当世的権力増強」(191)なのだ、というわけです。そのいい例が『スター・ウォーズ未公開版』のエミー賞受賞です。「メディア複合企業は、もはや生産と分配の回路を、彼らが前世紀にしていたやり方で所有することはな」く、「ファンは(……)自分たちの忠誠の裏切りと認識するものに反応して、自分たちを動員することができるし、事実そうする」(192)のです。

ポイントは、消費者は決して受け身の存在ではなく、「消費者でありかつ生産者でもあるプロシューマー」である、ということです。もともと、評論家アルビン・トフラーの造語であるこの語自体が、八〇年代に生まれた用語であることからもわかるように、この流れが決して今世紀に入って突然変異のように生まれたわけではありません。映画のリメイクをファンが勝手に作る「スウェディング」にもそれは当てはまり、その「例はデジタルカメラとソーシャル・ウェブの時代よりはるか前にも存在してい」(192)たのです。

しかし、何より重視すべきは、そういう消費者/ファンのありようの変化が製作者との関係にまで及ぶ現在的事態であって、それを出来させるには、やはりデジタル時代の到来が必須です。「如何にデジタル技術がファンに力を与えているか、如何にファンが今や産業を混乱させているか」(193)に焦点を置かない限り、現在の文化状況を正確に把握することはできないのです。

2　メディア《トランスメディア》横断的物語り《ストーリーテリング》

こういう消費者と製作者との関係の変化こそが、メディア横断的物語りという、多層的なメディアを巻き込んで現在起こっている新しい物語り方の展開へと通じている、というのがオフリンの主張です。

その例証に必要な、アダプテーション論に関わる理論的考察として、オフリンは、ヘンリー・ジェンキンス、クリスティ・ディーナを経由して、クレア・パロディが問題にしている、ある作品がゲームをも巻き込んで独占的に特権化したブランドとなる、フランチャイズ・ブランド化した場合のアダプテーションの実際と、二十一世紀的ファン・カルチャーのありようとの相互関連の地平に辿り着きます。そして、パロディが引用するジム・コリンズを孫引きすることで、メディア横断的な物語り化の実態をこのように明確化します。

フランチャイズ作品が離散的で展開が無条件である場合、正典性、連続性、そして権威が問題含みの概念になり、多くのフランチャイズ・マルチテクストが各種バージョン、起源の点の「列」、主たるナラティブと安定的なテクストの集積というよりはむしろ、共存し、重なり合い、矛盾し合うナラティブの現実となってやってくる（Collins 164）（1）。

なるほど、現在のテクノロジーに見合った「ファンの当世的権力増強」に適応した「協力的なアダプテーション」（O'Flynn 191）を、ゲーム・メーカーまで含む生産者側が標榜するのでなければ、現実世界での社交活動《ソーシャル・アクティビティ》の変化に与えたファン・アダプテーションのユニークな例である、「ハリー・ポッター同盟」は起きるわけがありませんし、確かに、そういう生産の場であるからこそ、ファンの「忠誠度」は「望まれると同時に重要でない」（191）ほどに、「共存し、重なり合い、矛盾し合うナラティブ」となって重層化するのでしょう。

オフリンが挙げている間メディア的アダプテーションの例として先ほど紹介した、eブックに代表される、「アイ・パッドがアダプテーションに与えたインパクト」（200）もまた、「子ども用の本に翻案するためのとりわけ豊かなプラットフォーム」（201）という教育的アダプテーションから、「もう少し年齢の高い観客用の小説」の例（202-203）まで、幅広い需要要求に対応しています。その一例に挙げられている『高慢と偏見』アダプテーションとしての「ゾンビ・バージョン」が、二〇一六年に映画作品となり話題を呼びましたが、オフリンはそのeブックについて、こう言及しています。

『高慢と偏見とゾンビ・インタラクティブ・eブック』は二〇〇九年版のパロディ小説のインタラクティブ・バージョンを発行していて、オースティンの原作は平行して走る姉妹作品として提供されている。〔『ドラキュラ・公式ストーカー家《け》版』とともに〕どちらの作品も（……）ゾンビと血のりの人気を基に、インタラクティブな要素が、ぞっとするほどの怖さがあって、かつ楽しくなるように企画されている。（203）

オフリンのこの説明だと、結婚をめぐる騒動を家庭小説とした原作と、ゾンビ物語のあまりの遠さが、ポストモダン小説まがいの突飛としてしか理解されないかもしれませんが、今や「フランチャイズド・ブランド」と言っていい『高慢と偏見』アダプテーションを細かく見てみると、メディア横断的物語りの体系の一つ、間メディア的アダプテーションの実例として、なかなか興味深い「共存」ぶり、「重なり合い」ぶり、そして「矛盾」ぶりを見せています。ご紹介しましょう。

3　間メディア的オースティンは「見る」ように「書く」

実は、ジェイン・オースティンは間メディア的な作家であり、『高慢と偏見』（一八一三）という小説には、その誕生時点で既に、映画または写真というメディアと、印刷された言葉というメディアの、それぞれが有する特質同士の、まさに間メディア的な流通、往還をみてとることができます。もっと特定的に言えば、見るように書く、という意味での間メディア性を持った作家、ということです。

たとえば、ウィッカムが初めてジェイン、エリザベス姉妹の前に現れ、そこにビングリー、ダーシーが通りかかるという、メリトンの町で起きた「事件」を描写する場面を見てみましょう。ここは、ウィッカムとダーシーの間に昔何かがあったことがエリザベスの眼前で示唆される重要な箇所ですが、原作では、語り手はまるでカメラであるかのように、起こった事態を「見る」ことに徹して描いたうえで、描出話法、すなわち擬似的客観話法によって、見ているエリザベスの内面の声を紹介しています。

こうしてみんなが愉快に立ち話をしていると、馬の音がしたので、そちらに目をやると、ダーシーとビングリーが街路を馬に乗ってやってくるのが見えた。一団の中の婦人たちを認めると、二人の紳士はすぐに彼等のところへやってきて、挨拶をした。ビングリーが主として話し、ベネット嬢が主として聴いていた。彼は、今彼女の安否をたずねるために、ロングボーンへ行く途中だと言った。ダーシー氏が、それを確証するようにお辞儀をした。そしてあまりエリザベスの方を見ないようにしようと心をきめかけていた時、突然見知らぬ人の姿が目にとまった。二人は互いに顔を見あわせたが、その時たまたま双方の顔つきを見たエリザベスは、この会見の結果にびっくりしてしまった。二人の顔色はみるみる変り、一人は青くなり、一人は赤くなった。ウィカム氏は、すぐに帽子に手をかけた――この挨拶に、ダーシー氏はちょっと返礼しようとした。いったい、どうしたというのであろう？　想像もつかぬことだったが、また知りたいと思わずにはいられないことでもあった。(*Pride and Prejudice* 53；(上) 一一七－一一八頁)

写真はまだ存在していなかったはずなのに、絵画のようにではなく、まるで、写真の眼で文章を書いているのではないかと思いたくなる描写です。トマス・リーチにならって「逆転したエクフラシス」(Leitch 93) と言ってもいいですが、視点ショット的とも言えます。この映画の手法は、瞬間のパラダイムをいわば時間軸に沿って並べる手法ですから、映画でありながら原理は結構写真的なのですが、この遭遇場面はまさに、驚くほど視点ショット的な描写になっているのです。

第四十三章のペムバリー訪問譚には、レノルズ夫人が、ダーシーがまだ若い時の肖像画を指して、それは「父君が御存命のおりに描かれたものだとみなに話」す（181：（下）五六頁）場面がありますが、その「描く」に使われた英語は"take"です。「写真または映像に撮る」という、今よく使われている意味の元になる用法です（OED）。イギリスの貴族の館とか、大地主のカントリー・ハウスを訪れると、よく階段や部屋に夥しい数の肖像画が飾ってありますが、あのようにして後世に残すことを念頭に置いた、肖像画を「手に入れる」の"take"から派生した意味なのでしょう。OEDにある引用例は十七~十八世紀が主で、一八五九年の最後の用例だけが、写真に撮るときの言い回しになっています。

何が言いたいのかというと、オースティンの生きた時代というのは、ちょうど視覚メディアが転換していく端境期だった、ということです。『高慢と偏見』から四十年ほど後、ダゲレオタイプの写真が誕生してから四半世紀が過ぎようとしていた頃に"take"とくれば、もうほぼ完全に写真に撮る意味になっていたでしょう。この小説が書かれたのは写真誕生前ですから、レノルズ夫人が言う"take"は、肖像画を所有する意味と考える以外ありませんが、オースティンのように視覚への意識が高い人だと、この「描く」に、写真が生まれる瞬間が近づきつつあることへの予感を読み込みたくなってきます。私がオースティンを間メディア的な作家と呼ぶのは、このような意味においてです。

4　「運動」という因子

間メディア的な作家としてのオースティンの特性は、たとえばどのようにして映画というアダプテーションにつながっていくのでしょうか。今度はそれを見ていくことにしましょう。

先ほどのエリザベス、ウィッカム、ダーシーの三つ巴の遭遇場面ですが、ジョー・ライト監督の『プライドと偏見』（二〇〇五）ではかなり大がかりな変更がなされています。原作ではベネット家の娘たちが叔母の家を訪ねる途中での出来事ですが、この映画では、娘たちがメリトンの町に買い物に出かけてくる設定になっています。そして、それを導入するのが、軍隊のパレードを見に来たリディアが落したハンカチのイメージです。この表象は大変重要で、ハンカチを単身そこにいる（原作は同僚と同伴）ウィッカムが拾い、エリザベスと遭遇するところから場面は始まるのです。エリザベスに一目ぼれしたウィッカムが自らを「魅了された中尉」と呼ぶことでもわかるように、映画でのこの場面は二人の出会いに焦点が置かれています。呼応するように、ウィッカムを映すショットに続くリヴァース・ショットはエリザベスが中心です。リボンを探しに店に入ると、二人がずっと一緒にいる様子が映し出されるのみで、他の登場人物たちはほぼ画面外、声しか聞こえません。さらに、店の中での二人の視線のやりとりは大変誘惑的《セダクティブ》で、場面冒頭の風に舞うハンカチに主題的に通じ合うように作られています。それは原作の隠れた重要なポイントを突いたとすら言えるほどの演出ですが、それについてはまた後でふれます。

このハンカチの運動、そして二人の誘惑的視線は、映画製作クルーの創意と言いたいところですが（そういうところもあるにはあります）、実は、原作とこれから紹介するテレビ版を介したアダプテーションとなっています。

サイモン・ラングトン監督のＢＢＣ版『高慢と偏見』（一九九五年制作）を見て、まず気づくのは、エリザベスが歩くシーンがよく登場することです。もっとも、単に歩くだけのことなら原作でも言及があって、たとえば、第八章のビングリー家を訪問時に風邪で寝込んでしまうジェインを見舞いに行くエリザベスは、歩いて訪問することがちゃんと書かれています。ビングリー家の意地悪な二人の女性がその「非常識」を陰で悪しざまに言うセリフもあります。ＢＢＣ版のエリザベスは歩くだけでなく、ダッシュしたり、「走る」のですが、これも原作通りです。次の日の朝、その二人の女性とダーシーが連れ立って散歩しているところにエリザベスが行き当たりますが、ダーシーが四人で歩ける道に散歩のコースを変えようと提案すると、彼女は四人目はお邪魔だからと言って「快活に走りだし」て、「歩きまわ」る（第十章）のですから。

このように、歩く・走るとか、ガーデニングをすることを「運動《エクササイズ》」と呼び、健康にいいと考えられていたことは、シャーロットが夫のコリンズに庭仕事を勧めているとエリザベスに話す件（第二十八章）や、ジェインとビングリーとの仲を裂いたことだけでも十分に腹に据えかねているのに、ダーシーから思いがけない愛の告白をされて気が動転し、何をどう考えればいいのかまったくわからなくなったエリザベスが、ほぼ眠れなかったと推察される翌朝に、やはり気分転換のための「運動」と称して散歩に出かける（第三十五章）ことからも、十分に窺われます。それだけではありません。「運動」は美にも通じることが、歩いて上気したエリザベスの赤い顔を見て美しいと感じ、それを人前でも褒めずにいられないダーシーの様子からわかります。しかもその美意識は、少なくとも社交界の常識とは相いれないものであるらしいことも見えてきます。

エリザベスは、ビングリー氏の姉に対する愛情を観察することにばかり夢中になっていたので、自分が彼の友のダーシーの興味の対象になってきているということは、てんで考えてもみなかった。ダーシー氏は、最初は彼女をきれいだとは思わなかった。彼は舞踏会で彼女を見ても、きれいともなんとも思わなかった。その次に会った時には、ただ批評するために彼女を見た。けれども、彼女の眼鼻立ちには一つとして取り柄がないということを、自分でもはっきり知り、友人たちにもはっきり言ったすぐ後で、彼女の黒い眼のうつくしい表情が顔全体をなみなみならず聡明に見せていることに、彼は気づきはじめていた。これにつづいて続々と、同じように当惑させられることが発見された。彼は批評的な眼で、彼女の体つきに均斉の欠けている点をいくつも発見してきたけれど、彼女の姿が軽快で喜ばしいものであることは、どうしても認めぬわけにはいかなかった。彼は、彼女の作法は社交界のものではないと主張したのに、その作法がくつろいだもので遊び心いっぱいである点に心ひかれてしまった。ところが、彼女はそれには全然気がついていなかった。彼女にとっては、彼はどこへ行ってもそっけない男、自分のことを踊りの相手にするほどきれいな女ではないと思っている男にすぎないのであった。(16：(上) 四〇 - 四一頁、訳一部改変)

BBC版テレビ作品によく登場するダーシーが「見る」場面、たとえば犬と追いかけっこするエリザベスを、入浴を終えたダーシーが眺めているシーンはなかなか印象的ですが、それはおそらく、こういうダーシー描写のアダプテーションなのでしょう。

ダーシーがじっと見ている姿に象徴的なように、運動するエリザベスとは、ダーシーが認めざるを得なかった、リジーの姿が「軽快で喜ばしい」、その作法・しぐさが「くつろいだもので遊び心いっぱいである」という主題の一変奏です。したがって、それをテレビ映画版において、たとえば「犬と追いかけっこする」という「運動」のかたちに翻案する過程は、「軽快で喜ばし」く、かつ「くつろいだもので遊び心いっぱいである」エリザベスを最もよく表しそうな具体的表象として、監督なり脚本家が選択する間テクスト的パラダイムと言っていいでしょう。

ただ、この間テクスト的なパラダイムの相互関連性には、ある因果関係が断ち切れているとは言えないでしょうか。「犬と追いかけっこする」という、翻案者の頭にふと浮かんだものが映像上に再現されるかたちをとる、パラディグマティックな連想と、オリジナルの文字テクストである「軽快で喜ばし」く「くつろいだもので遊び心いっぱいである」こととの間には、思いつきという軽さの揶揄、そして多分そのぶん、軽薄のそしりも引き受けざるを得ない点は避けられないかもしれませんが、因果が含意する関係の重みから、いくらかでも自由である、とは言えないか。たまたま頭に浮かんだ発想だから、問題になるのは、それがフィルム上に結実するかどうかだけ、という関係ではないか、ということです。

そのことを確認したうえで、さてもう一度、ジョー・ライトの『プライドと偏見』に登場するあのハンカチを見直してみます。そうすると、それは単にリディアのネガティブな軽薄さだけでなく、リディアとエリザベスの同質性すら主張しているのではと勘繰りたくなるほどの、実に面白い役割を担っているように見えてきます。というのも、その直後のシークエンスが、先ほど指摘したように、エリザベスとウィッカムのなかなか性的なニュアンスを強く持った出会いの場面となっているので、そこから連想されるエリザベスの軽薄もハンカチのパラダイムのように見えてきて、それが原作のエリザベスに対する新しい見方を垣間見せてくれるからです。アレックス・ヴォーがこの映画のことを、「この古典小説のセクシーでモダンなテイク」と紹介するだけのことはあるのです。

この、「運動」のパラダイムの逸脱性には、間メディア的なアダプテーションの可能性を読むことができそうです。普通「運動」とくればスポーツと連想が働くものですが、BBC版のダーシーは、なんとフェンシングをして、さらには屋敷に戻る途中で池にダイビングしてスイミングを始めるからです。原作で言えば第四十三章にあたるところ、エリザベスとダーシーがペムバリーで再会するちょっと前あたりのことです。原作にも「スポーツ」は登場します（第三十二章、第五十四章）が、それは、『高慢と偏見』が書かれた頃の「狩り」の意味でしかありません。ところが、BBC版の「ダーシー、運動する」の図は、まさに「軽快で喜ばし」く、かつ「くつろい」だ、「遊び心いっぱい」のエリザベスの「運動」のパラダイム、その、ダーシーへの全き転移となっているのです。「運動」するエリザベスを見て楽しみ、その善を人前で語るダーシーですから、物語とのつながりが見えないことは決してありませんが、原作からの逸脱をまったく懼《おそ》れないほどの、注目すべき創作的変更、間メディア的アダプテーションです。

ここで確認しておきたいのが、脚本を書いたアンドリュー・デイヴィーズが、まさに「運動」のパラダイムを考えていたことです。BBCとのインタビューで、彼はこう発言しています。

僕たちはそのテレビ番組に沢山のエネルギーをかけることを望んだ。原作もそれが正しいと言っている。エリザベスは常に走り回り、長い田舎道を歩いて行き、顔を紅潮させ汗だくになり、ペチコートの裾を泥だらけにするんだからね。そこがダーシーにしてみれば、まさにグッとくるところのようなのだよ。だから、僕たちは考えたんだ、出来る限りカラダ《フィジカル》でいこう、滑稽にならない程度に、と。これはただの社交界のコメディではなかったことを観客に思い出してもらおう。そう、これは欲望と若者、若者たちのホルモンの話なんだということを、さ。そして、できる限り沢山、それを見せるやり方を考え出そう、と。だから、女の子たちのために、僕は、彼女らがいわゆる舞台裏にいるところのシーンをたくさん書いたんだ。着替えてるところとか、夜着のままで愛を語るところとか。男連中には、沢山、カラダで何かしているようにさせたかった。馬に乗る、フェンシングをする、入浴する、湖に飛び込む。そんなカラダ表現キットを提案するためなら、筋さえ通っていれば、どんな言い訳でもよかったんだ。（Gilbertより引用、傍線引用者）

「筋さえ通っていれば」何でもいいから、女の子にあるものを、男にも、という発想。まさに、間テクスト的パラダイムを映像というメディアに移行させるにあたって考え出された、間メディア的な発想と言っていいでしょう。

こうした細々《こまごま》とした検討が私たちに見せてくれること、それは『高慢と偏見』をめぐる映画とテレビ作品だけに絞った、ある解釈によるアダプテーションを見ただけでも、人気小説のアダプテーションとは既に、原作の持っているある一面を拡大し、延長し、再創造し、リメイクし、修正し、再発明し、再解釈し、「共存し、重なり合」う物語り化が行われている、ということです。

これだけで既に、メディア横断的と呼びたくなる程ですが、しかし、真のメディア横断的な姿をとるには、もう少しさまざまなメディア間の運動、すなわち、ファン・カルチャーの介入による著作権問題の複雑な様相が欠かせません。再メディア化とパロディ化の要素の付加による、「矛盾し合うナラティブ」となること、それを見ることがどうしても必要です。

5　そして性的であること

ダーシーのダイビング・シーンは、「湖の場面」として大変有名ですが、ソフィー・ギルバートの言葉を借りれば、ここでのダーシーを見て「イギリスじゅうが卒倒した」といいます。「思いもかけない『高慢と偏見』をテーマにしたエロス物語のジャンル揺籃」のきっかけとなったからです。大変面白い現象ですが、このように、パラディグマティックな関係の連鎖を現代の文脈で見事に蘇らせた、BBC版の『高慢と偏見』は、エロティックなオースティン・アダプテーション作品群の始源ともなるようです。ギルバートは、「『よき読物《グッド・リーズ》』にランク付けされている」エロティックなタイトルを持ったファン・フィクション名を七作品ほど挙げた後で、「正式に出版された物を越えた向こうには、ファン・フィクション・サイトの、明らかにオースティンに触発された、実に豊かな特集物語の宝の山がある」と指摘して、こう言います。

> 『高慢と偏見』の一九九五年BBC版アダプテーションは、オースティンの登場人物たちに対して人々が絶えることのないエロティックな魅了を感じていることの、唯一の責任者というわけではないが、それでも、作家への広範にわたる、ポピュラーな興味に火をつけた張本人ではある。「多くのファン・フィクションの作家たちが、彼らのオースティンに刺激された物語を書く興味を持ったのは、コリン・ファースとジェニファー・アール主演のBBC版アダプテーションが一九九六年にアメリカ放送されたことに始まるとしている」と、オースティン作品への関心が復活したことに関する二〇〇〇年の記事で、ニューヨーク・タイムズは書いたのだから。しかし、このアダプテーションはまた、プロデューサーのスー・バートウィッスルが「セックスと金」と表現したように、その本の主要なテーマ群を引き出すことにおいて重要な創造上のライセンスを得たのである。(Gilbert)

このように、エロティックなアダプテーションの始源になる萌芽を具現化し、新たな展開の可能性にまで原作を変えていく力は、言うまでもなく、もともとエリザベスにあった「運動」の萌芽を並列的にダーシーに転移させ、そのうえでパラダイムを種々検討しようとする、その発想方法にあります。だからこそ、「人気サイトである『ファンフィクション・ネット』上では、オースティンは、六か国語からなる四百四十三を超える物語（全部、性的嗜好が明らかというわけではない）に刺激を与えている、古典派の唯一の代表である」（Gilbert）ということになるのではないでしょうか。原作へのリスペクトがないのではない。十分にあるのだけれど、それは、自分のすぐ隣りに並列的に位置するパラダイムとしての認識である。だから、「共存し、重なり合い、矛盾し合うナラティブ」となり、パロディになってもまったく平気で、リスペクトとまったく矛盾しないのです。

ちなみに、ギルバートは、「湖の場面」のエロス物語との接点を、脚本を書いたアンドリュー・デイヴィーズのインタビューでの、先ほど私が引いた箇所を用いて例証しているのですが、それはそれで面白い矛盾が露呈します。たとえば、ニコラス・バーバーはＢＢＣのサイトで、放送二十周年を迎えた『高慢と偏見』の歴史的重要性を概括しながら、当該場面が如何にエロティック・アダプテーション群とは無関係に意図されていたかを示すために、デイヴィーズの感想を次のように紹介しています。

「女性たちがコリンの写真を壁にピンナップし始めた時、不思議で驚きだった」と彼は言う。「だって、僕はただ笑えるシーンだと思っただけだからね。それは、ダーシーがただの男、暑い日には自分の所領の湖に飛び込むような、だらしなくしててもいい男だったってだけの話なんだから。それから彼は突然、礼儀正しくしなきゃいけない場面に自分がいることに気づくのさ。だから、エリザベスと二人はぎこちない会話をして、そのうちの一人がびしょ濡れって事実を馬鹿丁寧に振舞って無視するんだよね。あれがセクシーな場面に見えるはずなんて、ま

ったく考えてもみなかった」。(Barber)

こうなってくると、もう作品は、誰のものでもあり、かつ同時に誰のものでもない、ということになります。「共存し、重なり合い、矛盾し合うナラティブ」とは、そういうことだと私は思います。

6 メディア横断的アダプテーション

さて、『高慢と偏見』アダプテーション群がメディア横断的であることを証明するために、どうしても確認しなければならないことが、まだ二つあります。どちらも再メディア化の問題で、一つは小説への逆アダプテーションとでも言うべき現象、そしてもう一つはゲーム・アダプテーションです。

小説への再メディア化を論じるうえで、まず重要だと思われるのは、脚本家は間メディア的なのだ、ということです。最初に引用したインタビューのなかで、デイヴィーズが「僕たち」と「僕」を使い分けていることに思いを致すことは、意外に重要だと私は思っています。彼が脚本だけでなく、製作に深く関与していたことを窺わせるからです。つまり、脚本家とは、脚本を製作現場での仕事の一部として捉える位置にいる、ということです。言い換えれば、脚本という作業をパラディグマティックに、他の作業と並列的に捉えている、演劇的な人なのです。すべての脚本家がそうだと言いたいのではありませんが、少なくとも、デイヴィーズの「僕たち」という表現で表される行ないは、彼の間メディア性をどこかで保証しているのではないか、ということです。事実、彼は、もう一つの『高慢と偏見』アダプテーションであることが知れ渡っている(2)、シャロン・マグワイア監督の『ブリジット・ジョーンズの日記』(二〇〇一)の脚本作りにも参加しています。

そして、その流れで、『高慢と偏見』アダプテーションの再メディア化を考察する地平に立ってみると、P・D・

ジェイムズという女性推理作家の書いた『高慢と偏見、そして殺人』（二〇一二）の存在は、やはり無視できないのではないでしょうか。まだ亡くなって数年しかならないこの作家は、九十歳を超えてこの執筆にとりかかっています。訳者の推量によると、「いったん創作活動の原点に戻り、オースティンの『高慢と偏見』に彼女なりの決着をつけたかったのではないだろうか」（三四五頁）となりますが、そういうリスペクトの地平ももちろんあるものの、私にはやはり、『高慢と偏見とゾンビ・インタラクティブ・eブック』が小説の出版とともに出されたことのメディア横断的波及だと思えるのです。次の「作者覚え書き」をご覧ください。

ジェイン・オースティンの霊に、トラウマを与えるような殺人捜査に彼女の愛するエリザベスを巻きこんでしまったことでお詫び申し上げたい。とりわけ、『マンスフィールド・パーク』の最終章でミス・オースティンが見解を明らかにしているのだから、「罪と不幸について長々と語るのは、他の人に任せることにしよう。そういう題材はできるだけ早く切り上げ、たいした罪を犯したわけではない人々すべてに、そこそこの安らぎをとり戻させてやり、それでこの物語を終わりにしたい」と。きっとミス・オースティンはわたしの謝罪にこう答えることだろう。そうした忌まわしい題材について書きたいと思っていたら、わたし自身でこの物語を書いたわ、しかも、もっと上手に書いたでしょうね、と。（James xi：一一頁、訳一部改変）

亡霊を持ち出すところに感じられるように、この冗談混じりの軽さは、十分なリスペクトとともに、パロディ的な要素も強いのであって、メディア横断的なアダプテーションの重要な骨子となる、「共存し、重なり合う、矛盾し合うナラティブ」を構成する大事な遊び、エンタテインメントとなっています。

でも、なぜP・D・ジェイムズまでも巻き込むような大事《おおごと》のメディア横断的アダプテーションに、この『高慢と偏見とゾンビ』がきっかけを与えたのかというと、その前にファン・カルチャーを刺激する作品『エリザベス・ベネットになって』（二〇〇七）が出版されていたからです。アマゾンの紹介文を見てみましょう。

エリザベス・ベネットといえば、英文学の中で最もウィットに富んだ、最も魅力的なヒロインですが、この『エリザベス・ベネットになって』で初めて、あなたは、英語で書かれた最も人気のある小説『高慢と偏見』のスターになる機会を与えられたことになります。この本を通して、あなたは微妙な試練と危険な判断に直面するでしょう。ダーシー氏が接触を明言する最初の時に彼を受けいれるつもりなのか、ウィッカム氏と駆け落ちするのか、恐ろしいレディ・キャサリン・デバーグを避けるのか、これは、オースティンの最も有名な本を書きかえるチャンスなのです。そして、もし〔『エマ』の〕ナイトリー氏の洗練のほうが好みとか、〔『説得』の〕忌まわしきエリオット氏を秘かに賞讃する気持ちがあるのなら、彼らと結婚する手もあるのです。ただし、選択には警告がついてますよ。「エリザベス・ベネットになること」には、ペムバリーの最もふさわしい男爵とのあなたの幸せな結婚を邪魔するための、登場人物と筋の捻りが満載なのです。あなたは五つのステージをクリア――そして、オースティンの他の小説五つを通して、上手く交渉しながらあなたの道を進めるのに成功――しなければなりません、ダーシー氏を受け容れる判断を下すことができるまでに。しかし、結果がしっくりこなかったら、また第一ページに戻って、新しいジェイン・オースティンの冒険を作りあげましょう。（Amazon.co.jp）

このゲーム的ファン・フィクション作りこそがファン・カルチャーを刺激し、そのノリでゾンビ・バージョンが作られ、ミステリーの大家まで動かした、ということなのだと思います。

言うまでもありませんが、それはそのままで、ゲーム・アダプテーションへの道です。普通、古典の『高慢と偏見』の関連から想像できるゲームといえば、あってもせいぜいのところがモノポリーのようなボードゲームやカードゲームといった、かなり古めのタイプではないでしょうか。結婚に到る道筋を人生前半の大事な節目と捉えて、それをゴールに据えて経過のドラマをカードまたはボードで楽しむ。こういうゲームは、いかにもありそうだし、まあ、本当にあるのですが、小説『エリザベス・ベネットになって』を挿めば、もっと現代版の、いわゆるロール・プレイング・ゲームの道はすぐそこで、事実、『見合いと結婚――ある高慢と偏見ストーリー』（*Matches and Matrimony : A Pride and Prejudice Tale*）というタイトルのゲームが二〇〇九年に作られています。面白いことに、このゲームのプレイ評が「ベネット姉妹」という、オースティン絡みのファン・カルチャーのブログにあり、ベースは『エリザベス・ベネットになって』だろうという書き込みがあります(3)（The Bennet Sisters a）。

マッシヴリー・マルチプレイヤー・オンライン・ロール・プレイング・ゲーム（ＭＭＯＲＰＧ）も、試作版ながらあります。ゲーム業界には全く詳しくありませんが、どうも、公開プロジェクトを宣伝して広く資金を募る形で、若手製作者が新作を安い費用で世に出すお手伝いを商売にしている業者があるようで、次に紹介するキック・スターターという会社もその一つです。そこが実は、『高慢と偏見』のＭＭＯＲＰＧ版『ジェインよ永遠に』（*Ever, Jane : The Virtual World of Jane Austen*）を紹介していて、このプロジェクトは既に十万ドル以上の出資金を集め、二〇一七年には本格的にサイトがオープンになるようです。

ジェイン・オースティンのヴァーチャル世界には、殺人も殺される話もありません。ゴシップのお喋りに招待する、される、が選択の武器になるのです。（kickstarter）

このゲームは、お喋りの中に登場するゴシップを通して、登場人物の経験値を高め、正しい結婚に導くよう登場人物を成長させていくもので、その成長は人との出会い、そして会話を通じてなされていくように設定されています。たとえば、お話しに招待して断わられると、点数が下がる、という具合です。受け入れられる場合も、相手が義務で受けた場合は少ししか上がりません。心からそうしたいと思って受け入れてくれた場合のみ、経験値が倍増するのです。

先ほどの「ベネット姉妹」も、このプロジェクトに参加していて、ブログに評を載せています。ローレル・アンという、本の編者にもなっている人が開いているブログ「オースティンプローズ」（AUSTENPROSE）でも、ゲーム評を読むことができます（Ann Nattress）。

このように、『高慢と偏見』アダプテーションは、明確にメディア横断的になっていると言えるでしょう。「ゾンビ」ヴァージョンが映画化されたからには、おそらく本格的なアドベンチャー・ゲームもそう遠い未来の話ではないのではないでしょうか。小説に至っては、二〇一六年の九月に限っただけでも二十～三十作品にもなる、夥しい数のアダプテーション作品が量産されています。その驚嘆すべきポピュラーぶりを例証する、もう一つのごく小さな例をご紹介します。「BS世界のドキュメンタリー」というNHKの番組がありますが、それが紹介したアメリカのコーヒー・ブラフ・ピクチャーズ（Coffee Bluff Pictures）製作の作品に、「ベルリン一九三六　ヒトラーに勝った黒人アスリートたち」（二〇一六年七月二〇日放送）がありますが、その原題は*Olympic Pride, American Prejudice*でした。プライドにちょっとでも関わる話題が出てくると、『高慢と偏見』アダプテーションに直結する心性が定着してしまっていることの良い例ではないでしょうか。

7　ヒューマン‐コンピュータ・インタフェース

『高慢と偏見』をめぐるアダプテーションが、昔からメディア横断的だったわけでは、もちろんありません。たとえば、ロバート・Z・レナード監督のハリウッド映画『高慢と偏見』（一九四〇）は、映画としての評価はかなり高く、『ニューヨーク・タイムズ』の映画評では、「登場人物の生き生きしたキャラクターがどれも、最高のウィット」で表現されているけれども、必ずしもそれは原作から受け継いでいるものだけではなく、二人の脚本家によってもうまく供給されており、それらが「パチパチ音を立てるように響いている」（Crowther）と誉めています。作家として有名なオルダス・ハクスリーが脚本作りに参加しているだけのことはあるのでしょう、TVガイドの映画評では、「珍しく成功したアダプテーションの例」（TV Guide）とまで言われております。しかし、この作品に、縷々述べたような意味での複雑な共存、重なり合いを発見することはできません。BBC版『高慢と偏見』の公開年が一九九五年と、コンピュータが一般に普及した後のことであることと、現在的アダプテーションには、やはり深い関わりがあるのです。

　単なる間メディアではなくて、メディア横断という概念が登場するには、コンピュータというニューメディア・テクノロジーを通して生まれた、あらゆる文化現象を同一の位相のもとに扱おうとする態度が不可欠です。つまり、オースティンの時代が絵画から写真へと視覚メディアが変換する過渡期であり、後述のH・G・ウェルズが映画が誕生する時期だったのと同じように、二十一世紀の今は、コンピュータによるメディア転換が相当はっきりとした姿かたちをとるようになってきていて、文化事象のほぼすべてがコンピュータ画面の上に一元化される態勢が整いつつあるわけです。

　レフ・マノヴィッチはそういうあり方を「ヒューマン‐コンピュータ・インタフェース」、HCIと呼んでいます(4)。それは、人間‐コンピュータ間のインタフェース、すなわち人間とコンピュータが接する境界面のことです。人間がコンピュータ画面に向ったままで作業できるように、デジタル化され、ソフトウェア化された情報を、現在性のもとで取得できる環境ということですが、そういう環境自体をマノヴィッチは「文化的インタフェース」と呼んでいます。

> あらゆる形態の文化の配布がコンピュータ・ベースになるにつれて、私たちはますます、文章、写真、映画、音楽、仮想環境といったすぐれて文化的なデータと境界面《インタフェース》を形成し接するようになっている。要するに、私たちはもはやコンピュータにではなく、デジタル形式でエンコードされた文化とインタフェースしているのだ。私は

〈文化的インタフェース〉という用語を使って、人間‐コンピュータ‐文化のインタフェース――すなわち、コンピュータが私たちに文化的データを提示し、それとインタラクションできるようにするやり方――を記述しようと思う。（Manovich 69-70：一二四頁。訳一部改変）

現在的アダプテーションのありようとは、まさにこの「文化的インタフェース」と同じ特徴を持つのではないでしょうか。

そして、ＨＣＩは、もっと直接的にアダプテーションという批評・創作を取り込む包括的文化活動の方法とリンクしていると言ってよいと思います。メディア横断的アダプテーションとは、異質なもの同士を同一視して、両者の交流・融合を図るからこそ起こる、「共存し、重なり合い、矛盾し合うナラティブ」とも言えるわけで、異なるものどもを同一プラットフォームに載せられるよう再フォーマットする行為が欠かせません。それこそがジェイ・デイヴィッド・ボルターとリチャード・グルーシンの言う「再メディア化」である、とマノヴィッチは述べていますが（89：一四七頁）、この「再メディア化」という語が、同時にメディア横断的アダプテーションを特徴づける言葉でもあることは、決して偶然ではないと思います。

異質なもの同士が同一平面に並べられて、その中の何かが流通、移動するとき、アダプトされたものは、縦糸と横糸を比喩的に指すような関係の因子となって、網の目のように織物を構成していくとは思えません。先ほどのドキュメンタリー番組のタイトルに『高慢と偏見』アダプテーションが関わっていると言えるとしたら、私が述べてきた『高慢と偏見』をめぐる種々のアダプテーションは、何か、ある長さとか幅とか、関係の網の目と言えるような広がりを持つとは考えにくいでしょう。たとえば「接点」という言葉が似合うような、一点的な関係性のように思えるのです。

ハッチオンが短いサンプリングをアダプテーションから除外するのは必然だったのかもしれません。もしアダプテーションの現在が、ドキュメンタリー番組のタイトルが象徴するように、関係の網の目というよりはもっと一点的であるとしたら。最後に私がこだわりたいと思うのは、その点です。

ダーシーの「湖の場面」に端を発すると思われるエロティックな『高慢と偏見』アダプテーションに戻ります。実は、性的であるということも、かなりかけ離れて見えはするものの、「運動」のパラダイムです。感覚的なのですから。そして、その「感覚」というパラダイムも、原作の『高慢と偏見』と結びついています。そして、その性‐運動‐感覚という結びつきが、私には「網の目」よりも「接点」を思わせるのです。それはちょうど、コンピュータが、小説を書くときに用いると言われるデータベースへのアクセスに似ているのです。

このことは、「アイ・パッドがアダプテーションに与えたインパクト」のもう一つの例としてオフリンが紹介している、タブレット型ハードがもたらした「学習のプラットフォームとしての（……）柔軟性」（O'Flynn 200-204）に関係があるのではないでしょうか。それには、ハード上の特徴が不可分に関連していて、そのメディア論的有効性自体は、コンピュータであればどれでも持っているインタフェースの特徴、すなわち「付加的なレイヤー」（204）の持つ特性にすぎません。が、彼女が重視している、タブレット型であるがゆえに強調できる、その「レイヤー」の使い勝手の良さは、アダプテーションを考える文脈では、コンピュータ・インタフェースの革命的逆転を最もよく体現していると言っていいように思うのです。

アプリ・デザイナーは、綴じ込みになった頁という素材性を有する本という慣習的関係を断って、多様なコンテンツ・ゾーンを同時に表示できるスクリーンとしてのアイ・パッドの潜在能力を利用し始めている。これらの豊かなメディア・コンポーネントは、脚注のようにして素材としての本に存在するものを、たとえば、オーディオ、ビジュアル、ビデオの刺激とソース素材を通じて、作品から得られる経験をさらに深められるような、ダイナミズムを持った要素に変えることができるのである。（O'Flynn 204）

使い勝手が良いがゆえに、脚注に代表される、本来「付加的」であるはずの本の要素をも、ちょうどファンと生産者の関係が同列になるように、本文と同等に扱うことを使用者に要求してくるのです。

その利点は、単に、オフリンが例示しているような、アイ・パッドのソフトが持つ、教育的で補助的なコンテンツのレイヤーを特徴とするだけでなく、これから取り上げたいと思う『タイム・マシン』の間メディア的アダプテーションと絡めて考えると、革命的と呼ぶことすら、さほど大げさとは言えないような特性を秘めていると考えられるのです。

8 映像というレイヤー

H・G・ウェルズの『タイム・マシン』には、時間旅行家が時間を移動していく時の感覚だとか、移動する時の周囲の様子などの描写があります。

時間飛行の際の独特な不快感を説明するのはむずかしい。ジェット・コースターにのって猛烈なスピードで突進するときのような気分だった。同時に衝突するのではないかという恐ろしい不安感がつきまとった。スピードを増すにつれ、夜が黒い翼のようにはためきながらやってきた。かすかに見えていた実験室が遠ざかり、太陽が一分ごとに空を回転していった。一日が一分で過ぎているのだった。実験室は完全に消え、ぼくは屋外にいた。一瞬、野外劇場のようなものが見えたと思ったが、なにしろ、ものすごいスピードで飛んでいるので、動くものさえ目に入らなかった。のろのろと這う蝸牛もまるで光のような早さで消えてゆくのだ。光と闇のまぶしい交錯が続いて、眼を開けているのも苦痛だった。それから断続的な暗闇のなかで、月が回転しながら新月から満月へと変化していった。くるくる廻っている星がぼんやり見えた。やがてスピードをあげるにつれて、夜と昼の区別がなくなって単調な灰色の世界が続いた。空は深みのある美しい青に変わり、太陽は空中に明るい弧を描く光の糸のように見えた。月は上下動を繰り返す帯のようになり、星はゆらめく円形の微光にすぎなかった。（Wells 21-22：三〇―三一頁、訳一部改変）

この「ジェット・コースターの身体運動感覚」から、アン・フリードバーグは、運動への希求と、デパート、パノラマ、ディオラマ、テーマパークの運動表象を関連づけて、映画への欲望とリンクさせた議論を展開していて（Fried-berg 92）、それはそれで興味深いのですが、ここで確認したいのはそれではありません。むしろ、ジェット・コースターに乗ることが「不快」であること、そして、その「不快」の原因がスピードが速い点にあることです。そのうえで、時間旅行における時間経過の感覚を表現した箇所を眺めてみると、やはりその「不快」感は、「変化が早い」こと、「回転する」こと、また「まぶしい」ことで表されています。そして、それに関する原作の表現と映画の表現は、ほぼ同じです。ジョージ・パル監督の『タイム・マシン』（一九六〇年公開）も、サイモン・ウェルズ監督の『タイムマシン』も、いずれも、夜や一日の「早い経過」、太陽と月の早い回転と早い変化、「光と闇のまぶしい交錯」ぶりが、一日・一カ月・一年の進行を早めたり、年ごとのニュー・ファッションの変化を、特撮技法を用いて表現されています。しかし、「不快」感だけは映画アダプテーションには無いのです。

それに呼応するように、ウェルズの映画版には、「爪の伸びる様」で時間経過を表した場面があります。ＤＶＤの特典映像「監督サイモン・ウェルズと編集ウェイン・ウォーマンによる音声解説」（ワーナー・ホーム・ビデオ）にその間の事情を述べている箇所があるので、それを確認しておきましょう。

ウォーマン　今のシーンでは指の爪が伸びてたね。

ウェルズ　彼は爪を見て時の経過に気づく。このシーンはウォルターが考えた。原案は短編科学映画の『パワーズ・オブ・テン』。
ウォーマン　チャールズ・イームズ作。
ウェルズ　一九六〇年代の作品だ。それを今回手がけるのが――デジタルドメインだ。驚くほど見事な映像だ。
（……）
ウォーマン　クラウスの音楽も気に入った。
ウェルズ　すばらしい。見事だよ。

「ウォルター」とは、プロデューサーのウォルター・F・パークス、「クラウス」とは、音楽担当のクラウス・バデルト、「デジタルドメイン」とは、視覚効果処理で大変有名な会社の名前です。この解説が付されている場面は、主人公のアレグザンダー・ハーデゲン教授が恋人エマを死なせてしまった悲しみに耐えられず、エマを生前の状態に戻す方法を見つけるために未来への時間旅行に出かけ、その途中で彼女の写真を落してしまい、写真が時間変化の影響を受けて、醜く崩れていくところです。この事件は教授がエマを忘れ、未来の世界で新しい恋人マーラとの関係を築くことにも通じているのですが、ウォーマンが言っているのは、落した写真を取り戻そうと教授が手を伸ばした時に、彼の爪も時間変化の影響を受けて急に伸びるところを撮影した部分のことで、スローモーションで再生しない限りほとんど気づかない、ほんの一瞬のショットです。
言及されている映画『パワーズ・オブ・テン』（*Powers of Ten*）は、「坂井直樹のデザインの深読み　二〇一四年三月一三日木曜日版」によると、
一九六八年ＣＧのない時代、公園に寝そべる男女からカメラが上空へパンして宇宙へとスケールが十の累乗で拡

大して行き、今度は急速に戻って細胞の中まで入っていく約9分の「垂直の旅」とあります。パワーズ・オブ・テンとは十の累乗という意味で、この映画は、十秒間ごとに十の累乗分ずつ移動していくカメラが、何を撮影できるかを見せた教育映画です。作者は、ウォーマンが言うように、デザイナーで建築家でもあり、映像作家でもあるチャールズ・イームズという人です。最初の画面は、ピクニックに来て一寝入りしている男性が、一メートル上空から、ちょうど全身が入るぐらいのところで撮られています。一メートルとは、もちろん十のゼロ乗という意味です。したがって、一〇秒たつと次は一〇の一乗で一〇メートル上空、次は一〇〇メートル上空というふうに、カメラがだんだん上がっていきます。それにつれて、撮影される場所も広くなっていき、さらに一〇秒で千メートル（飛行機から見る光景）、また一〇秒で一万メートル（宇宙から見る光景）というふうに、どんどん地球から遠ざかり、ついには銀河系全体、さらには宇宙全体へと限りなく遠ざかっていくときの景色を私たちに見せてくれるわけです。

なぜこの映画が「時の経過」と結びつくのかを知るには、もう少し事情を説明する必要があります。実は、このサイトではカラー版以外に、パイロット版と呼ばれるモノクロの映像も見られるようになっていて、それでは「地球時間」と、一〇の累乗で地球からどんどんどん遠ざかっていく「カメラの時間」がわかるようになっています。カメラは一〇秒間でものすごく長い距離を後退していくわけですから、そのうち光速に近い速度で動くことになり、カメラ時間が地球時間と大きくずれていくのです。そのうち光より速くなってしまいますから、計測不能となりますが、これがこの映画を光速移動と時間の関係をわかりやすく教える教育映画たらしめることになるわけで、また、『タイムマシン』における「時の経過」と結びつく因子ともなるわけです(5)。

「指の爪」はどう関係するのでしょうか。この映画、カメラが宇宙全体を見渡せるまで後退すると、今度はまた同じように一〇秒間隔でどんどん地球に近づいてきます。しかし、ただ戻ってくるだけではありません。一メートルまで近づいて男性の昼寝姿に戻ると、今度は一〇のゼロ乗からマイナス一乗になって一メートルの一〇分の一で一〇センチ、マイナス二乗で一センチという具合に、体の表面にどんどん近づき、さらには体内にカメラが入り込み、そこから分子・原子の世界が展開されていくのです。要するに、マクロコズムからマイクロコズムまで、空想のカメラが対象に十秒ごとに離れ続けたり近づき続けたりすることで、カメラが映す世界をわかりやすく示すというわけです。そして、その一〇のマイナス一乗にカメラが近づいたとき、映像は手を大きく映し出すことになり、これが『タイムマシン』の「指の爪」とつながるのです。

9　ランダムアクセスが孕む革命的逆転

映画『パワーズ・オブ・テン』から『タイムマシン』の「指の爪」シーンへのアダプテーションに関して私が言いたいのは、こういう間メディア的アダプテーションが、原作の「不快感」をまったく問題にしていないことです。それは、面白いことに、先ほど挙げた監督と編集者による「音声解説」がほとんど物語に言及しないで、技術的な苦労話に終始している印象があることと奇妙に一致します。それだけではありません。映画二作品は、原作が持っている悲壮感と言うか、ペシミズムをごく部分的にしか共有していないのです。

私は、ここに間メディア的なアダプテーションの一つの特徴を見たいと思っています。その因子の結びつきはデータベース的なつながりで、別の言葉を用いれば、ランダムアクセス的と言ってよいでしょう。だから、その関係は一点的と言えます。これなら、間メディア的アダプテーションの「関係」が、「因果」という、縦型を連想させる言葉よりは、水平を連想させる言葉である「対等」に通じるのも説明できます。

ただ、もしそれが正しいのなら、ここで、オフリンが『高慢と偏見とゾンビ・インタラクティブ・eブック』を紹介したときの引用に戻る必要が出てきます。

どちらの作品も（……）ゾンビと血のりの人気をもとに、インタラクティブな要素が、ぞっとするほどの怖さがあって、かつ楽しくなるように企画されている。（O'Flynn 203）

この、「怖さがあって」しかも「楽しくなる」という二律背反的感覚をもたらす構造は、もうはっきりしました。データベースにランダムアクセスできる態勢、すなわち等価の「付加的レイヤー」であるからこそ、二律背反的であっても共存できるのです。しかし、それはそれで、先ほど挙げた、そういうレイヤーの特徴と並べて考察してみると、問題が見え隠れすると言わざるを得ません。

これらの豊かなメディア・コンポーネントは、脚注のようにして素材としての本に存在するものを、（……）作品から得られる経験をさらに深められるような、ダイナミズムを持った要素に変えることができるのである。（O'Flynn 204）

「ダイナミズムを持った要素」に変えてしまうインタフェースとは、脚注という、本文に比べれば些末に見える部分と、本文という主要な部分との関係のありようにも、逆転というか変化をもたらすからです。つまり、対等性の主張です。

たとえば、オフリンが紹介する、「もっと複雑にレイヤー化されたアダプテーション」の例に、ルイス・キャロルのアダプテーション・ゲームでもある、『アリス・狂気の再来』という「アイ・パッド・アプリ」（203）がありますが、実を言うと、これが結構衝撃的な内容なのです。全部は紹介しきれないので、ホラーとの関連で特色とせざるを得ないアダプテーションの危うさだけ紹介します。

> キャロルの世界の潜在的暴力は、アリスの世界のホラー・アダプテーションとして再活性化されているものの中で前景化され、不思議の世界の風景と住人たちを再び流通させている。このインタラクティブな企画から出てくる非常に大きな違いは、ストーリーを前に進め、新しいページそしてコンテンツのリリースへとその引き金を引くために、プレーヤーは繰り返しアリスに暴力を働き、彼女の髪を剃り、無理に食べさせ、電気ショックのレベルをどんどん高くしなければならないことである。大抵のプレーヤーたちは、自分たちの同情が向けられるその登場人物を痛めつけることに参加しては、不快を感じるのだが、その不快を感じさせるように、効果は計算されているのである。(O'Flynn 203. 傍点は引用者)

問題は、言うまでもなく、アリスの世界という子どもに馴染みの世界のすぐ隣りで起きる「不快」という、決して教育的とは言えないものの侵入です。それは、「些末」な「不快」が、教育的であるはずの「アリス」アダプテーション全体を逆転させてしまうかもしれない、ということなのではないでしょうか。

もっとも、「如何にアダプテーションが認識され実践されているかは、まだ議論され続けている」(O'Flynn 206) わけですから、さらに議論が進展するのを私たちは待つ必要があるでしょう。しかし、それにしても、最後に、アイ・パッド(あるいは、アップル)独自の制約をオフリンが挙げているのは、示唆的です。

> 最近のアイ・パッド用アダプテーションの変化の早さと形式的進化の速さは、プラットフォームの必要条件である、プログラミングとアイ・チューン・ストアでのエントリーのために求められるアップルの許可ゆえに、抑えられ制御されている。これは、他の産業とプラットフォームの間に見られる、手に負えないほど乱暴で混乱的なアダプテーションの進展と進化とは明らかに対照的である。(O'Flynn 206)

生産者の許可が必須の条件という、いささか時代錯誤にも映る抑止策、制御策をアップルは採っていますが、ひょっとしたら、それだけ十分に部分・些末の革命性に気づいてのこととも考えられるからです。

10　まとめ

それだけではありません。こんな具合に結論めいたことを手にしてみると、そもそもハッチオンがアダプテーションは間テクスト的だと明言したこと、短いサンプリングや一句だけの表現はアダプテーションではないと言ったことには、実は、ランダムアクセス的機能が胚胎する革命的逆転への深い配慮があったからなのではないか。そんな気もしてきます。

そう思い至ってみると、リーチが、「アダプテーションと間テクスト性」のなかで指摘している、「アダプテーションを間メディア的に説明することの代償」が思い起こされます。テクスト側から眺めない分、言語の中立性と、テクスト中心の「ドグマ的な評価からの自由」という果実を得る代わりに、間メディア内の区分を先行させるうちに、「関係と活動を扱いはするものの、テクスト自体は扱わな」くなってしまい、結局は「間メディア性そのものが、明確な弁別的実践としてアダプテーションと一線を画してしま」う（Leitch 91-92）という批判です。

確かに「対等」という関係性は、確認したとおり、うっかりすると、危うさと隣り合わせなのです。ということは、逆説的ではありますが、間テクスト性という網の目が大変重要だということです。間テクスト性だけではない、と主張したかった本章ですが、終わってみればむしろ反対、間メディア性だけではダメだ、です。今のところそう結論するしかありません。

しかし、この確認から、たとえば短い引用という現代詩ではごく自然化し、かつ十分な文学的成果が認められている文学的実践を、もう一度見直す機会にはなるのではないでしょうか。ここでは詳述できませんが、パウンドの『キャントウズ』における映画の運動に触発された詩行は、サンプリングと変わらないほど短いですが、同時に間違うことなき間テクスト的関係をオヴィディウスの『変身物語』の一節との間に有していますし（Iwata参照）、エリオットの引用がエクフラシスであるという卓見もすでになされている（山口参照）ところなのです。考えてみれば、引用だってスタティックな詩の世界に運動を持ち込むことです。つまり、この間メディア性と間テクスト性の微妙な関係にこだわることから始めれば、もう既にココロは文学のメディア論への接近だったんだ、とだって言えるのかもしれないんです。それについては、また稿を改めて考えてみたいと思います。

【注】

1　ただし、本文でも言及したように、オフリン自身がClare Parody, "Franchising/Adaptation," *Adaptation* 4, 2（2011）: 212. からの孫引きであることを認めています（O'Flynn 196）。

2　BBC News, Entertainment & Arts, "Bridget Jones vs Pride and Prejudice," 28 January 2013. Web. 2016/10/24.〈http://www.bbc.com/news/entertainment-arts-21204956〉を参照。

3　その箇所を紹介します――
『高慢と偏見』をベースにした、視覚的な新しいコンピュータ・ゲームにあまり期待はしてなかったのだけれど、まずまずエレガントなこの冒険ゲームは結構楽しめました。リフレクティブ・エンタテインメント社が出してくれた、このラッセル・キャロル作のゲームは、一時間のお試し用がダウンロードできるし（ちょっと軽く楽しむにはこれで十分です）、ビッグ・フィッシュ・ゲームズでなら七ドル二十七セントのディスカウントで購入できます。きっと『エリザベス・ベネットになって』のヴァーチャル版だろうと思っていた（し、ある程度そのとおりです）けれど、色々な場面もゲーム・プレイそのものも、しっかり新しいやり方でエンタテインメントになってました。

4　「過去のものも現在のものも、あらゆる文化が、コンピュータというフィルターを経由するようになったが、それはそれ固有のヒューマン・コンピュータ・インタフェースを用いてなされている」（Manovich 64：一一六頁、拙訳による全面改変）。なお、堀訳は、インタフェースの表記を「インターフェース」で統一していますが、本章では、訳書から引用する際にも「インタフェース」に表記を改めました。

5　この時間の「ずれ」に関しては、モノクロの日本語音声吹き替え版で確認しました。文字化された参考資料は「ウィキペディア」以外には確認できませんでした。

【引用文献】

Amazon.co.jp. "Being Elizabeth Bennet: Create Your Own Jane Austen Adventure." Web. 2016/10/30. 〈https://www.amazon.co.jp/Being-Elizabeth-Bennet-Create-Adventure/dp/184354606X〉

Ann Nattress, Laurel. "Play Along with Matches & Matrimony: A Pride and Prejudice Tale." Web. 2016/10/26. 〈https://austenprose.com/tag/pride-and-prejudice-game/〉

Austen, Jane. *Pride and Prejudice*. 1813. New York: Barnes and Noble, 1993.（『高慢と偏見』富田彬訳、岩波文庫、一九九四年改版）Web. 2012/12/05. 〈http://www.gutenberg.org/cache/epub/1342/pg1342.txt〉

———— *Sense and Sensibility*. 1811. Web. 2014/11/26. 〈http://www.gutenberg.org/cache/epub/161/pg161.txt〉

———— *Emma*. 1815. Web. 2014/11/29. 〈http://www.gutenberg.org/files/158/158-0.txt〉

Barber, Nicholas. "Pride and Prejudice at 20: The scene that changed everything," Web. 2015/09/22. 2016/08/26. 〈http://www.bbc.com/culture/story/20150922-pride-and-prejudice-at-20-the-scene-that-changed-everything〉

The Bennet Sisters a. "GAME Review-Matches and Matrimony: A Pride and Prejudice Tale." MARCH 25, 2011. Web. 2016/10/26. 〈https://thebennetsisters.wordpress.com/2011/03/25/game-review-matches-and-matrimony-a-pride-and-prejudice-tale/〉

———— b. "The Pride and Prejudice role-playing game." Web. 2016/10/26. 〈https://thebennetsisters.wordpress.com/2013/11/25/the-pride-and-prejudice-role-playing-game/〉

Campbell-Webster, Emma. *Being Elizabeth Bennet: Create Your Own Jane Austen Adventure*. London: Atlantic Books, 2007.

Collins, Jim. "Batman: The Movie and Narrative: The Hyperconscious." *The Many Lives of the Batman: Critical Approaches to a Superhero and His Media*. Ed. Roberta E. Pearson and William Uricchio. New York: Routledge, 1991.

Crowther, Bosley. "The Screen in Review; 'Pride and Prejudice,' a Delightful Comedy of Manners, Seen at the Music Hall--'South to Karanga' Given at the Rialto and 'Pier 13' at the Palace At the Rialto." *The New York Times*, August 9, 1940. Web. 2016/04/05. 〈http://www.nytimes.com/movie/review?res=9C04E7DC133EE432A2575AC0A96E9C946193D6CF〉

www.everjane.com, "Welcome to Ever Jane Open Beta." Web. 2016/10/26. 〈http://www.everjane.com/〉

Friedberg, Anne. *Window Shopping: Cinema and the Postmodern*. Oakland, CA: University of California Press. 1993.

Gilbert, Sophie. "Thank the BBC for Jane Austen Erotica," *The Atlantic* Oct. 23. 2015. Web. 2016/08/26. 〈http://www.the-atlantic.com/entertainment/archive/2015/10/thank-the-bbc-for-jane-austen-erotica/412039/〉

Hamilton, Ian. *Writers in Hollywood 1915-1951*. London: Faber and Faber, 1990 ; 2011.

Hutcheon, Linda. *A Theory of Adaptation*. London and New York: Routledge, 2006.（『アダプテーションの理論』片渕悦久・鴨川啓信・武田雅史訳、晃洋書房、二〇一二年）

Iwata, Kazuo. "Ezra Pound as a Cinema Director: A Discussion about a Cinematographic Road to *The Cantos*." *Ivy Never Sere: The Fiftieth Anniversary Publication of The Society of English Literature and Linguistics, Nagoya University*. Ed. Mutsumu Takikawa, Masae Kawatsu, Tomoyuki Tanaka. Tokyo: Otowa-Shobo Tsurumi-Shoten, 2009, 199-214.

James, P. D. *Death Comes to Pemberley*. London: Faber and Faber, 2011.（『高慢と偏見、そして殺人』羽田詩津子訳、早川書房、二〇一二年）

www.kickstarter.com, "Ever, Jane: The Virtual World of Jane Austen." Web. 2016/10/26. 〈https://www.kickstarter.com/projects/30564009/ever-jane-the-virtual-world-of-jane-austen〉

Leitch, Thomas. "Adaptation and Intertextuality, or, What isn't an Adaptation, and What Does it Matter?" *A Companion to Literature, Film, and Adaptation*. Ed. Deborah Cartmell. Oxford: Blackwell, 2012.

Manovich, Lev. *The Language of New Media*. Cambrige, MA: MIT, 2001.（『ニューメディアの言語――デジタル時代のアート、デザイン、映画』堀潤之訳、みすず書房、二〇一三年）

O'Flynn, Siobhan. "Epilogue," Linda Hutcheon with Siobhan O'Flynn. *A Theory of Adaptation*. Second Edition. London and

New York: Routledge, 2013.
Matches and Matrimony: A Pride and Prejudice Tale. Reflexive Entertainment, 2009.
Scott, Sir Walter. *Waverley*. 1814. Web. 2016/05/01. 〈http://www.gutenberg.org/files/5998/5998-0.txt〉
TV Guide. “Pride And Prejudice.” Web. 2016/04/05. 〈http://www.tvguide.com/movies/pride-and-prejudice/review/109777/〉
Vo, Alex. “Five Favorite Films with Director Joe Wright: What’s Influenced the Man behind *Pride & Prejudice* and *Atonement*?” Web. 2016/03/31. 〈http://editorial.rottentomatoes.com/article/five-favorite-films-with-director-joe-wright〉
Wells, H. G. *The Time Machine*. 1895. New York: Bantam, 1968: 1982: 1991.（橋本槇矩訳『タイム・マシン　他九篇』岩波文庫、一九九一年：二〇一六年）

＊

「監督サイモン・ウェルズと編集ウェイン・ウォーマンによる音声解説」サイモン・ウェルズ（監督）『タイムマシン』（DVD）、ワーナー・ホーム・ビデオ、二〇〇二年。

「坂井直樹のデザインの深読み　二〇一四年三月一三日木曜日版」Web 2016/07/25.〈http://sakainaoki.blogspot.jp/2014/03/powers-of-ten1968cg9.html〉。

山口均「エピグラフという境界——T・Sエリオットの場所」大石和欣・滝川睦・中田晶子編著『境界線上の文学——名古屋大学英文学会第五〇回大会記念論集』彩流社、二〇〇九年。

●映像資料

ウェルズ、サイモン（監督）『タイムマシン』（DVD）、ワーナー・ホーム・ビデオ、二〇〇二年。

パル、ジョージ（監督）『タイム・マシン』（DVD）、ワーナー・ホーム・ビデオ、二〇〇〇年。

ライト、ジョー（監督）『プライドと偏見』（DVD）、ジェネオン・ユニバーサル・エンタテイメント、二〇〇五年。

ラングトン、サイモン（監督）『高慢と偏見』（DVD）、IVC、二〇〇一年。

レオナード、ロバート・Z（監督）『高慢と偏見』（DVD）、ファーストトレーディング、二〇〇六年。

Coffee Bluff Pictures. *Olympic Pride, American Prejudice*. 2016.「ベルリン一九三六　ヒトラーに勝った黒人アスリートたち」

ＮＨＫＢＳ１、二〇一六年七月二〇日放送。
Steers, Burr. dir. *Pride + Prejudice + Zombies*. DVD, Sony Pictures Home Entertainment. 2016.

第4章 ■ 梶原克教

アダプテーションと映像の内在的論理

■『ノーカントリー』における遅延を例に

1 アダプテーションという制度と映画という思考

日本と米国とではアダプテーションを取り巻く環境が大きく異なっているように思われます。たとえば、米国のデータベース「MLAインターナショナル書誌録」で“adaptation film”（アダプテーション映画）を検索すると、一万三千百八件もの論文・書籍がヒットします。一方、日本の論文データベース「サイニー（CiNii）」で「アダプテーション」と検索すると十三件がヒットしますが、うち日本映画に関するものは0件です。このカタカナの用語がまだ普及していないことも考えられるので、「映画と原作」で検索してみると二件のみのヒットとなります。国会図書館のNDL－OPACだとさすがに増えますが、「映画　アダプテーション」でヒットするのは三件で、すべて英米の映画に関するものです。「映画と原作」の検索だと英米の映画に関するものも含めて三十六件のみ。日本映画に絞るとおよそ半数となり、論文ともなると更にその数は減ります。もちろん一国のデータベースと英語圏を網羅したデータベースとの相違はありますが、いずれにしても桁数にして三桁の差、件数にして三百六十倍を超える差があるわけです。考えてみると、井原西鶴の『好色一代女』を原作とする溝口健二の『西鶴一代女』をアダプテーションの見地から考察した例はほとんど思い当たらない。これまたNDL－OPACで検索したところ、ヒット数は二件のみ。小津安二郎の『彼岸花』や『秋日和』についても結果は同様で、里見弴による原作小説と小津の両作品の関係を中心とした論考は見当たらないのです（右記すべての検索結果は二〇一六年五月二六日現在のもの）。

このように米国におけるアダプテーションの扱いと、日本映画と日本文学に関したそれとの間には歴然とした差がありますが、それは何に起因しているのでしょうか。仮説として、二つの要因が考えられます。ひとつは映画業界における枠組みで、もうひとつは研究・教育の領域における枠組みです。それは、言説を形成する基底部の問題と言い換えることができるかもしれません。まず映画業界についてですが、米国のアカデミー賞と日本アカデミー賞とが設けている賞部門にその差が明瞭に現れています。前者では「脚本賞 Original Screenplay」と「脚色賞 Adapted Screenplay」に分かれているのに対し、後者には「脚本賞」しかありません。宗教的な背景も強く影響していると思われますが、英米（広くは西洋）のオリジナル信仰とでも呼ぶべき幻想は根が深いようで、このように映画賞シナリオ部門においても「オリジナル」と「アダプテーション」がくっきりと類別されているわけです。

アカデミー賞授与が始まったのは一九二九年五月十六日ですが（対象は二七年と二八年の映画）、以後「最優秀脚色賞 Best Adapted Screenplay」と「最優秀ストーリー賞 Best Story」のふたつが設けられ、四〇年に「脚本賞 Original Screenplay」が加わり、五七年以降「脚色賞 Adapted Screenplay」と「脚本賞 Original Screenplay」の二本立てが定着しています。それぞれの区別は年代ごとに様々に定義し直されてきましたが、現在は二〇〇二年の定義が保持され、「原資料・出典 source material」、すなわち以前に出版されたり売られたりしたものに基づくのが、アダプテーションとして「脚色賞」の対象となり、「研究・調査資料 research material」を参考にしたものはオリジナルとして「脚本賞」の対象となるようです（Schwanebeck 360）。しかしウィーランド・シュワナベックがWGA（全米脚本家組合）のマニュアルを用いながら指摘しているように、この分類はきわめて恣意的なものであり、映画自体の内容や特質にもよるところが大きく、時代風刺的なものはオリジナルな「脚本賞」とされ、より重厚で文学的雰囲気を備えたものがアダプテーションとして「脚色賞」の対象とされる傾向があり、加えて、「作家主義的 auteuristic」な映画であれば「脚本賞」といった具合に、確たる分別の基準はないに等しいのです（Schwanebeck 361）。それゆえテネシー・ウィリアムズの『欲望という名の電車』をこれ見よがしに下敷きにしたウッディ・アレンの『ブルー・ジャスミン』もオリジナルな「脚本賞」にノミネートされるわけです。

このようにその境界が曖昧であるにもかかわらず、オリジナルと派生物の区別に偏執する文化的背景がアカデミー賞という制度と結託し、それがさらには映画研究・文化研究におけるアダプテーション論の多出にまでつながっているとみなすことが可能でしょう。翻って日本映画の場合は、ひとつには文化的背景としてもオリジナルへの固執はなく、むしろ監督の作家性が重視された結果、「脚本賞」のみが設定され、アダプテーション言説が形成されることもなかったのだと考えることもできますが、他方で、映画が国民的芸術である米国とは異なり、日本では文学研究と映画研究の交流が遅かったことも理由として考えられるかもしれません。

そこで次に、映画界ではなく研究・教育の世界におけるアダプテーションの扱いについて概観してみます。なぜ米国ではアダプテーション研究が盛んなのか。従来のアダプテーション研究の多くが（そして現行のアダプテーション映画批評のほとんどが）、原作との比較のみならず原作への忠実度（fidelity）を作品の評価基準としています。つまり先述のように「起源」への偏執を文化的背景とした評価がなされてきたわけです。たしかに近年の研究においては、そうしたパラダイムを脱却する方向性を指し示す研究も見られるようになってきました。つまり、ロラン・バルトが「作品からテクストへ」で示した還元不能な複数性としての「間《インター》テクスト性」や、『S／Z』で提示した「書きうるテクスト」という発想に倣い、起源と派生物の序列を廃してテクスト間の相互作用と生成、創造を重視する批評です[1]。しかし、後で『ノーカントリー』を具体例として詳述するように、今もなお優勢なのは原作ありきの批評であり、原作を座標軸にした批評・研究です[2]。

トマス・リーチは原作を基準枠と定めるそうした傾向を、教育制度の問題として捉えています。リーチによると、その流れはマシュー・アーノルドからE・D・ハーシュにまで受け継がれてきた長く根深い伝統のようです。アーノルドが提示した教養（culture）を受け継ぐハーシュが重視するのは、アーノルドの発想同様に「効率的な国民間の意思疎通」のための「共通知識・思想・参照項」といった国民の素養（literacy）のようですが、その根拠は「歴史的に『ハムレット』のほうが『アイ・ラブ・ルーシー』[3]に比べて、より議論の参照枠になってきたという経緯があり、『ハムレット』について語ることのほうが、現代の読者をより広く継続的な聴衆の総体へとアクセスさせることが可能」だからだとされるわけです。「映画におけるアダプテーションは、偉大なる原作へのアクセスを可能にする限りにおいて価値を持つのだ」と（Leitch 7-9）。ならば、とにかく古ければそれだけで優位になるのでは？という素朴な疑問が浮かびますが、それ以上に問題なのは、それが制度的に「読む」ことの「書くこと」への優位性を担保する点です。

いまなお言説を左右する「起源」という概念を疑問に付す「書きうるテクスト」と「間《インター》テクスト性」に反して、「読みうるテクスト」に重点が置かれ、「読むこと」中心の教育が新たに「起源」としての原作重視につながっているとして、アーノルド＝ハーシュ的な米国の教育制度の現状を批判するリーチは、現状を次のように分析します。

> 必修科目の英作文と選択科目のクリエイティヴ・ライティングや専門職業科目のジャーナリズムを除けば、大学の英語英文学（English）課程は、圧倒的にライティングではなくリーディングに専念する。講座名は読まれる本の名前を冠せられ、リーディング中心の編成がなされ、授業時間のほとんどが読んだものについての議論で占められる（……）われわれは学生に本を教えることに終始し、本を利用して何をするかについて教えることはない。なぜなら、大学のカリキュラムは文学中心に組まれているからだ。（Leitch 13-14）

これを制度的に補強するかのように、教員の給与もリーディングとライティングで差が生じることがあるようです。たとえばピーター・エルボウは「大学の英語英文学科（English）では、ライティングを教える教員の給与は低く労働環境も劣悪であり、それによって文学教授のより良い労働条件と高額な給与がささえられている」（Elbow 533）と指摘しています。

このように、アカデミー賞に代表される映画産業と、大学の科目に代表される教育制度の双方に条件付けられているがゆえに、今なおアダプテーション批評・研究が、原作を基準枠とした文学重視のものとなり、おのずと原作への忠実度が論点となるのです。しかし、いうまでもなく文学と映画は異なるメディアのものであり、制作の主体、制作の過程、受容の主体などすべての条件が異なるわけで、同一の地平で論じようがありません。文学と映画はそれぞれ異なる内在的論理を有しているのです。ジル・ドゥルーズは『シネマ２＊時間イメージ』の結論部で、「映画は、普遍的あるいは本来的な言語ではなく言語活動でさえもない」といって、あらためて映画と言語との相違を強調しています。続けて彼は、「映画は知的に認識しうる素材を明るみに出すのであり、この素材は前提、条件、必要な相関物のようなものであって、言語はまさにこれを通じて、みずからに固有の「対象」（意味作用の単位と操作）を構成するのである」と記しています。従来のアダプテーション論が言語表現である原作を準拠点と定め、その映像化を従属的立場においたのとは逆に、ドゥルーズは言語以前の前提として映画を位置付けているのです。というのも、映画が明るみに出す相関物は「運動と思考の諸過程（意味以前の記号）から」なっており、「固有の論理を持つ「心的機構」、精神的自動装置あるいは一言語にとって言表可能なものを構成する」（ドゥルーズb 三六〇頁）からです。

ジャン＝リュック・ゴダールはヌーヴェル・ヴァーグ関連監督の例に漏れず、きわめてブッキッシュな映画作家であり、『気狂いピエロ』や『右側に気をつけろ』や『アワー・ミュージック』など書物を主要モチーフとした監督作品からも文学への偏愛が窺われるのですが、それでもやはり、言語が形成する物語とは別の内在的論理を映画に見出しています。一九八八年から断続的に制作され一九九八年にいったん完成をみた『映画史』で、言語的物語と「形（フォルム）」を対比させるゴダールは、ヒッチコック映画を例に挙げながら次のようなナレーションをかぶせています。

なぜジャネット・リーがベイツモーテルに？
なぜテレサ・ライトがおじさんを愛し続け、
なぜヘンリー・フォンダに完全に罪がなく、
なぜアメリカ政府がバーグマンを雇ったか、
忘れた

つまり、ヒッチコックの『サイコ』や『疑惑の影』や『間違えられた男』や『汚名』の物語上の因果関係は記憶にないのだというのです。しかし、

だがハンドバッグは覚えている
砂漠のバスは覚えている
ミルクのコップは覚えている
風車小屋を、ヘアブラシを、並んだボトルのことを、
メガネを、一枚の楽譜を、カギ束を、
それらのイマージュでヒッチコックは
シーザーもナポレオンもヒトラーも果たせなかった
宇宙のコントロールを果たした（第7章＝4Ａ）

とゴダールはいいます。『マーニー』の冒頭でティッピ・ヘドレンが抱えているハンドバックや『北北西に進路を取れ』のバスや『汚名』のミルク入りコップや『間違えられた男』のメガネや『知りすぎていた男』の楽譜といったイマージュの強度こそが「宇宙のコントロール」を果たしたのだと。先述の通り、ドゥルーズは言語化以前の運動と思考として映画を位置づけていますが、ゴダールも同様に「形（フォルム）」を言語化以前の基底に据えて、こういっています。「ヒッチコックが呪われた詩人として唯一成功したのは、二十世紀の最も偉大な形（フォルム）の発明者だからだ。事物の根底をなすのが何かを教えるのが形なのだ」と。

ゴダールはヒッチコックとは別な文脈で（ネオ・レアリスムの章で）も「事物はそこに存在する／なぜそれを操作するのか／思考がフォルムを作る／フォルムが思考する」（第5章＝3A）と述べ、言語記号と別様の思考のあり方を提示しているのですが、平倉圭は、マルグリット・デュラスとの対談でゴダールが類似の発言をしていることを受け、次のように述べています。

> 私が思考するのではない。映画が思考する。私はそれを目撃するにすぎない。ゴダールはそのように言う。ここには何らかの強弁が含まれているが、さしあたり重要なのはそのことではない。ゴダールが映画の「思考」と呼ぶものは、「書くこと」つまりテクストで考えることとは異なっている。ゴダールは到来するその思考を受動的に「目撃する」。（九頁）

映画を文学的に捉えることなく、独自の内在的論理に従うものとしてアプローチすること。これは先述の制度的アダプテーション論に陥らない一つの方法となるでしょう。ドゥルーズの『シネマ』以降、米国でも類似の考察が増えてきましたが(4)、平倉に加えて近年日本でも、文学的アプローチとは異なる映像独自の側面からの研究が増加してきました。視覚文化として絵画の歴史の延長に映画を位置付ける論考はその一つですが(5)、石岡良治による「視覚性」「物語性」という分類は、アダプテーション映画を考える際のわかりやすい補助線となります。石岡は映画を含む「視覚イメージを扱う大半のカルチャーは、物語の媒体でありつつ、同時に視覚イメージの連なりでもあるという性質を持って」いるとし、「物語性（ナラティヴィティ）」「視覚性（ヴィジュアリティ）」というふたつの側面を考察しています（石岡a 一〇四頁）。石岡は他所でこの「視覚性」をジャン・ボードリヤールに倣って「ガジェット」というタームで捉えたりもしていますが（八〇‐八一頁）、それはアダプテーション映画を文学的に「物語性」からのみ論じることの貧しさを証し立てることになっています。

石岡は「ガジェットに集中する視聴」の存在に着目し、『スター・ウォーズ』のような映画について次のように指摘します。

「ガジェット」というのは任意の事物である以上に、メインストリームから見ると、ジャンクやガラクタにも見えるし、またガジェット重視ということは、言い換えればモノやメディアに頼っていて、ストーリーテリングや演技、音楽と映像のカットの美しさとか、そういうものには二次的な重点しか置かれていないということでもある。『スター・ウォーズ』はその最たるものですね。（石岡b 六九‐七〇頁）

石岡の対談者である渡邉大輔は、石岡の発言を「表象」の問題と関連付け、ガジェットに距離を置きがちな感性の本質を、対象が「どのような形で記号的に変換されているかを重視する」もので、「見えるもの」と「見えないもの」の関係を気にするものだと指摘します（七〇頁）。渡邉の言う「ガジェットに距離を置きがちな感性」とはまさしく、これまで概観してきた制度的アダプテーション論を支えるものだといえるでしょう。

本章では、『ノーカントリー』という――アダプテーション映画と呼ぶべきか否かは別として――原作を持つ映画を題材としながら、「起源」としての原作や「物語性」を回避しつつ、映像の内在的論理から同作を論じることを目的としています。映像の内在的論理を論じるのに外在的な言語を用いるこの行為は、あらかじめ不可能性を刻印された試みかもしれません。それゆえ、平倉のように「内在にとどまりながら分析を遂行するにはどうすれば良いのか。映画に内在しつつ、かつ映画からの距離を確保することはいかにして可能なのか」（一一頁）という問いに最後までつきまとわれることになることでしょう。

2 『ノーカントリー』に関するアダプテーション論の系譜

ジョエル・コーエンとイーサン・コーエンは自分たちで独自に脚本を書くのが通例で、原作をもとにしたアダプテーション映画を監督することがほとんどなく、『ノーカントリー』（二〇〇七）が、コーエン兄弟が初めて撮ったアダプテーション映画となります。『ノーカントリー』の三年後に、著名な原作を持つだけでなくすでに一九六九年に主役ジョン・ウェインで邦題『勇気ある追跡』として公開された映画を、あらためて『トゥルー・グリット』（二〇一〇）として監督したことを考慮に入れると、『ノーカントリー』の成功がコーエン兄弟にアダプテーション映画への道を開いたといえるかもしれませんが、その後二〇一七年二月（本稿執筆時）までふたりがアダプテーション映画を撮ることはありません。

原作のあるなしでいえば、たしかに『オー・ブラザー！』（二〇〇〇）はホメロスの『オデュッセイア』に依拠しており、タイトルクレジットでも“BASED UPON “THE ODYSSEY” BY Homer”と明示されています。しかし、その依拠の仕方はジェイムズ・ジョイスの『ユリシーズ』が『オデュッセイア』に依拠しているのと同じで、アダプテーションとはいいがたい。ジョージ・クルーニー扮する主人公のひとりはユリシーズ・エヴェレット・マッギルというあからさまにホメロスの原作を想起させはしますが、そもそも放浪はエヴェレットひとりが行うものではなく、ジョン・タトゥーローとティム・ネルソン扮する二人の囚人とともに行うものであるし、『オデュッセイア』の筋をなぞるというよりは、各エピソードで記号的に『オデュッセイア』に登場する要素が指し示されるにすぎません。前節でふれたWGAによる定義では、むしろ「研究・調査資料」に属するものであり、ピグマリオン伝説やバーナード・ショー作『ピグマリオン』のモチーフを用いているウッディ・アレンの『アニー・ホール』や『マンハッタン』が、アカデミー賞ではアダプテーションではなく「脚本賞 Original Screenplay」にノミネートされていることからも、『オー・ブラザー！』をアダプテーションと見なすのには無理があります。そもそもコーエン兄弟の映画は、クレジット表記さえも真に受けることのできない、人を食った例が多いのです。典型的なのは、『ファーゴ』（一九九六）で、冒頭で「これは実話の映画化である This is a true story」と記されているにも拘らず、兄弟は主演のウィリアム・メイシーに「これは作り話だ」と告げているのですから（南波 一五頁）。

そうした意味でも、パスティーシュ感もフェイク感も控えめで、原作を尊重したといわれる『ノーカントリー』は、『トゥルー・グリット』と並んでコーエン兄弟のフィルモグラフィ中で例外的な作品となっています。しかも、同作はコーエン映画のなかでももっとも制度的評価の高かった作品で、アカデミー賞では作品賞、助演男優賞（シガー役のハビエル・バルデム）、監督賞を、そしてなによりも脚色賞（本章の文脈でいうとアダプテーション賞）を受賞しています。原作は、毎年ノーベル文学賞の下馬評に名を連ねるコーマック・マッカーシーが二〇〇五年に発表した『血と暴力の国』（原題は映画タイトルと同じ *No Country for Old Men* で、本章では便宜上、小説・映画ともに『ノーカントリー』と記す）。一九九二年に発表した『すべての美しい馬』がベストセラーとなり、全米図書賞と全米批評家賞を受賞し、二〇〇六年発表の『ザ・ロード』がピュリッツアー賞を受賞したことで、もはや国民的作家の地位を獲得したともいえるマッカーシー自身が、映画の脚本執筆への関心を持っていることは間違いありません。それがウィリアム・フォークナーを意識してのことかどうか定かではありませんが、後述するように、『ノーカントリー』もそもそも映画の脚本として構想されていたようですし、二〇一二年にはオリジナル脚本として『悪の法則』をハリウッドのプロデューサーに売り、二〇一三年にはそれがリドリー・スコット監督作として公開される運びとなりました(6)。

このように映画脚本執筆に関心を示すビッグ・ネームの作家を原作者に持つ『ノーカントリー』は、いうまでもなく、しばしば原作を絶対的な基準枠とした評価にさらされてきました。その系譜について、「映画は原作に忠実か否か」という頑強な制度的アプローチの優勢を確認したのち、「原作が持つ映画性」、「原作が持つテーマとコーエン兄弟の作家性との類似」、と順を追って検証してみたいと思います。

映画のメディア的特性とは無縁のところで映画を原作小説に従属させる傾向は、アカデミックな文学界隈に限ったことではなく、ジャーナリズムの世界にも見られます。たとえば『ニューヨークタイムズ』誌上のレヴューにて、評者はまず「コーエン兄弟特有のこれ見よがしな面やギミックが見られないこと」にひと安心し、「脚本がマッカーシーの小説をシーンごとに再現し、カメラが見せる光景は小説内描写と寸分違わない」と褒めそやし、以下のように評しています。

コーエン兄弟はこれまでも絶えず、アメリカのポップ・カルチャーや特定のアメリカ的風景を用いて、手の込んだ不可思議な世界を創造してきたが、マッカーシー氏も、とくに西部を舞台にしていた時期には、同じことをしてきたのである。この映画制作者たちによる初めての文学作品のアダプテーション『ノーカントリー』を見て驚くのは、彼らの手法が小説家のそれにうまく合致している点なのだ。(Scott)

しかし、スコット同様に「コーエン兄弟はマッカーシー作に極端に忠実だ」とし、原作通りでない点を約十カ所だと指摘する評者(Greenbaum)がいる一方で、小説の「複雑さ」を再現していないことにいささか不満を露わにする論者もいます。ジム・ウェルシュはアンドリュー・サリスによる「映画は表層を扱い、本質を扱うことがない」という発言を引きながら、「コーエン兄弟は『ノーカントリー』の表層を見事に表現したが、複雑で潜在的に寓意的な物語の文学的本質を犠牲にしている」(Welsh 82)という。挙げ句の果てには、「映画は感情のメディアであって知性のメディアではない」というもっともらしい信仰を披瀝したのちに、マッカーシー作品のアダプテーションとして「細部は小説と合致しており、表層的には明らかに見やすいものになっている。だから多くの観客にはきっと満足いくものではないか」(84) と皮肉めいたトーンで(制度的権威に保証されているがゆえに、傍目から見れば滑稽な虚勢を示して)論を閉じるのです。これら三例に代表されるように、肯定的に評するにせよ否定的に評するにせよ、映画を原作への忠実度から測る批評はいまだに後を絶たないのです。

次に、原作自体が持つ映画的特徴と映画とをすりあわせる試みを見てみましょう。原作が持つ映画性、そして原著者マッカーシーの映像的描写への関心については、これまでも幾度となく指摘されています。『石工』(一九九四)と『有限会社サンセット』(二〇〇六)という二戯曲は措いておくとしても、そもそも一九七六年には『庭師の息子』という映画用脚本を作成(一九九六年に書籍化)していることからも、マッカーシーがキャリアの初期から、劇作・映像作品といった小説とは異なる様式表現への関心を示していたことがわかります。それでは、マッカーシーのそうした映像的表現への関心とコーエン兄弟の映画とは、どのように比較考察されているのでしょうか。リック・ウォラックは、小説テクストとしての『ノーカントリー』と映画テクストとしてのそれとのテクスト間対話を論じると銘打ってはいながらも、やはり映画を文学に従属させる制度的視点から免れておらず、次のように述べています。

『ノーカントリー』の場合、われわれはこの小説テクストと映画テクストの対話を、この小説とコーマック・マッカーシーの他の古典との関係の延長と見なすことができるし、そうすべきである。『〔映画版〕ノーカントリー』(二〇〇五)は、マッカーシーの長きにわたる演劇的・映像的表象のモードへの関心を敷衍したものである。(Wallach xii)

続けてウォラックは、『ノーカントリー』という小説と映画の関係を文学と映画の関係に拡大し、「文学は、後期資本主義文化という経済的コンテクストの面では映画に比べ周縁化されたものの、単にスクリーン化への材料としてとどまることはなく、残忍性や貪欲などの映画的エートスへの批判として存在している」（xvii）と文学を称揚することを忘れません。こうして小説家が持つ映画的表象への嗜好性の指摘も、結局は映像の内在的論理を回避して、制度的で根拠の酷薄な文学礼賛へと落ち着くわけです。

『ノーカントリー』というタイトルに明らかなように、小説自体がそもそも先行するテクストであるW・B・イェイツの詩「ビザンチウムに船出して」という原典を下敷きにしていることはいうまでもありません(7)。それゆえ、小説の「起源」であるこの詩に、さらには詩人のそれ以外の詩にまで遡ってテーマを読み取る誘惑に抗うのは困難でしょう。だからこそジム・ウェルシュは、小説版と映画版でほぼ同じ描写を施される登場人物アントン・シガーについて、「イェイツの「再来」に登場するアンチキリスト的存在」、「ついに時めぐり来たとき生まれ出ようとベツヘレムに面向けうずくまる厳つい野獣」の擬人化であり、日常的凡庸さを越えた力であると指摘し、「ビザンチウム」という別詩の「人か影か見分けがつかぬ（……）生のなかの死、死のなかの生」としての「人間を越えた存在」というリック・ウォラックの論を引くことになります（Welsh 74）。そうして起源探しの旅はそこで終わることなく、フラナリー・オコーナーの「善人はなかなかいない」に帰着します（78）。同様に、ライアン・ベイレスとアレン・レッドモンに代表されるように、コーエン兄弟の映画自体が含み持つジャンル上の間《インター》テクスト性と同監督の諸作が持つナラティヴ上の間《インター》テクスト性について言及しながらも、やはり最終的にその起源をオコーナーの同短編に求め、同様の徴候を露わにしようとする批評は後を絶ちません（Bayless & Redmon 10-17）。

原作のモチーフを先行する文学作品に求めるにとどまらず、小説のテーマを映画が忠実に表現できるかどうかに拘泥する批評も依然として優勢です。アンドリュー・トレイシーはマッカーシーの小説に見られる「運命観」が映画内で忠実に表現されていないことが不満らしく、次のように述べています。

皮肉なことだが、身体的（physical）描写という観点からすると印刷物よりはるかに有利な映画は、マッカーシーが意図した非身体的＝形而上学的（metaphysical）な含意を生み出せていない。（……）コーエン兄弟は、これまで技術的手腕に優れていたことは疑問の余地がないものの、芸術的な深みに欠けていることが多く、それゆえ自滅的な企画とでもいうものに導かれてしまったのだ。予期不能なものを期待する契機に依拠するジャンルにおいて、彼らがそのメカニズムを前景化しながらも、マッカーシーの神秘的な運命観を表現できていないのは明らかだ。（Tracy）

文学的言説の典型である「芸術的深み」といった常套句が用いられていることは措くとしても、アダプテーション映画をめぐる言説のこのように一貫した傾向性には、やはり驚かざるをえません。

かくして、アダプテーション映画の例に漏れず、コーエン兄弟の『ノーカントリー』もまた「起源」としての文学に従属させられ、古典的作家の周縁に配置され、その忠実度を目安として評価され、文学制度へと貢献させられてきました。第一節で述べたように、次節ではこの映画を制度的束縛から解放すべく、映画の内在的論理から分析してみたいと思います。

3　コーエン兄弟監督作『ノーカントリー』における内在的論理

映画と小説のメディア上の違いは、言うまでもなく、主として映像と言語の差にあります。それゆえ、本節で主たる参照枠となるジル・ドゥルーズは、映画を言語と不可分であっても言語以前の記号からなる、すなわち固有の論理を持つ「心理機構」として、「運動イメージ」と「時間イメージ」という二側面から考察したのでした。「まずそれは大いなる精神的自動装置であり、自律性の目覚ましい試練において思考のもっとも高度な実践を示し、思考が思考し、またみずからについて思考する方式を示している」（ドゥルーズb 三六一－三六二頁）のだと。もっと単純化した言い方をするなら、両者には視ることと読むことの差があるともいえるでしょう。そして、両者の次元は必ずしも混同できないものだと。映画は、なによりもどのように見る／見えるかに関わるのであり、視線の対象は言語が指し示す対象とは異なる視覚的かつ聴覚的な知覚、感情、没入、情動の構造と関わっているのです。その見地に立つと、コーエン兄弟の『ノーカントリー』は、視ることの関係性から視ることの構造を表出させた映画だといえます。

映画『ノーカントリー』においては、観客による映画内世界の理解が、主要登場人物による世界の理解と相似形をなしています。というのも、ルウェリン・モス、エド・トム・ベル保安官、アントン・シガーの主要登場人物三人が、視覚的手がかりを客観的に解読しながらも当事者として事件に関わっていくのと並行して、観客もまた出来事の成り行きを予測する観察者から、情動と没入を通じた当事者へと変容してゆくからです。観察者たる登場人物たちはみな、目に見える手がかりをもとに謎を解こうとしたり、追跡しようとしたりといった行動を起こします（そこに台詞などの言語が介在することはありません）。視ることを通じて証拠を集め、痕跡を辿り、今後の展開を予測し行動を起こそうとするものの、それは絶えず「遅れて」しまうために状況への介入ができません。言い換えるなら、ドゥルーズがアメリカ映画のひとつのパターンとして示したS－A－S'（状況Situation－行動Action－新状況Situation'）(8)が脱臼されてしまっているのです。その「遅延」は観客自身が感じる「遅延＝介入不能性」と重なります。その意味では、『ノーカントリー』は観客の視線を全体主義的に誘導することなく、また絶対的な行動の方向性を生み出すこともなく、「遅延」と行動間の非連結を通じてアメリカ映画（古典的ハリウッド映画）の内在的論理と行動の道理を脱構築しているともいえるでしょう。そして、これはドゥルーズがヒッチコックを境として言及した「イメージ」の移行に類似しているのです。

ドゥルーズは『シネマ1＊運動イメージ』のアメリカ版への序文において、こう述べています。

第一巻では運動イメージを取り扱うが、第二巻では時間イメージを取り扱うことになる。本書、第一巻の最後で、最も偉大なイギリス人作家のひとり、ヒッチコックの重要性を余すことなく理解しようと努めているが、それは、ヒッチコックが一つの驚くべきタイプのイメージを考案したように思われるからである。すなわち、心的関係〔relations mentales〕のイメージである。関係は、すなわち、その諸項〔関係によって関係付けられる諸項〕に外在するものとしての関係は、イギリスの哲学的思考の対象であり続けてきた。（ドゥルーズc 一一一頁）

ドゥルーズにとっての古典的ハリウッド映画の特徴とは、「変化する全体」というタームに代表されます。それは、絶えざる流れ＝変化と瞬間的断絶によって全体に関わる高次の意識が上書きされること、すなわち開かれ変化し続ける全体を指します。

環境とその諸勢力は、湾曲し、人物に影響を及ぼして、人物に挑戦する。環境とその諸勢力は、人物が取り込まれているひとつのシチュエーションを構成する。すると今度は人物が反応して、シチュエーションに応じるようになり、環境を変更するようになり、あるいは自分と環境の連関性を、自分とシチュエーションの連関を、自分と他の人物たちとの連関を変更するようになる（本来の意味での行動）。人物は新たな存在様式（ハビトゥス）を獲得しなければならない、すなわち、己の存在様式を環境とシチュエーションとの諸要求のレベルへと高めなければならない。（ドゥルーズa 二四八頁）

これは「登場人物に、そして物に、さらに運動状態にある行動に向かう面」なのですが、その「変化するひとつの全体に向かう面」に加えて、ヒッチコック映画には、「諸関係の進化」としての「変化する全体」があるとドゥルーズはいいます。それこそが従来の古典的ハリウッド映画における「行動イメージ」と異なる「心的イメージ」なのだと。

ヒッチコックは映画に心的イメージを導入する。言い換えるなら、彼は関係を或るイメージの対象とするということである。或るイメージとは、知覚イメージと行動イメージと感情イメージに付け加わるだけでなく、それらのイメージを囲い込み、それらを変換するようなイメージである。ヒッチコックとともに、新たな種類の「フィギュール」が現れる。新たな種類のフィギュールとは、思考のフィギュールである。（ドゥルーズa 三五二頁）

ここでいう諸関係が、映画監督と映画作品とそこに参入する観客を指し示すことを考えると、先にふれた『ノーカントリー』における登場人物と観客の関係性は、ヒッチコック映画における「心的イメージ」の流れに沿うものとみなすことができます。

コーエン兄弟の『ノーカントリー』では、冒頭からゆったりとした時間が経過します。警官に捕らわれたアントン・シガーが当の警官を襲うまでの過程は、少ないショット数で殺害までの全時間を省略なしに描くことで、警官の死に至るまでの時間の持続が表象されます。シガーによる二件の人間狩りのシークエンスは、無媒介にルウェリン・モスによるハンティングのシークエンスに接続されますが、ここでもやはりたっぷりと時間をかけてゆっくりと、モスによる観察と追跡を観客に見せます。モスが双眼鏡を覗きながら動物を狩る体勢を整え、狙いをつけて銃を撃ち、平原を歩き手負いの動物の血痕と足跡を追うこのシークエンスでは、「見るモス」と「モスが見たもの」の切り返しショット（いわゆるモスのＰＯＶショット）とモスの行為を捉えたショットが繰り返されるのですが、そうしたショットの連続を通じて、観客はモスの主観を共有すると同時にモスを客観的に見ることになります。つまり、このショットの連続によって、ドゥルーズのいう「心的イメージ」が観客と映画の間に形成され、「モスが見ているのを観客が見る」という視点の二重化が果たされるのです。というのも、ドゥルーズが指摘するように、ヒッチコックは、映画作品の構成を、映画監督と作るべき映画という二つの項に従って構想する者ではなく、映画監督と映画作品と映画作品に参加しなければならない観衆という三つの項に従って構想する者であって、この観衆はまた、彼らの反応が映画作品を構成する部分をなしていなければならないといった観客でもある（それがサスペンスの顕在的意味であり、それというのも関係を最初に「知る」のは観客だからである）（三五〇頁）

からです。

ここで注意したいのは、ドゥルーズのいう観客の連座は、従来ジャン＝ルイ・ボードリーらが唱えてきた「装置理論」やカジャ・シルヴァマンのいう「縫合」とは異なるという点です。なぜならドゥルーズ＝ヒッチコック的観客の場合、単に映画内世界へ没入し登場人物に同一化して、支配的イデオロギーの受動的な受け手となるにとどまることがないからです。コーエン映画における「遅延」と「時間の持続」は、観客が「関係を最初に知る」ことを通じて映画作品の構成要素となることを可能にします。言い換えると、冒頭シークエンスで入念に構成された緩慢な時間の流れは、ヒッチコック的「心的イメージ」のみならずサスペンスをもたらすのです。それというのも、最初のシークエンスで示されているのは狩る側の警官が狩られる様であり、次のシークエンスではハンティング・ドッグが手負いとなっている様が示されているからで、観客はおのずとハンターとして「狩る」側であるモスが「狩られる」側に転じることが予測できるからです。こうして観客の知覚と没入が要請されると同時に、関係性を通じて映画特有の語りの論理が内面化され共有されることになるのです。

文学とは異なる映画の内在的論理という観点から付け加えるなら、冒頭モスによる追跡のシーン以後反復される足音——乾燥したテキサスの大地をブーツで踏みしめる音——もまた、視覚的痕跡同様に映画内の意味を多重化することになります。というのも、足音に限らないことですが、『ノーカントリー』内の音響は行為描写の一助にとどまらず、再帰的な「心的イメージ」の構成に関わり、登場人物とともに痕跡と徴を、そして事実と行為との関係を考察することを観客に強いるからです。モスが大地を踏みしめる音により追跡の時間が引き延ばされ（遅延とサスペンス）、観客側に予測と没入の時間が提供される――それはモスの視点で予測する時間であると同時に、モスが「狩られる」側に回る瞬間を予測する二重の時間です。足音による同様の効果は、その後シガーがホテルでモスを襲撃し、両者が互いに重傷を負うシーンでも見られます。というのも、モスにとっての足音と影という「徴」の観察が、予想できない方法で裏切られるからです。いずれのシーンにおいても顕著なのは、観察と状況把握の帰結が、ドゥルーズが古典的ハリウッド映画における「運動イメージ」として示したS－A－S'に至らずに行動が頓挫する点です。しかも、冒頭のシークエンスを通じて、観客がモスの視点から状況を見ると同時に、モスが「狩る」側から「狩られる」側に転ずる予測をほのかに観入しているのと同様に、ホテルでモスがシガーと対峙するシーンでも、観客はモスの視点に立って音と影を観察しながらも、モスが知らないシガーの武器について知っている点において、モスが予測できないことを予測しているのです――シガーはモスが関わらないシーンでこれまでもやってきたように、鍵穴から圧縮空気銃を撃つということを。

　POVショットにより登場人物との視点の同一化を促され、そのように映画内世界に関係付けられた観客は、三人称カメラによって上位の視点を獲得しますが、ここで留意したいのは、両視点は別個のものではなく重複した「心的イメージ」であり、「視ること」について「視る」という点において、再帰的メタナラティヴであるのみならず、映画の視覚性と音響性が可能にした思考の産出を露わにしているという点です[9]。このように『ノーカントリー』においては、「現実とその表象」とは異なる映画の内在的論理が、「視る」「聴く」という行為を通じて映画内世界と現実の世界との橋渡しをし、映画的諸感覚の秩序を構成しています。そして、ともにありながら分離するというこの「心的イメージ」のありようを可能にしているのが、さらに「視ること」と「視ることの不可能性」という二重意識を可能にしているのが、これまで述べてきた「時間の引き延ばし」と「遅延」という手法なのです。いうまでもなく、シガーが用いるあの不気味な圧縮空気銃――つまみを捻るとシューと気体音が静かに流れだしゆっくりとした動作で噴出口がターゲットに向けられる――という凶器もまた、金属が放たれるまでの時間を長々と引き延ばす遅延のためのガジェットにほかならないでしょう。

ドゥルーズは心的イメージが必要とする特殊な記号を、「表徴（マルク）」と「離脱表徴（デマルク）」というタームで解説しています。自然的関係に従い、「どの項も他の項によって「解釈」されうるといった慣習的セリーにおいて」ひとつの項が他の諸項を指し示すのが、「表徴」であり、それらの項が形成する緯糸の外に飛び出るのが「離脱表徴」であると（ドゥルーズa 三五二－三五三頁）。続いて、彼は「多様な関係を担う、また同じひとつの関係のもろもろのヴァリエーションを担う具体的な事物」を象徴記号と呼び、ヒッチコックの『三十九夜』における手錠や『裏窓』における結婚指輪や『汚名』におけるワインボトルを離脱表徴と象徴記号が収斂したものだとしています。『汚名』の例でいうなら、ワインボトルはワイン－地下ワイン蔵－晩餐という自然的セリーの外に逸脱する点において離脱表徴なのであり、それが地下ワイン蔵の鍵へと連鎖し、「夫から鍵を盗んだヒロインと夫との関係」、「ヒロインが鍵を渡す恋人とそのヒロインとの関係」、「地下ワイン蔵のなかに存在するものを発見するというヒロインの使命と当のヒロインとの関係」といった諸関係を引き起こすからなのです。それゆえ「離脱表徴と象徴記号は、心的イメージの二つの大きな記号をなし」、「離脱表徴は自然的関係（セリー）の衝撃であり、象徴記号は抽象的関係（総体）の結び目である」とドゥルーズは述べているのです（三五三－三五四頁）。

『ノーカントリー』における離脱表徴と象徴記号が収斂する典型例は、ガソリンスタンドでシガーと店主間で交わされる会話のシークエンスにおいてみられます。そこで映し出されるカシューナッツの袋こそが、「心的イメージ＝関係イメージ」が生み出す「新たな種類のフィギュール＝思考のフィギュール」を端的に表しているということもできるでしょう。両者の会話は、客－購入－支払とか、客－世間話－店主といった自然的セリーを逸脱する点で離脱表徴です。シガーはナッツのポリ袋をくしゃくしゃに丸めてカウンターに起き、おもむろに店主に命がけのコイントスを仕掛けることになるのですが、その会話のセリーを逸脱するように（会話自体も自然なセリーを逸脱してはいます）、くしゃくしゃに丸まったナッツのポリ袋がカサカサと音を立てて広がってゆく様がクロースアップで長々と映し出されます。このシーンに如実な時間の引き延ばしが「金を持ち逃げしようとするモスとそれを追うシガー」、「モスを追うシガーとシガーを追う保安官ベルの鏡像的関係」、「怪我を負い自力で治療するモスとシガーの鏡像的関係」、「シガーから逃れようとするモスとモスを追う麻薬カルテルとの関係」など関係の総体の結び目として機能し、それぞれの行為における「遅延」の関係性を表出する構造となっているのです。

このように、コーエン兄弟の『ノーカントリー』は映画の内在的論理に従い、映画自体と「視ること聴くこと」自体に再帰的に関わっています。ならば、原作に即してしばしば「宿命論的」とされるシガーの交通事故のシーンも、むしろ映画の内在的論理の視点から、「遅延」のテーマ系に属すると見なすことができるでしょう。

本章でこれまでも繰り返し述べてきたように、アダプテーション論では原作への忠実度が測られるのが主流ですが、章を閉じるに当たりアダプテーションの流儀に倣って、原作との相違についてふれておきたいと思います。というのも、本作が原作と異なる点こそが、これまで記述してきた映画の内在的論理に関わっているからです。映画版『ノーカントリー』は、先述の通り小説にかなり忠実であることが評価されてきましたが、際だって重要な変更点がふたつあります。

まず、モスを追跡するシガーがモスのトレーラーハウスを訪れるシーン。シガーは郵便物をチェックし、冷蔵庫から牛乳瓶を取り出し、モスのソファに座って牛乳を飲む。続いて切り返されるショットは、なにも映っていないテレビのスクリーンに映されるシガーの影です。シガーが去った後、今度はベル保安官が同所を訪れ、壊された鍵穴とその破壊手段を調べ、シガーと同じ行為を儀式であるかのように繰り返します。モスのソファ上でシガーが座ったのと同じ位置に腰掛け、置かれた牛乳瓶の水滴から侵入者が去ってからの時間を推測し、牛乳をグラスに注いで飲むのですが、そのベルのショットに続いてやはりテレビのモニター画面に映し出されるベル保安官の影が切り返されるのです。これらの様式的なシーンの反復は原作にはまったく登場しませんが、その暗示的なショットの反復と編集の構図は、観客を寓意的解釈へと導くことになるでしょう。それは犯罪者と保安官という対極にあるものの入れ替え可能性であったり、両者に同じように影を落とす宿命論的な解釈であったりもしましょう。しかしそうした重層決定的な解釈が、この瞬間の映画的重要性を捉える見込みはあまりないように思えます。なぜならこの反復されるシーンが映画の内在的側面からみて重要なのは、映画『ノーカントリー』が、シガーやモスによる観察とその結果としての不能を通じて入念に張り巡らす、「視ることの遅延」と知のあり方の問題系へと観客を招き入れる点なのですから。

もう一つの相違点は、冒頭のナレーションです。原作小説同様に、映画版もまた保安官ベルのモノローグで始まります。たしかに小説ではベルのモノローグのみがイタリックで表されるのに対し、映画版はテキサスの風景とともにシガーが路上で保安官に逮捕され連行されるシーンにベルのモノローグが重ねられるという相違はあります。しかし、決定的に異なるのはそのモノローグの内容です。近年頻発するかつてはなかった理解不能な犯罪に、老保安官が思いを巡らすという点は同じです。つまり原作の原典ともいえるイェイツによる「ここは老人が住む国ではない」というテーマが表明されていると解釈できるでしょう。けれどもモノローグの終結部が小説と映画とでは異なっています。映画版を元に引用すると、モノローグは次のように進行します。「最近の犯罪は理解できない。恐ろしいわけじゃない。この仕事をするには、死ぬ覚悟が必要だ。だが必要以上に無茶なことをして、理解できないものに向き合いたくない」。映画の時間的制限から端折ってはありますが、ここまでは小説内で語られていることと同じ内容になっています。しかし、終結部ではまったく異なる内容が示されるのです。小説では「人は自分の魂を危険にさらすことになるんだろう。おれはそんなことするつもりはない。いま考えてみても、絶対にやらんだろうな」とされているのに対し、映画版は「だが魂を危険にさらすべき時は、〝ＯＫ〟といわなきゃならんだろう」となっており、真逆の内容になっているのです。小説版とは異なり、尻込みすることなく異世界へ没入するのだという点で。いまさら繰り返すまでもなく、冒頭に置かれたこの「ＯＫ」こそが映画内世界へ参入する第三項としての観客による合図だと解釈せねばなりません。このようにして映画は始まり、映画の内在的論理が展開されてゆくのです。

【注】

1　たとえば、リンダ・ハッチオンは「自律的なテクストだとか歴史を超越できるオリジナルな才能だとかは存在しない」(Hutcheon 111) と述べているし、日本においても、大橋洋一が初期ジャック・デリダの問題系である「差延」「エクリチュール」「代補」とアダプテーションを関連付けながら、シェイクスピア劇のアダプテーションにおけるパフォーマンスについて、神の言葉としての作者の言葉を絶対の真理とする立場を解体する過程と位置付け、「最初にあるのは神の言葉ではなく、いかようにでも変化できる可塑的素材であって、最終的パフォーマンスに向けての準備過程のなかで形態が練り上げられてゆくとき、一見、それは古典演劇の神学構造に似ているかにみえて、その実、モデルなき、起源なき、オリジナルへの敬意なき、脱権威的な創造であって、パフォーマンス生成過程とアダプテーション過程、原典・原点なきアダプテーション過程と重なります」(二六七頁) といっている。

2　英米の映画に関する日本でのアダプテーション研究も、おおよそこの範疇にとどまっている。文学研究者が文学を輝かせるために仕方なく映画を利用するたぐいのもので、『今を生きるシェイクスピア――アダプテーションと文化理解からの入門』のような書籍は、映画としての媒体特性よりもシェイクスピアの本質を伝えようとする点においてその典型といえる。英米文学利権の側面に加えて、教育におけるより有効な方策の模索という側面もあることからも、アメリカにおける制度的要請の帰結と相似形をなしている。

3　一九五〇年代にアメリカで放送され一世を風靡したテレビドラマ (シチュエーション・コメディ)。日本でもＮＨＫやフジテレビが放映した。

4　なかでもＤ・Ｎ・ロドウィックの『形体を読む』や『映画のヴァーチュアルな生』、ブリジット・ピューカーの『物質的イメージ』などはその典型である。

5　蓮實重彦の『ゴダール　マネ　フーコー――思考と感性をめぐる断片的な考察』は絵画史と映画との関係を、ゴダールがいう「思考」としての映画と関連付けたもので平倉の議論に先駆けるものであり、岡田温司の『映画は絵画のように』は映画を「窓」「皮膚」「鏡」の側面から絵画史と関連付けているのみならず、トマス・エルセサーとマルタ・ハゲナーの『映画理論』で論じられている「窓とフレームとしての映画」「扉としての映画」「鏡と顔としての映画」「皮膚と触覚としての映画」と同時代的な関心を共有している。

6 マッカーシー原作の『すべての美しい馬』も『ザ・ロード』も映画化されている。ともに原作がヒット作であり、文学賞を受けているから映画化されたという見方もできるが、『ノーカントリー』や『悪の法則』の例を鑑みると、後述するように、マッカーシーの作法自体に映像的な側面があることは否定しがたいだろう。

7 イェイツの同詩は"That is no country for old men"と始まる。

8 ドゥルーズａ二四七－五二頁参照。

9 レイモン・ベルールはヒッチコックの『鳥』におけるボデガ湾のシーンを詳細に分析し、「二重の欠如（double lack）」と「二重の視線（double look）」の規則的開示を明らかにしたが、それは映画内世界における（もっといえば視線と支配という問題系における）視線の二重性である（Bellour 61-4）。かたや『ノーカントリー』における視線の重複は、映画内世界における視線の重複ではなく、映画内世界と「視ること」という別次元の重複を指している。

【引用文献】

Arnold, Matthew. *The Works of Matthew Arnold*. 15 vols. London: Macmillan, 1903-4.

Baudry, Jean-Louis. "The Apparatus: Metapsychological Approach to the Impression of Reality in Cinema". Rosen 299-318.

Bayless, Ryan S. and Allen H. Redmon. ""Just Call It": Identifying Competing Narratives in the Coens' *No Country for Old Men*". *Literature Film Quarterly* 41 (2013): 6-18.

Bellor, Raymond. *The Analysis of Film*. Ed. Constance Penley. Bloomington and Indianapolis: Indiana University Press, 2000.

Elbow, Peter. "The Cultures of Literature and Composition: What Could Each Learn from the Other?" *College English* 64 (2002): 533-46.

Elsaesser, Thmas and Malte Hagener. *Film Theory: An Introduction Through the Senses*. New York: Routledge, 2010.

Greenbaum, Mark. "Close Cuts: The Adaptation Process in *No Country for Old Men*". *Indie Wire*. 2012 April 25. Web.

2016/05/30. 〈http://www.indiewire.com/2012/04/close-cuts-the-adaptation-process-in-no-country-for-old-men-233238/〉

Hirsch, E. D. Jr. *Cultural Literacy: What Eevery American Needs to Know*. Boston: Houghton Mifflin, 1987.

Hutcheon, Linda. *A Theory of Adaptation*. New York and London: Routledge, 2006.

King, Lynnea Chapman, Rick Wallach and Jim Welsh, eds. *No Country for Old Men: From Novel to Film*. Plymouth: Scarecrow Press, 2009.

Leitch, Thomas. *Film Adaptation and its Discontents: From Gone with the Wind to The Passion of the Christ*. Baltimore: Johns Hopkins University Press, 2007.

McCarthy, Cormac. *No Country for Old Men*. London: Picador, 2005.（『血と暴力の国』黒原敏行訳、扶桑社、二〇〇七年）

Peucker, Brigitte. *The Material Image: Art and the Real in Film*. Stanford: Stanford University Press, 2007.

Rodowick, D. N.. *Reading the Figural, or, Philosophy After the New Media*. Durham & London: Duke University Press, 2001.

———*The Virtual Life of Cinema*. Cambridge, Massachusetts & London, England: Harvard University Press, 2007.

Rosen, Philip, ed. *Narrative, Apparatus, Ideology*. New York: Columbia University Press, 1986.

Schewanebeck, Wieland. "Oscar's Unrecognized Adaptations: Woody Allen and the Myth of the Original Screenplay". *Literature Film Quarterly* 42 (2014): 359-72.

Scott, A. O. "He Found a Bundle of Money, and Now There's Hell to Pay." *New York Times*. 2007 Nov. 9. Web. 2016/05/30. 〈http://www.nytimes.com/2007/11/09/movies/09coun.html〉

Silverman, Kaja. "Suture". Rosen 219-235.

Tracy, Andrew. "Cut, Dry, Repeat." *Reverse Shot*. 2007 Nov. 5. Web. 2016/05/06. 〈http://reverseshot.org/reviews/entry/486/no-country-for-old-men〉

Wallach, Rick. "Introduction: Dialogues and Intertextuality: *No Country for Old Men* as Fictional and Cinematic Text." King, Wallach and Welsh xi-xxiii.

Welsh, Jim. "Borderline Evil: The Dark Side of Byzantium in *No Country for Old Men*, Novel and Film." King, Wallach and Welsh 73-85.

Yeats, William Butler. *Yeats's Poems*. Ed. Norman Jeffares with an Appendix by Warwick Gould. London: Macmillan, 1989.

＊

石岡良治a『視覚文化「超」講義』フィルムアート社、二〇一四年。

――――b（渡邉大輔と共著）「「ポスト〇五年＝ＹｏｕＴｕｂｅ」の映画をめぐって」『ユリイカ』二〇一六年一月号（第四八巻第一号）。

大橋洋一「いつシェイクスピアはシェイクスピアであることをやめるのか？――アダプテーション理論とマクロテンポラリティ」、『舞台芸術』（京都造形芸術大学舞台芸術研究センター）6号、月曜社、二〇〇四年。

岡田温司『映画は絵画のように――静止・運動・時間』岩波書店、二〇一五年。

米谷郁子編『今を生きるシェイクスピア――アダプテーションと文化理解からの入門』研究社、二〇一一年。

ドゥルーズ、ジルa『シネマ1＊運動イメージ』財津理ほか訳、法政大学出版局、二〇〇八年。

――――b『シネマ2＊時間イメージ』宇野邦一ほか訳、法政大学出版局、二〇〇六年。

――――c『狂人の二つの体制 1983-1995』宇野邦一ほか訳、河出書房新社、二〇〇四年。

南波克行「映画とは作り話だ――アメリカ映画を支えるウソ」『ヘイル・シーザー！』（劇場用パンフレット）東宝映像事業部、二〇一六年、一四－一五頁。

蓮實重彦『ゴダール　マネ　フーコー――思考と感性をめぐる断片的な考察』ＮＴＴ出版、二〇〇八年。

バルト、ロラン『Ｓ／Ｚ――バルザック「サラジーヌ」の構造分析』沢崎浩平訳、みすず書房、一九七三年。

――――「作品からテクストへ」『物語の構造分析』花輪光訳、みすず書房、一九七九年。

平倉圭『ゴダール的方法』インスクリプト、二〇一〇年。

●映像資料

ゴダール、ジャン＝リュック（監督）『映画史』（ＤＶＤ）、紀伊國屋書店、二〇〇一年。

コーエン、ジョエル（監督）『オー・ブラザー！』（ＤＶＤ）、パイオニアＬＤＣ、二〇〇二年。

――――『ファーゴ』（ＤＶＤ）、パイオニアＬＤＣ、二〇〇二年。

コーエン、ジョエル＆イーサン（監督）『ノーカントリー』（ＤＶＤ）、パラマウントジャパン、二〇一二年。

＊本章は科学研究費補助金（基盤研究（Ｃ））課題番号25370292「トリニダードの知識人による詩・音楽・仮装を中心とした文化論の系譜とその遺制」による研究成果を含んでいる。

第二部　批評的実践

第二部　批評的実践

第5章 ■ 石塚倫子

バーガーキング／クィーンの饗宴

■ ブラック・コメディとしての『マクベス』と七〇年代アメリカの食・文化・アメリカンドリーム

1 はじめに

『スコットランド、ＰＡ』（監督・脚本ビリー・モリセット）は、二〇〇一年にサンダンス映画祭でグランプリ候補にノミネートされた、シェイクスピアの悲劇『マクベス』のアダプテーションです。同映画祭のＤＶＤ（二〇〇二年リリース）売上部門で最初の成功を収めた作品でもありますが（Cella 38）、自主映画という性質上、主流の映画館での大々的上映はほとんどなく、日本でも公開されていませんので、シェイクスピアのアダプテーションとしてはマイナーな作品と言ってもいいかもしれません。映画レヴューの評価は二つに分かれ、パロディとしての斬新さやユーモアにおいて楽しめる一作品という評価がある一方、シェイクスピアの原作を損ねているという手厳しい評価があることも事実です(1)。

シェイクスピアの映画化作品はすでにいくつもの例があります。とりわけ、オーソン・ウェルズ、ローレンス・オリヴィエ、フランコ・ゼフィレッリ、ケネス・ブラナーといった錚々たる監督の一連の映画は評価が高く、シェイクスピアの専門家以外にも広く知られています。『マクベス』に絞ると、一九四八年のウェルズ監督版、一九七一年のロマン・ポランスキー監督版、そして日本の監督・黒澤明の『蜘蛛の巣城』（一九五七）は有名で、ごく最近ではカンヌ国際映画祭のコンペティション部門に出品したジャスティン・カーゼルの『マクベス』（二〇一五）も話題となりましたが、実はそれ以外のすべてを含めるとかなりの数に上り、ギャング映画や宇宙映画にアダプトされた『マクベス』もあります。九〇年代終わりから今世紀初めにかけて、ネット上にアップされているアマチュア作品を入れると、十本近くの『マクベス』のアダプテーションが作られています（Lehmann 231-32）。

こうした数ある『マクベス』映画の中で、『スコットランド、PA』はどんな切り口で作られているのでしょうか。モリセットが設定したのは一九七〇年代のアメリカの田舎にあるファスト・フード店。丁度作品を制作していた二〇〇〇年前後には、シェイクスピア作品のアダプテーションとして、バズ・ラーマン監督『ロミオ+ジュリエット』（一九九六）、ジル・ジュンガー監督『恋のから騒ぎ』（『じゃじゃ馬馴らし』のアダプテーション、一九九九）、マイケル・アルメレイダ監督『ハムレット』（二〇〇〇）、ティム・ネルソン監督『オー』（『オセロ』のアダプテーション、二〇〇一）という具合に、現代の、しかもアメリカ大陸に場所を設定したアダプテーションが立て続けに公開されていた時期で、これらの作品がモリセットが『マクベス』現代版を制作する刺激となったことは想像に難くありません。

しかし、なぜ神聖化されてきたシェイクスピアの作品を現代版のブラック・コメディに仕立てたのでしょう。モリセットはもともとテレビを中心に活躍する俳優で、後にも先にも監督・脚本を手掛けたのはこの作品が初めてなので、大手映画会社をスポンサーとせず、少ない日程と資金で自主映画を作らざるを得ませんでした。そのため、批評家の評価や契約上の制約、シェイクスピアに付きまとう権威に囚われず、自由に映画作りを楽しむことができたのです。実際、DVDの監督コメントでは、厳しい反応を見せた観客がいたことを認めながらも、「昔、ドラッグをやりながら、後ろの列で（シェイクスピア作品の）クリフ・ノートを読んでいた連中」にはとても好評だったと満足げに述べています。しかし、この映画はシェイクスピアを理解していて、しかもアメリカの七〇年代を良く知っているある特定の観客にとって、単なるパロディであるだけでなく、かなり洗練された文化批判にもなっています。

映像には実際、当時のアメリカで流行った庶民の音楽、ファッション、車、娯楽といったポップカルチャーが盛り沢山に詰め込まれていて、滑稽であると同時にその時代を経験した観客層には、ある種のノスタルジアを感じさせます。また、片田舎の町でも経済格差の現実は存在し、小さな共同体の閉鎖された空間における、「白人のくず」(white trash）と蔑まれている人々の心情、アメリカンドリームの理想と現実が、おかしくも切なく描かれていることも事実です（Deitchman : Eric Brown参照）。さらに、当時勢いを増してきたファスト・フード店というリアルな場がドライブ・スルーに象徴される新しい形式を採用することで、アメリカ中の食のあり方を変えていく背景を、皮肉を込めて描写しています。

また、この映画は二〇〇〇年当時の撮影時から七〇年代を振り返り、さらに、その枠組みを四〇〇年以上前に書かれたシェイクスピア作品（実はシェイクスピアの『マクベス』自体が過去に遡り、十一世紀のスコットランドを舞台にしています）が与えている、というちょっと複雑な入れ子状態から成り立っていることも構造上の特徴です。しかもこのＤＶＤには、付録映像として本編と同じものに、モリセット自身のジョークに満ちた解説が付くバージョンがあり、作品を見た後、もう一度この解説版を見ると、映画作りの裏側まで透けて見える仕組み、つまり、作品自体が作品を解体し、自己言及的に作品の虚構性をあらわにしている、という構成になっているのです。この映画について、伝統主義的な批評家がシェイクスピア作品を汚している、という否定的な見方をすることも頷けますが、実は、モリセットの試みは逆に時間的隔たりのある文化を横断して、アダプテーションとしての『マクベス』に新たな実験的面白さを与えているとも考えられます。

ここでは、これらのことを踏まえ、この映画の中で、シェイクスピア作品とシンクロするものと、新たなコンテクストで原作が書き換えられ、重ね書きされ、占有されたものを検証し、そこで何が洗い出されているかを考えていくのが目的です。具体的には、原作の『マクベス』と比較しつつ、七〇年代アメリカのファスト・フードと食事体験、ポップカルチャー、階級格差とアメリカンドリームといった観点から考え、アダプテーションとしての『スコットランド、PA』の意味の可能性に迫ってみたいと思います。

2 『スコットランド、PA』のプロット

それではパロディ版『マクベス』が、原作とインターテクスト的に響きあう点にふれつつ、この映画のプロットを紹介したいと思います。時は一九七〇年代前半、アメリカ・ペンシルヴェニア州の小さな町、スコットランドの出来事です(2)――ちなみに、この映画のロケ地はカナダのノバスコシア州、英語で言うならニュー・スコットランドです。映像は夜中の雨の移動遊園地から始まります。運命の糸車ならぬ小ぶりの観覧車に乗っているのは、麻薬を吸いながら、紙バケツに入ったファスト・フードのチキンを食べている男二人、女一人のヒッピーたち（一幕一場）(3)。ここで画面は急に、七〇年代のアメリカの人気テレビ番組『マックラウド』の一場面に変わります（この映画には意図的に、名前にマックのつく人物がやたらに多く登場します）。

次のシーンは、「ダンカンの店」と看板の出ている道路沿いのファスト・フード店に移ります。雇われているのは、マネージャーのマッケンナ、調理人のジョー・マクベス（通称マック）とアントニー・バンコーニ（通称バンコー）、カウンター係のレノックス夫人とマックの妻・パットです。オーナーはノーム・ダンカン――中間富裕層の堅実な働き者で、ドーナツ屋（明らかにダンキン・ドーナツのパロディ）から始めたこの店が何より大事で、さらなる改革を思案中です。彼には二人の息子がいますが、店を継がせたい父の意向に反して、彼らにまったくその意思はありません。長男・マルカムはロックミュージシャンになることを夢見ており、次男・ドナルドはジャニス・イアンの音楽やミュージカル映画『キャバレー』の歌に熱中しているゲイの高校生です。

ある晩、マックは仲間が集まるバー（「魔女の酒場」という意味深な酒場）で、同僚のバンコーから店のマネージャーが売上金をくすねていることを聞き、早速、ダンカンに知らせます（一幕二場）。しかし、マックの大いなる期待

を裏切り、ダンカンは息子のマルカムを新マネージャーとし、マックはアシスタント・マネージャーに甘んじることになります（一幕四場）。しかも、マックの提案である、フライド・ポテトとチキン・ピースにソースを付けて移動販売するという案を（マクドナルドのチキン・ナゲットであることは誰にも明らかです）、ダンカンは一蹴します。いま彼の頭にあるのは「ドライブ・スルー」という新しい試み（もちろん、これもいまや、ファスト・フード店の象徴ですが）なのです。

ダンカンからこの案を打ち明けられ、いちばん驚くのはマック。なぜなら、前日の夜、マックは例のヒッピーたちに出会い（一幕三場）、占い娘から、銀行のように窓口に車が並ぶ情景（つまりドライブ・スルーのこと）を予言されていたからでした。この場面で、ダンカンは偶然のアクシデントから頭を打ち、気絶して倒れます。それを見て、マックとパットは店に強盗に入り、主人を襲うことを思いつきます（一幕五場）。この映画には、バッド・カンパニーというイギリスのバンドの七〇年代に流行った曲がいくつか流れるのですが、まさに二人は「悪い仲間」になるのです。

さて、パットに急き立てられ、マックは強盗計画を実行することにします。と言っても、ここはブラック・コメディですので流血のシーンはありません。まずはダンカンを後ろからフライパンで殴り、気絶させて縛り上げます。金庫の番号を聞き出すため、マックは包丁を片手に、煮えたぎる業務用フライヤーの前にダンカンを連れて行き脅します（この包丁が原作において、マクベスが幻視し、実際にダンカン殺害に使用する「短剣」に相当）。その時、突然、カウンター上に座って見物している三人のヒッピーの姿が……。マックは驚いたはずみでダンカンから手を放し、半ば偶然に店主はフライヤーの中に頭から突っ込んでしまうのです。しばらくして、店のドアを外からたたく音。父とけんかしたマルカムが反省して戻ってきたのですが、応答がないと知ると家に帰ってしまいます。この場のスリルは、原作の「門番のシーン」に重なります（二幕二場）。

葬式シーンはダンカンのコロニアル風の白い屋敷の中です。ふたりの前に現れるのは、事件捜査のためやって来た州警察の警部補、アーニー・マクダフでした。後半、原作にはないマクダフのコミカルでスリリングな活躍がありますが、とりあえず事件は一旦解決となります。そこで、マック夫婦は二束三文でダンカンの息子たちから店を買い取ります。そして、華々しい改装とともに、店は「マクベスの店」(McBeth's)——もちろん、これは「マクドナルドの店」(McDonald's) のパロディ——の新しい看板とともに、明るいオレンジ基調に変身し、ドライブ・スルーも大好評。店内は客で満席状態です。マックの提案通り、移動販売用に改造した小型トラックも購入しました。このバーガー店こそが二人にとっての城であり、アメリカンドリームの実現なのです。

店とは別に手に入れた自宅は流行りの牧場主邸の造り。庭に置いた直径三メートルほどの円形プールの中で、パットはシートを浮かべ寝そべっています。音楽はファースト・クラスというイギリスのバンドの「ビーチ・ベイビー」——それは彼らが描くまさに「一流」の生活であり、カリフォルニアのビーチを思わせる眩しいバカンスを表象します。ただし少々安っぽいプールとバカンスなのですが……。「ビーチ・ベイビー」の作詩者の一人は、その名もジル・シェイクスピア。過ぎ去った恋と六〇年代を懐かしむ軽やかな音楽とともに夫婦の幸せぶりが明るいタッチのモンタージュで続きますが、ある日、それは不安に変わります。

警部補のマクダフが再び店にやってくるのです。初めはホームレスのアンディが犯した殺人ということで片が付いていたはずなのに、マクダフは新たな嫌疑をマルカムに向け始め、事情聴取を一人ひとりに行います。同時に、マックとパットの間に少しずつ隙間風が吹き始めます。マックは、罪が暴かれることを恐れるあまり、パラノイア症状が現れ、口封じにバンコーを殺害する計画を立てます。そして、パットがいくら尋ねても、マックは何も答えようとしません(三幕二場)。パットは孤独と不安の中で、ダンカン殺害の時に飛び散った油による左手の火傷に固執していきます。薬を塗っても癒えない火傷は、実はパットだけに見えている妄想でしかありません(五幕一場)。一方、マックはバンコーを鹿狩りの森で撃ち殺す計画を立て、結局失敗しますが、翌日、友人の修理工場に連れ出し、葬ります(三幕三場)。

場面は変わり店の前、人気バーガー・レストランを企画・成功させた二人にとって、最高に晴れがましい発表会見の場となります。しかし、不吉なことに立見客の中に現れたのは、バンコーの亡霊でした（三幕四場）。もちろん、その姿は壇上のマックにしか見えません。あまりの恐怖でマックは会見を台無しにして逃げ出します。

ついに事件は終盤を迎えます。マックを犯人だと睨んだマクダフは、バーガー店の屋上でマックと対決します（五幕九場）。もみ合ったあと、上から飛び降りてきたマクダフの重みで、マックは愛車のボンネットに取り付けた雄牛の角に突き刺さり、あっけなく息絶えてしまいます。一方、パットはますます妄想上の火傷がひどくなり、ついに台所で自分の手首を切り落として息絶えます。

何日か後のこと、マックのバーガー店はマクダフの店に改装されています。ここは彼のようなベジタリアンのためのファスト・フード店なのですが、皮肉にも客は一人もいません。ニンジンをかじりながら店先で犬と立ち尽くす店長・マクダフの前を、全裸の男性が走り去る、というなんとも奇妙な光景で映画は終わります。

モリセットは、シェイクスピアの『マクベス』にはあまり近寄り過ぎないようにした、と言いつつ、実は撮影に当たって何度も原作を読み直したらしく、それとわかる『マクベス』のプロットとパロディが散りばめられています。とりわけ、追い詰められてモンスター化していくマクベスの心理はテクスト間で響き合います。しかし、モリセットが新たに光を当てたのは、原作では描かれていないマクベス夫人の狂気に至るプロセス、そしてマクダフという刑事コロンボのような癖のある刑事の活躍です。さらに、映画はコメディとしてのユーモアを保ちながら原作を占有し、七〇年代当時のアメリカの田舎では、背景で何が起こっていたのかをもリアルに描いています。

では、バーガー店乗っ取りの過程でこのカップルに起こっている出来事を、まず、パットに注目しながら観察してみましょう。

3　バーガー王国の王と王妃

1　ファリックな妻

シェイクスピアのマクベス夫人が夫に王の暗殺をたき付けた野心家であったように、パットもまたマックより攻撃的で男勝りの行動力があります。色仕掛けでマックを叱咤激励し、いつの間にか夫を自分の思うように動かします。本来マックは寡黙で真面目な調理係。店で客が喧嘩を始めると、カウンターを飛び越え迅速に追い出すシーンは、マックが仕事に誇りを持つ店の英雄であることを示しています。それは、サウンドトラックにベートーベンの交響曲第七番が流れ、唯一、スローモーションで撮影されていることからも明らかです。しかし、パットはこの生活に満足していません。真面目に働いても将来の希望がなく、貧しいままの現状を受け入れられないのです。

ファスト・フード店の従業員は、現代アメリカ社会において、労働の割に待遇が悪く、最低レベルの仕事であることは周知の事実です（オザースキー 七二頁）。夫婦で八時間、毎日働いていても三十代の子供のいない二人は、いまだにみすぼらしいトレイラー暮らし。パットの台詞――「私たち、悪い人間じゃないわ。ただ人より出来が悪かっただけ。失った時間を埋め合わせなくちゃ」――には、一生底辺の暮らしを強いられる階級差についての不公平感とともに、不運な貧乏人が幸運な金持ちから金品を強奪して何が悪い、という居直りも感じられます。マックは実は自分の不甲斐なさとパットの言い分は良くわかっています。ヒッピー娘の占いで、「あんたの妻はもっと良い暮らしにふさわしい」と指摘されれば、何も言い返せません。この強盗計画に積極的なパットは、マックを支配する母のような存在です。

ダンカンのバーガー店で、ソフトクリームの作り方をマネージャーのマッケンナが、パットに好色な眼差しで丁寧に教えるシーンがあります(4)。おそらく、これが原作のマクベス夫人の言う母の「胸」や「お乳」（“my woman's breast," "my milk" 一幕五場四五行、四六行)(5)に当たるものでしょう。ただし、パットはマクベス夫人のように初めから母性をかなぐり捨てて、夫に男になれと迫る女性ではなく、女性として魅力的であることは映像からにじみ出ています。いわばマックは、ソフトクリームに象徴される甘くて柔らかいパットの母性に取り込まれ、一体化している息子なのです。しかしパットはその一方で、マックを操り、計画の実行を煽り、アンディに罪をなすりつけ、逡巡する息子をなじるファリックな母でもあります。ダンカンの死の直後、グロテスクな展開に呆然とするマックに比べ、パットは「やったわ。すごいじゃない、やったのよ！」と、ためらいなく喜ぶ怪物性を見せます。

ところで、ダンカンが油の海に頭を突っ込むきっかけは三人のヒッピーの出現ですが、シェイクスピア作品では、マクベスは魔女と荒野の人里離れたところ、雷の鳴る悪天候の日、つまり非日常の世界でしか出会えません。一方、この映画では、ヒッピーたちは日常生活の中にいきなり出没します――店の中であったり、鹿狩りの森であったり、最後には息絶えかけたマックの目に、店の看板の上に座って手を振る彼らの姿が映ります。ただし、マックにしか見えていないこの映画の魔女たちは、ある意味でマックの幻、あるいはマックの心の声かもしれません。その証拠に、占いの最中に女は突然、マックの声で本音を叫ぶときがあるからです。そしてその声は、本人も驚くほど暴力的です。母子一体化の至福の関係と裏腹に、マックにはファリックな母に反抗する、抑圧した暴力性が隠れているとも言えましょう。

2 父殺しとマックの怪物化

シェイクスピアのマクベス夫人は「あの寝顔が父に似ていなければ、私がこの手でやったのに」(二幕二場一二－一三行)とつぶやくのですが、ダンカンは『スコットランド、ＰＡ』においてもマック夫妻にとって父のような存在です。葬式で空涙とともにパットがバンコーに向かって「ダンカンはお父さんのような人だった」というのは、まったくの嘘とも言えません。最後にマクダフにパットも共犯だろうと問い詰められたとき、マックは「いや、パットはダンカンが好きだった」と言います。ノーム（＝規律、規範）・ダンカンは息子たちも匙を投げるほど、古い価値観や秩序を遵守する昔気質の父であり、いわば「禁止の父」です。アメリカ自身が世界の強いリーダーであると信じていた五〇年代、六〇年代の遺物のような、ある意味頼りがいのある家父長かも知れません。

しかし、七〇年代に入り、アメリカはベトナム戦争から手を引きます。実質的な敗北のあと、多くの死傷者を出して疲れ切ったこの戦争の後遺症で、アメリカは、それまでのアイデンティティが崩れ、文化的危機の時代、喪失の七〇年代を迎えるのです（Shohet "The Banquet of *Scotland (PA)*" 192 ; Lehmann 248 ; キャロル参照）。アメリカの父を象徴するべき大統領のニクソンは、一九七四年、不名誉なウォーターゲイト事件で大統領職を追われます。この映画で地元の保安官詰め所や、マクダフが勤務する州警察の壁に飾られたニクソン大統領の写真は、かつては頼りがいがあると思われていた父の遺物です。父的存在の喪失は、この映画の内と外に蔓延しているのです。

父の表象・ダンカンを葬ったとき、マックは暴力的な夫＝父に変容していきます。ノームという「父の法」を抹殺することで、マックの奥底に潜む暴力性が見え隠れし始めます。たとえば夫婦が暗い室内で向かい合うシーンで、それまで同様、夫のすべてを知り、コントロールしようとするパットに、マックはかつてと違う態度を見せるのです。マックの語る言葉をパットはまったく理解できません。問い直しても無視するだけ。彼が趣味で集めた動物の剥製、壁に飾った猟銃、車のボンネットに取りつけた雄牛の角は、マックの男性性と抑圧していた暴力性を象徴しています。バンコー殺害計画を察知して、必死に食い下がるパットを、マックはついに怒鳴りつけて拒絶し、出ていきます。

バーガー店を乗っ取り、豊かになってはみたものの、あれほど求めた欲望、つまりアメリカンドリームは空しいことが二人にはわかってきます。それはシェイクスピアのマクベス夫人が「何もないし、すべて失われたと同じ／望みが満足感なしに手に入ったなら」（三幕二場四−五行）と呟く状況に通底します。実は、飲んでいるビール（パブスト・ブルー・リボン）の銘柄も、洋服のセンスも、雄牛の角や剥製のコレクションも、トレイラーに住んでいた頃と同じく労働者の趣味のまま（Deitchman 156）。肉食のマックが、急にベジタリアンのマクダフの階級になれるわけではありません(6)。つまり、入れ物は変わっても中身まではブルジョワになれないのです。格上の階級に属したつもりの二人は、服、家、車、店と、金持ちの記号（シニフィアン）を連鎖させて今までの空白を埋めようとするのですが、相変わらず社会の周縁にいる劣等感、空しい主体からは逃れられません。埋めても埋まらない欲望、空虚なアメリカンドリーム、これらの実態に気付き、夫婦の絆にも埋めようのない亀裂が生じてしまうのでした。それはシェイクスピアがマクベスに語らせる象徴的な言葉――「存在するのは／存在しないもの」（一幕三場一四〇－四一行）――に通じます。『マクベス』も、手に入れた王権がいかに空しいものか主人公が身を持って体験する喪失の悲劇なのですから。

3　コミュニケーションの喪失

シェイクスピアの『マクベス』では、後半、マクベス夫人は夢遊病者となって登場する以外、出番はありません。マクベスは夫人の死の知らせを聞いて、「彼女もいつかは死なねばならなかった」と呟き、有名な「明日、明日、また明日」（五幕五場）の独白に入ります（ちなみに、この台詞は、映画ではマクダフの車の中で流れる自己精神療法のカセット・テープで、「明日は明日、明日は今日でない」という説教臭い台詞に変容します）。シェイクスピア劇の焦点はマクベスの心境に絞られ、夫人の存在感は薄れていきます。

『スコットランド、ＰＡ』では、逆にパットが精神的に追い詰められていくプロセスが丁寧に描写されています。パット役のモーラ・ティアニーが監督の当時の妻であり、『ＥＲ　緊急救命室』で知られた人気スターであったことから(7)、パットに重きを置いた脚本になっているというのも理解できますが、モリセットはブラック・ユーモアを交えて、原作にない女性の側の崩壊のプロセスをよりリアルに、またドラマティックに上書きしています。

映像では、コミュニケーションが不能になっていくとき、「電話」というアイテムが重要な役割を果たしています。もともと電話はコミュニケーションを図る上で大切なツールです。パソコンや携帯電話が発達する以前の七〇年代では尚更です。しかし、後半、二人の関係がぎくしゃくするにしたがって、電話シーンが増え、しかも真意が伝わらない、あえて嘘の情報を伝える、途中で中断するなど、逆説的な状況が出現していきます。保安官のエドとマクダフの電話の会話は、じれったくなるほどかみ合いません。言葉という記号は意味を伴わず、ただ連鎖していくだけ。マクダフと店員の電話では、途中から親機で盗み聞いていたパットが割って入り、偽りの情報を伝える道具となっていきます。あるいは修理工場のジミーとの電話を、パットは途中で別の事に気を取られて切るのも忘れて放置してしまいます。マックはというと、パラノイア症状がひどくなると、ついに誰ともつながっていない電話で語り始めるのです——あたかも、魔女と会話するごとく。

実はこの映画の人と人の関係は、いつもコミュニケーションがうまく成り立っていません。初めに述べたように父と息子の考えには大きく隔たりがあります。マックにとって、親友であったはずのバンコーも疑いの対象に変貌します。ダンカンとマック夫妻の関係はもちろんのこと、オーナーと従業員の信頼関係は見せかけのものです——パットは従業員ロバートの名前をいつも間違えてリチャードと呼ぶのですが、ロバートはそんなパットの背中に向かって中指を突き立てます（ただし、パットも店員だったころ、マネージャーに同じジェスチャーをしていたのですが）。また、塗り薬を買いに行くパットと薬屋の主人は、火傷の傷を巡って、まったく意思が通じ合いません。マクダフと保安官もすでに述べたとおりです。小さな町で一見、互いに親密に見える人間関係が、こんなにも通じ合わず食い違っているということは、喜劇であると同時に、アメリカ社会の家族や共同体の紐帯そのものに疑問を投げかけます。そして、それが映像においても、頻繁に使われる夜間のシーンの暗いライティング、家の中の間接照明、背景の見えない撮影角度、人物の反面だけの照射に表象されています。

4　パットの崩壊——見えない火傷

シェイクスピアの『マクベス』では、夫人が夢遊病になり、夜中に手を洗うしぐさをしながら、「まだ血の匂いがする。アラビア中の香水を使ってもこの小さな手の臭いを消すことはできない。おお、おお、おお」（五幕一場四八－五〇行）と嘆くシーンは有名です。こののち、マクベスは戦いの緊張の中で夫人の死を知るのですが、『スコットランド、ＰＡ』では、マックの死とパットの死はクロスカットが連続する同時進行で、互いに永遠に認識されないまま。つまり、完全に情報が遮断されたままコミュニケーションの不全状態で、いきなり終わってしまいます。そして「血の臭いやしみ」は、油による小さな火傷に替わっています。

初めてこの火傷に気付くのはバンコーで、ダンカンの葬式のときのことですが、それ以後、観客は火傷の跡を見せられることはありません。というより、とうの昔に癒えているのです。しかし、パットの心の崩壊とともに、パットだけに見える火傷の幻想はどんどん悪化していきます。初めは絆創膏、そして包帯、手袋。ついには料理用ミトン（スコットランド独特のチェック柄）で保護するのですが、一向に良くなる気配はありません。皮肉にも欲望の対象は、パットには生々しい火傷としてリアルに現前するのです。狂ったように塗り薬を擦り込みながら、パットはあるとき鏡に映った自分の虚像をじっと見つめています。その鏡の下に貼り付けてあるのは、ジャクリーン・ケネディの写真。古き良き時代のアメリカ大統領の妻で、実質的にアメリカの王妃ともいえる女性です。意外にも、パットの理想は自立した妻ではなく、成功した夫の特権に守られ、そのパートナーとして神秘化される、おとぎ話の王妃像だったのです。

パットのアメリカンドリームが、ケネディ大統領夫妻のように国民から熱狂的に歓迎される成功者カップルであるという構図は、開店祝のパーティー演説での登場シーンにも象徴されています。最高のおしゃれをして、店の客席に並んで座って出番を待っている二人は、その思いつめた表情を除けば、王座に座る王と王妃です。やがてオープンカーに乗って、手を振りながら演説台のある店の前に登場する姿は、多少ガタガタ揺れる車ですが、まさに地方遊説先のケネディ夫妻のパロディです。

しかし、パットのドレスにプリントされた黒い枯れ木立に象徴されるように、二人の心は枯渇しきった荒地のようです。寒々として強張った表情のパットに、ソフトクリームのような母性は感じられません。成功を祝福されても、張り子の王と王妃はコミュニケーションを失い、この後すぐに現れるバンコーの亡霊のお蔭でバラバラになります。この場面で、会見の準備をしていた店のスタッフが、作り物の自由の女神像の置き場所に困り、さっさと隅へ片付けるのですが、このバーガー王国は、王も王妃も何もかも亡霊のごとく空疎であり、アメリカの掲げる自由の理想、アメリカンドリームという成功神話すら幻想であることを、メタシアトリカルに示しているのです。

パットの不安は煙草にも表象されます。マックの心が読めなくなるにしたがって、パットは憑かれたように煙草を吸い続けます。ニクソン大統領の妻パット・ニクソンが国民には秘密ながら、チェイン・スモーカーであったことは有名です（Kessler 51）(8)。彼女はまたアメリカのどのファースト・レディよりも多くの労働体験があると言われ、結婚前は家計を助けて実に様々な仕事をしましたが(9)、この映画のパットもまた、アメリカの王者・ケネディの名門出の妻ではなく、スキャンダルで脆くも失脚する負け犬・ニクソンの妻、それも労働者層出身のパット・ニクソンと重なるのです。

パットが腕を切り落とすまでの孤独な時間、映像ではスリー・ドッグ・ナイトの「ネバー・ビーン・トゥ・スペイン」が流れます。しかし、スペインどころかパットにスコットランド以外の世界はありません。「この町ったら、くそ狭いわ！」とパットはかつて車の中の二人をニヤニヤして覗き見するアンディにいら立ち、吐き捨てるように叫んだことがあります。広いアメリカではあっても、七〇年代の不況の時代に、パットのような富も学歴も若さもない田舎の女性が、新天地を求めてこの町を出ることができたでしょうか。強盗を思いついたのも、当時のアメリカでファスト・フード店が強盗に襲われる事件はよくあることでしたから、町に居続けなければ生きていけない二人には手っ取り早く、現実的な手段だったのです（Schlosser 83-87）(10)。パットは結局、自分たちが小さな田舎に閉じ込められたホワイト・トラッシュでしかないことに気付いています。そしてその閉塞感は、覗きのような視点で映される家の中の狭い空間や、背景の見えない暗いショットに、一層強く表出されます(11)。最後に、パットは自分の腕を切断しますが、表情は安堵と幸福感で一瞬微笑んだように見えます。皮肉にも、腕を切り落とした瞬間が彼女の快楽の充足であり、欲望の消失点であったのです。

4　バーガー王国の饗宴

1　偉大なる王国マクドナルド

モリセットが『マクベス』のアダプテーションを作るにあたって、ファスト・フード店を思いついたのは、彼のコメントによると、『マクベス』に「食」のメタファーや表象が頻繁に使われているからだ、ということです(12)。しかも、モリセットは自分も高校生だった七〇年代に、ファスト・フード店で働いたことがあったため、すぐさまマクドナルドを連想し、バーガー店という城の乗っ取りを思いついたようです。アメリカ社会では十九世紀からこの方、シェイクスピアは神聖化され、ハイブラウな知的読み物であるという常識があったので（Hoefer 156 ; Levine 13 - 81. 参照）、『マクベス』の王位簒奪の歴史的悲劇を田舎のファスト・フード店にアダプトするのは、シェイクスピアを脱神秘化するどころか、思いつきで格下げしていると感じる観客も当然、多いと思います。

しかし、七〇年代のアメリカ社会というコンテクストを考えると、実は卑俗な笑い目的だけでなく、もっとリアルな状況がこの映画の背景にあるのです。モリセットは、自らのアルバイト体験について、初めは楽しい仕事が、あるとき経営陣が代わってから不快なものとなり、ついに首になったこと、さらにボスを殺してやりたいと思ったことを語っています（モリセットの撮影後の単独コメントもＤＶＤに収納）。殺意を抱くなどと大げさなジョークだと思われるかもしれませんが、今でいう「ブラック」なバイトというだけでなく、実はファスト・フードに係わる種々の問題は八〇年代以後、かなり深刻な社会問題となっていきます。

マクドナルドをはじめとして当時のファスト・フード店の目新しさ、その後の飛ぶ鳥を落とす勢い――アメリカ人、否、世界中の人々の食事体験を商品化していく流れ――を、二十一世紀に入って、私たちはいまさらながらに痛感しています。ここで、ファスト・フードの拡大の実態とともに、もう一度このアダプテーションが『マクベス』を占有し、あらたなコンテクストで重ね書きしていった部分について考えてみます。

『スコットランド、ＰＡ』のダンカン殺人のきっかけとなる魔女ならぬヒッピーの占いは、マックが店主に取って代わるというのでなく、「ドライブ・スルー」の予言でした。現実にアメリカに最初にドライブ・スルーができるのは、一九七〇年、マクドナルドより値段が高めということで後れを取っていた「ウェンディーズ」でした（Smith 70）。ドライブ・スルーなら駐車スペースや食事のスペースを大きく取らずに済みますし、車社会のアメリカの住宅が郊外に広がっていくプロセスで、この方式は順調に軌道に乗りました。もちろん、マクドナルドやバーガーキングがすぐに追随したことも事実です。いまや当たり前の景色となったドライブ・スルーは、ダンカンならずとも当時は爆発的成功の鍵となる、画期的なアイディアだったのです。

この便利さを推進した背景に、アメリカ社会の家族環境が変化してきたことがあります。一九七五年の統計では、幼い子供のいる家庭の主婦の三分の一が家庭の外で働くようになっており、家事の簡略化の中で外食が増えていきます。食事の半分は外食、それも安価で速いファスト・フードが占めるという実態もあったと言われ、需要に応じ、フランチャイズ化で勢いづくファスト・フード店はアメリカ全体の食事を一変させていきます（Schlosser 3-10）。マクドナルドの拡大化に貢献したレイ・クロックはマクドナルドのどの店でも同じ味、同じ形、同じ値段、同じサービスを迅速に提供できるシステムをマニュアル化して徹底していきます。食を商品化、画一化し、アメリカ輸出文化にまで定着させ、ファスト・フード界のマクドナルド帝国を作り上げたのもこのレイ・クロックです（Schlosser 31-42, 94-95）。まさに、マクドナルドはアメリカンドリームの典型とも言われるようになるのです。

しかし同時に八〇年代に入ると、ファスト・フードの負の部分も見え始めます。アメリカ大衆社会は、ファスト・フードが子供の肥満や成人病を引き起こし、味覚を画一化してしまった恐ろしさに気付き始めます。また、商品の大量生産化のため中小の農場が潰され、食肉用の動物が大量虐殺され、工場内の従業員は過酷な労働で疲弊し、賃金や職場環境の待遇は最悪との評判が広がる、など、人権問題や環境破壊をも含め、多くの批判を浴びることになります（Keller 37 - 38 ; Schlosser 111 - 252）。たとえば、マクドナルドの精肉工場について、生きている鶏をぶら下げたベルトが一定のスピードで動く中、工場従業員が次々に鶏の首を切って屠る残酷な様子が、動物の倫理保護団体（People for the Ethical Treatment of Animals : PETA）によって告発され、マックルエルティ（McCruelty）――「マクドナルド」と「残酷な行為」（cruelty）を合わせた造語――の動画とともにネットにアップされたのが丁度、二〇〇〇年頃でした。成功した偉大な企業・マクドナルドは富とアメリカンドリームのシンボルであると同時に、冷酷なアメリカ帝国主義の象徴となるのです。『スコットランド、ＰＡ』は、誰もがマクドナルドに目新しさとディズニーランドのような娯楽性を求めて集う七〇年代を描きながら、その後の負の部分も知る未来の視点も併せ持ち、パロディの中に実際のファスト・フード産業の忌むべき実態や残酷性、アメリカンドリームの負の部分を、皮肉な眼差しで重ねていることになります。

２　饗宴の変容

シェイクスピアの『マクベス』に食の言及が多いことは述べましたが、とりわけ「饗宴」（banquet）のシーンは重要な意味があります。原作には饗宴シーンは二度あり、一度目はダンカンがマクベスの城を訪れたときの歓迎の饗宴、二度目はバンクォーの亡霊が現れるマクベスの王位継承祝いの饗宴です。シェイクスピア劇で饗宴が重要なイヴェントであることは、マクベス夫妻の気の使い方でもわかります[13]。中世以来、領主の饗宴には特別の意味がありました。当時の料理本によると、それぞれのコースでは幾種類もの肉料理が次々と運ばれ[14]、味や香りを楽しむと同時に目でも楽しめるよう、飾り付けは工夫を凝らしたものが大皿に盛られて給仕され、あたかもショーを眺めるようなパフォーマンスとしての楽しみもあったと言われています[15]。饗宴はその贅沢な質、量とともに、特権階級にだけ許されるある種の社会的シニフィアンとも考えられました。つまり、豪華な料理は供する側の権力の象徴であり、最高の「もてなし」(hospitality)として理解されたのです(Richardson 143)。

こうした宴会の政治的な意味の背後には、中世以来、食料確保に苦闘してきた歴史があります。十六世紀末から十七世紀初めにかけてもイギリスは何度も飢饉に見舞われ、飢餓に苦しむ民衆の食料供給は為政者の重要課題でした。一五九〇年代には、イングランドでは深刻な飢饉が四回起こっています(Thirsk 228)。特に、『マクベス』の背景となったスコットランドはイングランド以上に食料事情が悪く、十七世紀初め、スコットランドを訪れた旅行者の記録では、この国で旅した十二日間というもの、鹿、野生の馬、狼以外はトウモロコシ畑も人の住まいも見当たらない荒れた土地ばかりであったことが記され(Sousa 164)、また、一般にスコットランド人の料理は大釜の中で肉がほとんどなく野菜を煮るだけの、料理とも言えないお粗末なもの、ということも指摘されていました(Hume Brown 88)。また、スコットランドは昔から内乱が絶えず、戦争によって収穫は阻まれ、土地も痩せる一方ですから、なおさら食の問題は切実であり、それが逆に争いの元になっていました(Knowles 15)。特に、貧しい人々の飢えは甚だしく、巷に痩せこけた人々があふれていたことを考えますと、マクベスを惑わす魔女の外観(「しなびて服はボロボロ/(……)同時に各々がひび割れた指を/しなびた唇に当てている」一幕三場三八－四三行)についても、餓死寸前の民衆の実の姿であったとする批評家さえいます(Knowles 5)。つまり、飢餓の時代だからこそなおさら、「饗宴」や豊かな「ご馳走」が権力や富の象徴であり、最高のもてなしを表象する大切なシーンだったのです。

しかし、アダプトされた『マクベス』の王国における食の意味はまったく変容しています。肉料理はもてなしのメインであり、最高のご馳走であったはずですが、いまや脂っこいカロリー過多の料理——特にファスト・フードの目玉であるハンバーガーや牛脂で揚げたフライド・チキンやポテト——は健康の敵です。マクダフは、最初にダンカンの葬式に現れて、お気に入りのバーバ・ガヌーシュ(baba ghanoush)について自慢げに語るのですが(16)、七〇年代の田舎町の人々は、この聞いたこともないベジタリアン料理に面食らいます。一家全員がベジタリアンだと公言するマクダフは、「君らが客を殺すんだ――脂っこい肉料理で」などとブラック・ジョークを言うのですが、殺人犯のマック夫妻にはぎょっとする言葉であると同時に、実際にファスト・フードが現代社会でアメリカ庶民の健康を損ね、死を早める食事であることを言い当てているのです。しかも、ベジタリアンは七〇年代の田舎町ではきわめて少数派ですので、このジョークのズレと衝撃は何とも皮肉です。しかし一方、ベジタリアンは都会の中流以上の文化的意識の高いグループに属していることは確かでしょう。シェイクスピア時代から四〇〇年以上過ぎたこの飽食の時代に、肉づくしの料理はもはやご馳走ではなく、無知で低俗の証ということは、このアダプテーションの大事なキーポイントです。

そう考えるとこの映画の食事シーンは、どの場面も楽しいものでもなければ、マナーもホスピタリティも感じられません。魔女＝ヒッピーたちは紙バケツの中の腐りかけたフライド・チキンを、「鳥（fowl）は腐って（foul）いる、いいものはいい。いいものは悪い（……）」と、原作における魔女の呪文、ならぬ駄洒落を言いながらクチャクチャと食べています。ダンカンの食堂の最初のシーンでは、店員のレノックス夫人が客の残り物のハンバーグを素早く盗み食いしながら片付けます。閉店間際に一人でフライドポテト一品だけを食べ続ける客もいれば、ダンカンの店でアイスクリームを投げ合って喧嘩する若者もいます。新装開店したマクベスの店に押し寄せる人々も、目新しさに惹きつけられる一方、結局メニュー――ビッグ・マクベス、マクベス・ウィズ・チーズ、フィッシー・マクベス……――は、どこかで食べたことのある同じ味の繰り返し。保安官のエドがマックの店で食事しながら、「別のソースはないの？もっといろいろな味が欲しいよ」とつまらなそうに言うように、平等で安くてすぐ供される以外、個性ある料理の美味しさはないのです。サービスもマニュアル化されたもの以外、期待できるものではありません。中世からルネッサンス期の食料の乏しい時代の「饗宴」のもてなしや工夫は、このバーガー王国では消え去っています。

この映画で唯一の家庭での食事シーンは、鹿狩りのあと、マック邸でパットが男たちに鹿肉料理を供する場面なのですが、そこに女主人の心づくしのもてなしはありません。シェイクスピア時代、家庭の妻の料理ともてなしは社会の義務であり、女性の美徳の一つでした（Tomasik and Vitullo, "Introduction" xix；Comensoli 137）。ところが、情報を教えない夫にイライラして、パットは客たちの前にオーブン料理を乱暴に置き、文句を言いながら、個々の客にナプキンに包んだナイフとフォークのセットを放り投げ、最後に大皿の鹿肉料理に取り分け用のフォークをぐさりと突き立てるのです。ここには秩序だった「饗宴」の品格、もてなし、喜びは皆無です。餓死する人間がいなくなった時代の食事とは、なんと殺伐としていることでしょうか。「食」において、シェイクスピア時代と二十一世紀初めのアメリカ社会との間の文化的横断を見るとき、改めて驚くべき差異が提示されていることに我々は気付かされるのです。

3　カニバリズム化した饗宴

シェイクスピアは劇の終盤、マルカムにマクベス夫妻を「この死んだ虐殺者（butcher）と鬼のような（fiend-like）王妃」（五幕九場三六行）と言わせます。虐殺者（butcher）には「肉屋」、「屠殺する者」の意味もありますが、『スコットランド、PA』では、それは鹿狩りと獲物の鹿の死体、道路際に横たわる車にはねられた動物の屍、マックの家の剥製の動物や鹿の首、など、動物を殺害するイメージに頻繁に現れます。それはまた、中世以来、台所で肉料理をする際に使われていた食材としての動物の死体にも通じます。しかし、この映画は台所における「動物の屠殺」と「人殺し」を、イメージだけでなく、実際の行為として戯画化し、同一視していきます。

そもそもダンカンの殺害は、ポテトを揚げるフライヤーに生きたままダンカンを突っ込み、いわば人間フライという揚げ物料理を作ったことになります。それ以前に、ダンカンを殴りつける道具は大きなフライパン。調理道具でたいたり、揚げたり、もはや人間も食材の一つにすぎません。毛皮の帽子をかぶったバンコーは森でマックにライフルで狙われますが、この帽子はバンコーが鹿であり、ハンターに撃たれ食される獲物と同じことを意味します。同様に、パットは火傷に取り憑かれ、最後は癒えない自分の手を骨付き肉同様に、まな板の上で肉切り包丁を握って切断してしまいます。マックの死に方はと言えば、雄牛の角に突き刺され、人間串刺しのような形で死を迎えます。そうなる直前には、マクダフとの取っ組み合いのとき、肉嫌いのマクダフの口にバーガーをねじ込もうとした報復で、マックは腕を思いきり噛み付かれます。オートメーション化したファスト・フード工場では、動物はモノのようにベルトに吊り下げられ、喉を切られ、料理サイズに加工されていくのですが、この映画ではそのパロディのように、人間自体が食材となり、屠られ、揚げられ、切断され、串刺しにされ、食らい付かれるのです。ファスト・フード王国の「饗宴」はカニバリズム化され、人も動物も食材も区別がつかないとも言えます。

マクベス店での祝賀演説はバーガー王と王妃の最大の見せ場であったことはすでに述べましたが、ここではバーガー料理自体は何も意味がありません。どこででも手に入る同じ味の迅速で単調な繰り返し、つまり、『マクベス』の「饗宴」は安価で機械的なこと、あるいは「ドライブ・スルーのシステム」そのものに価値が置き換えられ、オートメーション工場か銀行の窓口のようなマニュアル通りのもてなしこそが、称賛され祝われるのです。味気ないどころか、なんと残酷なブラック・ユーモアでしょう。

4　王国の救世主

『マクベス』の最後は、イングランド王とマクダフの支援のお蔭で、正当な後継者マルカムの軍がマクベスを討伐し、スコットランドの暴君による悪政は終わる、というものです。イングランド王は、シェイクスピアの劇団・国王一座のパトロンであるジェイムズ一世に対する配慮もあり、生命・再生・癒しのイメージで表現されています(17)。また、イングランド王とマルカムやマクダフたちの連合軍は「尊い花」(五幕二場三〇行)や「バーナムの森」の「枝」(五幕四場三―四行)でカモフラージュした進軍に見られるように、植物に喩えられます。同様に、『スコットランド、PA』ではスコットランドの肉食のマックたちに対して、都会から来たベジタリアンのマクダフが、イングランド王連合軍の側を表象します。しかしそうであれば、マクダフに王国再生の救世主としての理想が実現されているのでしょうか。

確かに、マクダフは最後の勝者として、問題の店のオーナーとなります。マクダフが身に付けているモスグリーンの森林柄のエプロンと帽子、「マクダフの店」と看板を架け替えたベジタリアン向けのファスト・フード店（ドライブ・スルーはそのまま存在）は自然のイメージの店――「ガーデン・バーガーの家」（Home of the Garden Burger）――です。しかし、肝心の客は一人もいません。ストリーキングで走り去る男（プロデューサーが演じています）が小さな米国旗を持っているのは、ここがアメリカの「エデンの園」だと言いたいのかもしれませんが、このエデンに惹きつけられるスコットランドの住人はいないのです。

この映画で、マクダフはダンカンとともに父性を表象する人物、とも指摘されていますが（Shohet, "The Banquet of *Scotland (PA)*" 191）、この父はダンカンに代わる禁止の父の役割を果たすには物足りません。少なくともこの町では、バーガーの代わりにバーバ・ガヌーシュなる聞きなれない料理を好み、ロックやポップミュージックでなく新興宗教じみたカセット・テープを聞き、肉食を不健康として拒絶するマクダフに、共鳴し同調する人は一人もいないのです。そもそも、警部補の仕事をしながら自分の店を開こうなどと虎視眈々と狙っているこの父的人物は、マックたちと根本的には同質の野心家で強奪者、スコットランドの外から来た侵略者とも考えられます。少なくともこの映画の終わりは父不在のまま、輝かしい秩序回復など期待できません。その証拠に、現代の私たちもまた、ベジタリアンのためのファスト・フード店ではなく、この後のマクドナルドをはじめとするファスト・フード店の圧倒的な全米制覇を現実に目にしているのですから。

5　アダプテーションとしての実験

1　あふれる七〇年代とそのパロディ

『スコットランド、ＰＡ』という映画は、パロディという枠組みを超えて、テクストの意味が増殖する作品でもあります。それは、過去・同時代の文化や映像、人物、作品をも取り込み、変容させ、観客の記憶に作用します。ここでは、最後にその具体例を見ておきましょう。

モリセットは自分の青春時代の一九七〇年代を、パロディ化するためにあえて忠実に再現しています。たとえば髪型。マックのまとまりのない長髪スタイルは、まさにトニー・オーランドーのものであり、パットの、部分染（いわゆるメッシュ）にして中心から両サイドに分けたロングヘアーは、女優ティアニーの母親から聞いた当時流行のスタイルとのこと（DVD解説）。服装も七〇年代の大衆向けファッション雑誌から抜き出してきたような、幾何学模様のプリントのシャツ、前ボタンで裾広がりのジーンズ、大きなイヤリングやサングラス、幅広い襟の開襟シャツ、白いパールの口紅など、細部に至る凝りようはスタッフと役者の相当の熱意が感じられます。彼らの話す労働者層のスラングとともに、思わず自らの青春時代を思って苦笑する観客もいるに違いありません。

音楽は七四年から七五年に流行した単調なメロディのロック調のポップ・ソングがいくつも流れますが、これらが深刻なシーンをコメディに書き換える一役を担っています。モリセットはバッド・カンパニーの採用について、青春時代にいつも聞いていた音楽であり、時代を要約しているからと述べていますが（DVD解説）、七〇年代を知る観客には、音楽に喚起される体験がイメージを増幅させ、別の効果を生むメカニズムを発生させています。悲劇的シーンに不釣合いな音楽のお蔭で、映像そのものに共感を誘い、観客を犯罪者の側に引き寄せ、深刻な状況でも境界すれすれの笑いへと導くことが可能となります。

また、監督のモリセットが犬の散歩をさせている近所の住人として、カメオで出演しているシーンでは、朝刊を取りに来たマックが赤いガウンを着て玄関外に立ち、モリセットに挨拶をしたあと、自慢の愛車のそばで大きく腕を伸ばして欠伸をします。それが、当時のホームドラマ、『ゆかいなブレディ一家』の「パパ」であるマイク・ブレディーを髣髴とさせる、定番のポーズであることが指摘されています（Pittman 89）。見せかけの中流生活のシニフィアンは、当時のテレビドラマのワンシーンをも取り込んでいるのです。

こうして、あふれるように提示される七〇年代は、観客の記憶の断片を手繰り寄せ、二〇〇〇年の時点からは時代遅れで過剰であっても、ほんの少し前の過去の、それもイギリスではなくアメリカという近場の過去の懐かしさと滑稽さ、ばかばかしさと哀れさを混然と提示するのです。

2 重ねられるテクスト

映画のアダプテーションには前述のように過去の文学の原作に重ねられる新たな時代のコンテクストが作り出されるわけですが、演じる役者やその役者が出ている別の作品とのインターテクスト的な関係が、同時代的横軸として書き重ねられているということも言えます。

たとえば、この映画の初めに見せられる『マックラウド』（一九七〇－一九七七）の映像を考えてみましょう。デニス・ウィーバー主演のこの人気テレビ番組は、カウボーイハットに象徴される西部から来た田舎者の刑事マックラウドが、都会のニューヨーク・シティで毎回、大活躍するという勧善懲悪の物語です。白黒の画面がノスタルジックですが、保安官のエドが仕事中に夢中で見ているテレビにも再度、同じ場面が出てくることから、七〇年代にはほとんどの米国民がエド同様、我を忘れて熱心に見ていたことを、少し揶揄した視点で提示しています。同時に、この映画で起こっているマックの犯罪と崩壊のプロセス自体を『マックラウド』のワンシーンがそっくり要約している、つまり自己言及的な映画の中の映画であることもわかります。シェイクスピア作品ではよく舞台の始まりに、プロローグを語る役者が登場し、これから始まる物語を要約するような台詞を韻文で観客に語ります。『スコットランド、PA』のプロローグは、この『マックラウド』のワンシーンだとも言い替えられるでしょう。

さて、エドはバンコーが大事な情報を提供している最中、上の空で画面にくぎ付けになっています。ここスコットランドで、マックラウドの立場であるべき人物のエドは、現実の警官としての役目をすっかり忘れているという皮肉な逆説をも、このメタシアターは示しているのです。

『マックラウド』については、さらにいくつもの重ね書きがあると考えられます。この作品は一九六八年のクリント・イーストウッド主演『マンハッタン無宿』のアダプテーションとも言われ(18)、こちらはアリゾナ州からきた保安官代理がニューヨーク・シティで引き渡された殺人犯に逃げられ、解雇されてひとり犯人を追うという物語です。両作品には都会で活躍するカウボーイが二重に重なっています。そして、『スコットランド、PA』の警部補マクダフは、マックラウドとは逆に都会から田舎町にやってきて事件を解決する刑事です。さらに、マクダフの独りよがりのユーモアや、犯人と無駄話をしながら追いつめていく手法、画面の外にいる「家内」＝妻の存在を話題にするところは、『刑事コロンボ』のアダプテーションであることは明らかです。そして、『刑事コロンボ』は『マックラウド』と同じ時間にほかの二作品とともに、NBCテレビにおいてローテーションで放映された人気番組です。『マックラウド』の短いシーンには、いくつもの物語がインターテクスト的に響き合っているのです。

ところで、この『刑事コロンボ』については、マックとマクダフが屋根上で最後に対峙するシーンで、いみじくもマック自身が言及します――「コロンボみたいに、ここで俺がうなだれて警察に連行されるなんていう成り行きにはならないぞ!」と。ところが、その直後にマクダフめがけて撃ったマックの銃に弾はなく、どんでん返しの末、やはりマックはコロンボ＝マクダフに負けることになります。

さらに重層的なのは、この作品が二〇〇〇年に撮影されているために、七〇年代以降の作品もアダプトされているという事実です。今挙げた『マンハッタン無宿』、『マックラウド』、『刑事コロンボ』のほか、一九九〇年から一年間続いたアメリカのテレビ連続ドラマ『ツイン・ピークス』も重ね書きされてはいないでしょうか。『ツイン・ピークス』は、ある田舎町で発見された死体を巡って、FBIの特別捜査官デール・クーパーが町にやってきて捜査を始める話です。この外からの捜査官という点がマクダフと重なります。

また、モリセットは映画の成り行きについて、初めは軽い乗りで手を染めた悪巧みがどんどん凶悪な事件へと変貌し、主人公が追いつめられる物語のヒントを、『ファーゴ』(一九九六)から取ったと語っています。『ファーゴ』は自分の妻の狂言誘拐を思いつき、身代金を妻の父親から巻き上げようとした男の犯罪が、思わぬ展開で殺人事件と化し、ついに妊婦の女性保安官に暴かれるというサスペンスタッチのコメディです。『スコットランド、PA』のマックとパットも、初めはダンカンを油で煮るつもりはなかったはずです。マクダフに捜査されなければ、アンディやバンコーの命を奪うこともなかったでしょう。本人たちも途方に暮れるほど、事件はいつの間にか抜き差しならない凶悪事件となり、自らを追いつめることになります。

そして、このマクダフ役を演じているのがオスカー米俳優のクリストファー・ウォーケンです。アダプテーションには演じる役者の持つコンテクストも利用されるときがあります（Stam 23）。ウォーケンがアカデミー賞助演男優賞を取ったのは、『ディア・ハンター』（一九七八）。この作品ではウォーケンは、ペンシルヴェニア州ピッツバーグでよく鹿狩りをしていた三人の若い仲間の一人を演じています。彼らはベトナム戦争に行ったあと大きな心の傷を負い、そのうちの一人ニック（ウォーケンが演じます）は精神に異常を来し、サイゴンで自暴自棄とも思われるロシアンルーレットのプレイヤーとなってしまいます。ロシアンルーレットは彼らが捕虜になっていた時、無理矢理強要されたベトナム兵の遊びでもありました。この映画はウォーケンの名を一躍有名にしたのですが、「鹿狩り」や「ロシアンルーレット」というキーワードは、もちろん『スコットランド、PA』にも関連します。マックはバンコー殺害のため、仲間を誘って同じペンシルヴェニアの森で鹿狩りをします。彼らのチェックのシャツ、バンコーの毛皮の帽子は、『ディア・ハンター』の主人公たちのファッションそっくり。ところが、マックたちを探して森にやってきたマクダフは、パットの策略でまったく違う森の地図（イースト・デンマークの地図）を渡され、鹿狩り仲間には出会えません。すでにアダプトしたところで、『ディア・ハンター』のパロディになっているわけです。さらに、最後にマックはエドから取り上げた銃を手に、マクダフに向かって引き金を引くのですが、銃は最初から弾が抜いてあり、拍子抜けすることになります。『ディア・ハンター』では、ロシアンルーレットの銃に弾が入っているかいないかは撃ってみなければわからない、つまり死に直面した緊張感と恐怖がありますが、マクダフ役のウォーケンは「エドの銃に私が弾を入れさせると思うのかい?」と余裕の反応。ここでも『ディア・ハンター』のパロディとなってはいないでしょうか。ちなみに、『ディア・ハンター』のニックは製鉄工場で働く貧しい若者で、戦地のベトナムから帰る気力もなくなり恋人と再会することもできませんが、コロンボ気取りのマクダフは地位も家庭もその逆です。

モリセットは役者の持つイメージや、過去の出演作品でおなじみのイメージをうまく使い、キャラクター作りに利用し、観客はそのパリンプセスト的意味の重なりを密かに楽しみます。それは、ウォーケンだけではありません。主役マックはジェイムズ・レグロウが演じていますが、レグロウはこの映画の作られた二〇〇〇年頃に大人気のテレビ番組『アリー・マイ・ラブ』(一九九七－二〇〇二)に出演していた時期があります(Lehmann 246)。彼の役マーク・アルバートは弁護士事務所で恋に落ちるのですが、その相手が性転換手術はしたものの、一部、男性の性器が残っている女性であった、という役柄で、ファリックな女性に惹かれる受け身のロマンティストといったキャラクターです。

パット役はモリセットの当時の妻であるモーラ・ティアニーで、撮影当時、人気テレビ番組『ER 緊急救命室』において、医師をめざして勉強している看護師・アビーを演じていることは指摘しましたが、忙しい仕事の間に挫折を経験しながら、さらに上の資格に挑戦するという役柄から定着したティアニーのイメージから考えると、教養に欠け、育ちの悪いパットは逆のキャラクターです。マクベス夫人とティアニーを関連付けて期待した観客には、興味深いギャップがあるはずです。しかし、同時に上昇志向が強く、ストレスを抱える女性という意味で、アビーはパットに通じています。映画やテレビファンの記憶に刻まれたイメージを利用した遊びとパロディが、モリセットの映画には思った以上に、横軸の広がりとして取り込まれているのです。

6　おわりに

アダプテーションとして見た『スコットランド、PA』は、『マクベス』を踏襲し、その含意をインターテクストとして反映させている部分と、まったく新しいコンテクストのお蔭で米社会の食文化のひずみをブラック・ユーモアで揶揄している部分、さらに七〇年代を生きた観客のノスタルジーを誘う当時の文化のパロディ、加えて演じる役者たちの持つイメージや、過去から今に至る映画やテレビ番組を利用したイメージとそのパロディが重なり合っています。リンダ・ハッチオンは、アダプテーションが「複製しない反復」(7)であり、「変化とともに反復されるものを通して共鳴する、他の作品の記憶を呼び起こすパリンプセストである」(8)こと、また元の作品との広大なインターテクスト的な繋がりを持ちつつ、解釈の上に新たな創造を行っていることを指摘しています(8-9)。つまり、アダプテーションはさまざまな要素を巻き込みながら、元の作品から螺旋状に意味を増殖しつつ、反復と変容を繰り返して行きます。そして、未来にも新たなアダプテーションを生む土台となっていくのです。

たとえば、二〇〇五年、イギリスBBCテレビ放送で放映された『シェイクスピア・リトールド』シリーズの現代版アダプテーションの『マクベス』(ピーター・モファット脚本、マーク・ブローゼル監督)は、原作のみならず、『スコットランド、PA』をもアダプトしていると思われます(Sheppard 241-42 ; Wray 262)。ここでの話はミシュラン三ツ星の一流料理店における、名コック・マクベスの野心と崩壊の物語。オーナーで天才料理人としてテレビでも有名なダンカンは、実は料理のアイディアをマクベスから盗っています。マネージャーとして客を持てなすエラは、マクベスとの子供を失った喪失感に苦しみつつ、夫を利用するダンカンに対して反感を持っています。ここでは魔女は三人のごみ収集車の職員です。話がすすむにつれ、台所の包丁、肉、料理がおぞましい殺人へと繋がって連想されるようになりますが、「食」や「台所」を中心に『マクベス』をアダプトした点は、『スコットランド、PA』に通じます。BBCと言えば、七〇年代から数年で原テクストになるべく忠実に、シェイクスピア劇全作品をアダプトしてテレビで放映するという偉業をなしたことでも知られています(『BBCシェイクスピア・シリーズ』一九七八-八五)。今でも世界の教育機関で使用され続けているこのシリーズを作ったBBCの威信にかけて、脚本・演出・俳優、どの点でも『スコットランド、PA』に負けられない『マクベス』現代版をめざしたことは容易に想像できます。どちらが良いかを評価するのはここでの仕事ではありませんが、シェイクスピア作品はこうして、過去から現代にいたるさまざまなアダプテーションの連鎖の中で、上書きされ、書き直され、占有され、それぞれがインターテクスト的な共鳴をしながら、今も新たなアダプテーションとして再生されています。

しかし、そもそもシェイクスピア自身、必ずと言っていいほど、何か既存の劇、物語、歴史書、神話などのソースからアダプトしていることを思い起こせば、彼の作品は、今後も常にアダプテーションの複雑な変容と連鎖を余儀なくされる宿命を担っていることは当然のことなのかもしれません。

【注】

1 「独りよがりの面白さ」(Holden) など辛口の評価は、*Human Events* (2002/2/11): 11, *The New York Times* (2002/8/2): 35. にも見られます。文化批評の価値を認めながらも、「すぐ終わってしまう作品」(Rippy)、「表面的で、目的がわからない」(Ebert) との評もあります。ウェブの映画批評ページ (*Rotten Tomatoes*) によると、ブラック・コメディとしての評価や役者の評価は高いが、映画としての評価は二つに分かれます。

2 実際にペンシルヴェニア州にはスコットランドという町がありますが、映画のスコットランドはここことは関係がありません。

3 以後、シェイクスピア作品のどこの部分に当たるかをカッコ内の幕、場で示します。

4 "The tip of that mountain's going to go right into our customer's mouth, and make him happy." という台詞はエロティックな意味も感じさせます。

5 引用の『マクベス』の幕、場、行数は、すべてBraunmuller編のNew Cambridge版に依拠します。

6 バンコー殺害容疑でマックの家を訪れたマクダフに、マックは「あんた達、上半分の階級のベジタリアンたち」と、皮肉を言うシーンがあります。

7 NBCの人気テレビドラマ『ER　緊急救命室』のシーズン六（一九九九）から一五（二〇〇九）に看護師そして途中か

ら医学生、医師のアビー・ロックハート役で出演。

8　煙草だけでなく、パット・ニクソンはホワイト・ハウスを出てから、記憶を失うほどアルコールに浸っていたとも言われています（Kessler 50）。

9　*National First Ladies' Library*, "Pat Nixon" 参照。

10　Schlosserはまた、「業界内の調査によると、ファスト・フード店に押し入る強盗の約三分の一が、現従業員か元従業員だという」と指摘しています（84）。

11　たとえば、ダンカンの葬式で二人が狭い長椅子に並んで座っているショットは、立っている人やテーブルの間から覗くような視点で約三十秒間くらい続きます。また、悪事を相談する車の中のショットも薄暗く閉塞感に満ちた空間です。

12　饗宴の場以外にも、多くの食べ物や食べることに関する言葉があり、シェイクスピア批評ではよく指摘されています（Shohet "*Macbeth*: The State of the Art" 115）。

13　たとえば、国王就任祝いの宴会で、バンクォー暗殺の報告に上の空の夫に、マクベス夫人は「あなた／お客様を楽しませていませんわ。宴会の間ずっと／何度となく歓迎の言葉とともに薦めてもらえないご馳走は、お金を出して外食するのと同じこと。／食べるだけなら自分の家がいちばん、／よそでの食事のソースは、礼を尽くした歓待ですよ。／それなしでは、むなしいでしょう」（三幕四場 三二－三七行）と言って、客へのサービスを強く促しています。

14　たとえば、エリザベス時代のある饗宴のメニューは三コースから成り、第一、第二コースでは各々二十種類の料理、第三コースには十種類の料理が出されたという記録があります（Lorwin 155-56）。

15　クジャク姿に飾られた料理がセンターにあしらってあったり、デザートの砂糖菓子に至っては、マジパンでローマの街を模ってあるなど、一つのアートとして鑑賞されつつ、食されました（Holland 15）。

16　ナスのピューレをニンニクとレモン汁、練りゴマで和えた中東料理のこと。

17　イングランド王が瘰癧患者に手をふれただけで、病が癒えるという伝説について述べたり（四幕三場）、王に支援されたマルカムが「薬」、「癒し」、「花」、「露」に喩えられたりしています（五幕二場）。

18　『マンハッタン無宿』の脚本家のひとりであるハーマン・ミラーは、設定をテレビ用に転用して、『マックラウド』の脚本を書いたと言われます（*Herman Miller*（*writer*））。

【引用文献】

Braunmuller, A. R., ed. *Macbeth*. The New Cambridge Shakespeare. Cambridge: Cambridge University Press, 1997.

Brown, Eric C. "Shakespeare, Class, and Scotland, PA." *Literature Film Quarterly* 34, 2 (2006): 147 - 53.

Brown, P. Hume, ed. *Early Travellers in Scotland*. Edinburgh: David Douglas, 1891.

Cella, Catherine. "Sundance Expands Indie Film Brand." *Billboard* 20 Sept. 2003: 55.

Comensoli, Viviana. *'Household Business': Domestic Plays of Early Modern England*. Toronto: University of Toronto Press, 1996.

Deitchman, Elizabeth A. "White Trash Shakespeare: Taste, Morality, and the Dark Side of the American Dream in Billy Morrissette's *Scotland, PA*." *Literature Film Quarterly* 34. 2 (2006): 140 - 46.

Ebert, Roger. "Scotland, PA." Web. 2016/03/11. 〈http://www.rogereber.com/reviews/ Scotland - pa - 2002〉.

Herman Miller (*writer*). Wikipedia. Web. 2016/08/20. 〈https://en.wikipedia.org/wiki/Herman_Miller_(writer)〉.

Hoefer, Anthony D. "The McDonaldization of *Macbeth*: Shakespeare and Pop Culture in *Scotland, PA*." *Literature Film Quarterly* 34, 2 (2006): 154 - 160.

Holden, Stephen. "Fair is Fowl and Fowl is Fair in Rural Pennsylvania." *New York Times* 8 Feb. 2002: E15.

Holland, Peter. "Feasting and Starving: Staging Food in Shakespeare." *Shakespeare Jahrbuch* 145 (2009): 11 - 28.

Hutcheon, Linda. *A Theory of Adaptation*. New York: Routledge, 2006.

Keller, James R. *Food, Film and Culture: A Genre Study*. Jefferson, North Carolina and London: McFarland & Company, Inc., Publishers, 2006.

Kessler, Ronald. *The First Family Detail: Secret Service Agents Reveal the Hidden Lives of the Presidents*. New York: Crown Forum, 2014.

Knowles, Katherine. "Appetite and Ambition: The Influence of Hunger in *Macbeth*." *Early English Studies* 2 (2009): 1 - 20.

Lehmann, Courtney. "Out Damned Scot: Dislocating *Macbeth* in Transnational Film and Media Culture". *Shakespeare, The*

Movie II: Popularizing the Plays on Film, TV, Video, and DVD. Ed. Richard Burt and Lynda E. Boose. London and New York: Routledge, 2003. 231 - 51.

Levine, Lawrence W. *Highbrow/Lowbrow: The Emergence of Cultural Hierarchy in America*. Cambridge, MA: Harvard University Press, 1988.

Lorwin, Madge. *Dining with William Shakespeare*. New York: Atheneum, 1976.

National First Ladies' Library. Web. 2016/03/10. 〈http://www.firstladies.org/biographies/firstladies.aspx〉

Pittman, L. Monique. *Authorizing Shakespeare on Film and Television: Gender, Class, and Ethnicity in Adaptation. Studies in Shakespeare* 19. New York: Peter Lang, 2011.

Richardson, Catherine. *Shakespeare and Material Culture*. Oxford: Oxford University Press, 2011.

Rippy, Marguerite. "A Fast - Food Shakespeare." *Chronicle of Higher Education* 19 April 2002: B16+.

Rotten Tomatoes. Web. 2016/03/10. 〈https://www.rottentomatoes.com/〉.

Schlosser, Eric. *Fast food Nation: What the All - American Meal is Doing to the World*. London: Penguin Books, 2002.

"Scotland, PA (Film)". *Human Events* 2 Nov. 2002: 11+.

Sheppard, Philippa. "Raising the Violence while Lowering the Stakes: Geoffrey Wright's Screen Adaptation of *Macbeth*." *Macbeth: The State of Play*. Ed. Ann Thompson. London: Bloomsbury, 2014. 235 - 60.

Shohet, Lauren. "*Macbeth*: The State of the Art." *Macbeth: A Critical Reader*. Ed. John Drakakis and Dale Townshend. London: Bloomsbury, 2013.

———. "The Banquet of *Scotland (PA.)*" *Shakespeare Survey* 57 (2004): 186 - 95.

Smith, Andrew F. *Hamburger: A Global History*. London: Reaktion Books, 2008.

Sousa, Geraldo U. de. "Cookery and Witchcraft in *Macbeth*." *Macbeth: The State of Play*. Ed. Ann Thompson. London: Bloomsbury, 2014. 160 - 82.

Stam, Robert. "Introduction: The Theory and Practice of Adaptation." *Literature and Film: A Guide to the Theory and Practice of Film Adaptation*. Ed. Robert Stam and Alessandra Raengo. Malden, MA: Blackwell Publishing, 2005.

Thirsk, Joan. "Enclosing and Engrossing." *The Agrarian History of England and Wales vol.4: 1500-1640*. Ed. Joan Thirsk. Cambridge: Cambridge University Press, 1967.

Tomasik, Timothy J. and Juliann M. Vitullo, eds. *At the Table: Metaphorical and Material Cultures of Food in Medieval and Early Modern Europe*. Turnhout, Belgium: Brepols, 2007.

Wray, Ramona. "The Butcher and the Text: Adaptation, Theatricality and the 'Shakespea (Re) - Told'." *Macbeth: The State of Play*. Ed. Ann Thompson. London: Bloomsbury, 2014. 261-81.

*

オザースキー、ジョシュ『ハンバーガーの世紀』市川恵理訳、河出書房新社、二〇一〇年。

キャロル、ピーター・N『七〇年代アメリカ――なにも起こらなかったかのように』土田宏訳、彩流社、一九九四年。

● 映像資料

Morrissette, Billy. dir. *Scotland, PA*. DVD, Sundance Channel Home Entertainment, 2002.

第6章 ■ 『嵐が丘』の受容をめぐって ■ 小説と映画のあいだ

武田美保子

1 受容としてのアダプテーション

文学テクストが、映画や演劇・ミュージカルなどに翻案されるとき、それによって生み出されるテクストは、原作のコピーとして、しばしば一段劣ったものと考えられてきました。しかしながら、アダプテーションは、決して「創造性のない複写」ではなく、リンダ・ハッチオンの言うように、常に新たな解釈を呈示し何か新しいものを創り出すという「二重のプロセス」なのです（Hutcheon 20：二五頁）。とすれば、当然その評価については、元テクストに忠実であるかどうかではなく、「創造性が欠如していないかどうか、元テクストを自分のものにして独立させるという能力が欠如していないかどうか」が判断基準となるのです(1)。さらに彼女は、アダプテーションと元テクストとの関係性を見ていく際には、さまざまな要素が錯綜するインターテクスト的な観点が不可避であることを指摘して、次のように述べてもいます――「受容者が翻案元のテクストに精通しているならば、アダプテーションとしてのアダプテーションが一種のインターテクスト性であることは避けられない」（21：二六頁）。

アダプテーションを、元テクストとの、進行中の対話の過程のようなものだとするこの議論は、アダプテーションも、シェイクスピアの『ロミオとジュリエット』のミュージカル『ウエストサイド物語』への改変などのような「流用《アプロプリエーション》」も、共にインターテクスト性と密接に関わっているとするジュリー・サンダーズの議論と軌を一にしています(2)。ここでも、「アダプテーション」を、インターメディア的もしくはインタージャンル的試みとしてだけでなく、インターテクスト的な関係性において捉え、メディアやジャンルを越えた相互関係的で双方向的な流動性を伴う移し替えとして考えていきます。

　アダプテーションについて考察する際に、サンダーズは、とりわけアダプテーションのために絶えず召喚される「正典性」を持った「ドリーム・テクスト」として、ヴィクトリア朝におけるシャーロット・ブロンテの『ジェイン・エア』(一八四七)を挙げていますが(Sanders 120)、ここで扱うのは、妹エミリーの小説『嵐が丘』(一八四七)のアダプテーションです。この小説もまた、シャーロットの小説と同様に、多くの翻案小説や映画・TVドラマのアダプテーションを今なお世界中で増殖させ続けているにもかかわらず、ヴァレリ・V・ハゼットが指摘するように、「これまでアダプテーション研究の分野の中でほとんど看過されて」きました(Hazette xiii)(3)。巧みな語りの構造と登場人物たちの常軌を逸した激情、そして物語展開の魅力などによって、この小説は、時空を超えて語り直され、解釈し直されてきました。その圧倒的な牽引力の秘密は、この小説が多くの謎を含んでいること、読者をその謎の解明やテクストの空白部分の補充へと向かわせることにあると言えるでしょう(4)。のみならずこの小説には、多くの出来事の詳細や情報が散りばめられているため、読者はこの小説を全体的に理解することを可能にするような「決定的に理にかなった説明」があり、そうした「解釈はあらゆる細部を明確に統合させることができる」と考えて、そのような解釈衝動に駆りたてられるのです(Miller 368)。

　『嵐が丘』のアダプテーションの多さは、この小説が時代の変化に応じて受容されてきた証でもありますが、本章では、主に四つのアダプテーション映画を取り上げます。その際に、映画とほぼ同時代に書かれ、時代の言説や潮流と連動していると思われるアダプテーション小説にも言及しますが、主としてこれらの映画の分析を通して、小説

『嵐が丘』が視覚メディアの中でどのように映像化され、時代の変化の中でいかに解釈し直されていったか、さらには、こうしたアダプテーション映画と元テクストとの相互関係性が、私たち読者にどのような相互作用を起こしうるか、また各々の映画の相互関係性とはどのようなものかといった、インタージャンル、インターメディア、及びインターテクスト的な関係性についても具体的に論じる予定です。また、場合によっては、これに付随する、文化圏をも越えた、インターカルチュラルな移し替えについても言及することにしたいと思います。

2　メディアの中の『嵐が丘』イメージ

ケイト・ブッシュは、『嵐が丘』をモチーフにした同名の歌の中で、この小説の情景を歌っていますが、この歌の歌詞から、この小説のイメージがどのようなものであるかが、端的に伝わってきます。ブッシュの歌の歌詞は次のようなものです――「繁り放題の風吹く野原で／私たちは転げまわっていたわ／あなたは私の嫉妬深さに似た気性があって／情熱的すぎて、貪欲すぎる／どうしていなくなったの／あなたが欲しかったのに／あなたを憎んだわ、あなたを愛していたわ」、と。そして歌詞はさらに、「ヒースクリフ、私よ（……）キャシーよ／戻ってきたの、とても寒いの／私を窓から入れて」と、小説冒頭の借家人ロックウッドが嵐の夜に邸に滞在した時の情景を思い起こさせる一節を歌い上げます(5)。YouTubeで見ることができる、真っ赤なドレスを着て踊りながら歌うブッシュの映像は、この歌の元テクストの主人公キャシーの心情とその情熱を伝えるかのようですし、この歌が日本における元テクストの知名度をアップさせたことは間違いのないところでしょう。また、この歌詞が伝える、二人の主人公たちの過剰な情熱というイメージゆえに、この歌は『恋のから騒ぎ』という明石家さんま司会のテレビ番組で素人の女性たちが自分たちの恋愛エピソードを「恋のから騒ぎ」として過剰に盛り上げ、パロディ化して語ることで笑いの対象とする番組のテーマ曲だったことでよく知られています。

ケイト・ブッシュが歌う、ヒースクリフとキャシーの間の常軌を逸した愛は、今日ではパロディの対象にもなりうる質のものでしょうが、その激情の独自性こそが、小説『嵐が丘』最大の魅力と言えるでしょう。生まれも階級も（おそらく）人種の違いも、さらには結婚という社会制度や生と死をも越えて生き続ける二人の関係は、元テクストでは主人公たちの次の世代にまで影響を及ぼしますが、アダプテーションの多くは、次の世代まで描くことなく、キャシーとヒースクリフの愛憎関係にのみ焦点を当てる傾向があります。この傾向は特に演劇やミュージカルなどの視覚メディアに顕著です。たとえば、ランドルフ・カーターは、この小説をもとに三幕の劇『嵐が丘――三幕の劇』（一九三三）を書いていますが、劇中では、女中のエレン（ネリー）との関係を除けば、ほとんどキャサリンとヒースクリフ、そしてエドガーとその妹のイザベラをめぐる四人の間の相互関係が中心となっています。

この劇は、ニューヨークのロングエーカー劇場で上演されたもので、第一幕では、キャサリンとヒースクリフとの間の深い愛の絆から、エドガーが登場したために始まる二人の間の諍いとそれに続くヒースクリフの失踪、第二幕では、エドガーと結婚したキャサリンのもとに帰ってきたヒースクリフの来訪、それに続くヒースクリフの復讐としてのイザベラとの結婚、第三幕では、苦悩し嫉妬して病気に倒れたキャサリンがヒースクリフ会いたさに嵐が丘を訪問し憎みながら愛を確認した後のキャサリンの死が描かれるという構成が示すように、もっぱらエミリーの小説の第一世代における、キャサリンとヒースクリフとの間の激情に焦点が当てられています。さらに元テクストは、バーナード・J・テイラーのスクリプトによって、世界中でミュージカルとして上演されてもいますが(6)、ここでも小説の後半部における第二世代のことは扱われていません。それは、二世代にわたる物語では登場人物やプロットが錯綜するため、幅広い観客を対象とする視覚メディアで観客の注意を長時間惹きつけるのが難しい、という事情を考慮したためだと思われます。

3　四つのアダプテーション映画

アダプテーション映画においても、同様のことが指摘できるでしょう。というのも、ここで扱う四本の映画のうち二本の映画においても第二世代は省略されているからです。一本目は、先に言及した演劇とほぼ同時代の一九三九年に撮られ、その年のアカデミー賞撮影賞を受賞したため、後の『嵐が丘』アダプテーション映画に大きな影響を与えることになった、ウィリアム・ワイラー監督、ローレンス・オリヴィエとマール・オベロン主演の映画（以下、「①ワイラー映画」と表記）です。もう一本は、最後に扱う予定の、ヒースクリフが誰の目にも明らかな黒人という設定で、実際の役者も黒人が起用されている、ジェイムズ・ハウスン（子役＝ソロモン・グレイヴ）が主演し、キャシー役をカヤ・スコデラリオ（子役＝シャノン・ビア）が演じている、アンドレア・アーノルド監督の、二〇一一年版（以下、「④アーノルド映画」と表記）です。元テクストでは後半部を占める第二世代の子供たちは、①ワイラー映画では一人も登場することはありませんし、④アーノルド映画では、第二世代のうち唯一幼少期のヒンドリーが登場しているだけで、二つの映画は共に元テクストにおいて前半部分にすぎない第一世代の熱愛物語のみに焦点が当てられる脚色になっています。ただ、④アーノルド映画においては、第二世代が扱われない代わりに、映画の前半部はヒースクリフとキャシーの子供時代、ヒースクリフの帰還で始まる後半部は彼らの成人後が描かれることで、第一世代の中での関係性の変化や力関係の移行に焦点を置く構成になっています。

一方、①ワイラー映画に続く、ピーター・コズミンスキー監督、レイフ・ファインズとジュリエット・ビノシュ主演の一九九二年版（以下、「②コズミンスキー映画」と表記）と、トム・ハーディーとシャーロット・ライリー主演によるコーキー・ギェドロイツ監督の二〇〇八年版ＢＢＣ製作映画（以下、「③ギェドロイツ映画」と表記）では、第一世代と第二世代が共に描かれています。ただ、前者ではキャシーとその娘のキャサリンが同じ女優によって演じられ、後者では別々の女優が演じていることから、前者では第一世代の特異性だけでなく、第二世代との類似と対比が際立つよう目論まれている一方、後者ではむしろその違いに焦点が当てられていることが分かります。このように小説『嵐が丘』のアダプテーション映画では、大きく言って第一世代だけを描いたものから、次第に二世代を描いたものに移行する傾向にありますが、④アーノルド映画のように、ヒースクリフが黒人であるという、それ以前の映画とは大きく違った設定で、彼の心象風景に焦点を当てた実験性の強い作品の場合には、必ずしもこれが当てはまらないことが分かります。

いずれにしろ、アダプテーション映画を通して浮上してくるのは、何故ヒースクリフとキャシーがあれほどの強い絆で結びつけられているか、またヒースクリフとは何者なのかという問題をめぐる多様な解釈とその表象の変化です。そのため次節ではまず、二人の主人公の特性についての映像方法に大きな違いが見られる①ワイラー映画と②コズミンスキー映画を対比しながら詳細に見ていくことにします。

4 キャシーとヒースクリフの特異な関係

小説『嵐が丘』における最も大きな謎のうちの一つが、キャシーとヒースクリフの間の強い結びつきです。二人はそれぞれ互いに互いを、切り離すことのできない分身と捉えていますし、キャシーは彼と結婚することが「身を落とすことになる」と言いながら、同時に、「どうして彼を愛しているかというと、彼がハンサムだからじゃなくて、彼はわたし以上にわたしだからよ。（……）ネリー、わたしはヒースクリフなの。彼はどんな時でも、いつまでもわたしの心の中にいるの。（……）だからわたしたちが別れるなんて話は二度としないで、そんなことありえない（……）」（Brontë 81-83：一六八－一七〇頁）と口にします。二人がこのように互いに強い思いを抱くようになった理由については、従来さまざまな解釈が試みられてきましたが、まずキャシーの特性が際立っている最初の二つの映画を対比させ、その関係性について考えます。

①ワイラー映画の冒頭は、元テクストの構成にかなり寄り添って、嵐の中で道に迷ったロックウッドが「嵐が丘」を訪れる場面から始まります。邸に入ったロックウッドが部屋の様子を見まわし、彼のクロースアップと部屋の様子とが交互に映し出されるショット／切り返しショットの反復によって、部屋の中にはヒースクリフ、ジョウゼフ、ネリー、そして第二世代省略のためキャサリン二世に代わってヒースクリフの妻のイザベラがいる、ということが分かります。邸で一夜を明かすことになり、キャシーとヒースクリフが幼少期を過ごした部屋に案内され、キャシーの亡霊らしき姿を見て怯えるロックウッドに対して、ネリーが「あれはいまから四十年前のことです」というヴォイスオーヴァーと共に、キャシーとヒースクリフをめぐる過去の物語を語り始めると、画面はフェイドアウトし、アーンショウ氏が捨て子のヒースクリフを伴って帰宅する物語の発端へと移行します。このように、冒頭場面はかなり小説の語りの構造を意識して視覚化した構成になっていますが、その一方で主要登場人物のキャシーとヒースクリフの特質は、小説と大きく異なっています。その違いは、冒頭で、ロックウッドに丁重なもてなしができないことを詫びるヒースクリフの様子によって示唆されていますが、とりわけ彼のキャシーに対する態度だけでなく、リントン家の中で孤独を感じている様子のイザベラに思いやりを見せる紳士的対応の中に、はっきりと見て取ることができます。

この映画のキャシーは、その華やかな衣装と可憐さゆえに、批評家から「白雪姫」と揶揄的に呼ばれていますが (Haire-Sargeant 413)、それに呼応するように、彼女は幼いころからヒースクリフをしばしば、「王子さま」と呼びます。そして二人の避難所で遊び場でもあるペニンストン岩は彼のお城になぞらえられ、自身を王子に守られる王妃とみなして彼にかしずき、元テクストではネリーによって口にされる台詞――彼の「父親は中国の皇帝、母親はインドの女王様」――を、彼女自身が口にします。このように、王子と姫君の比喩で語られる二人の関係は、きわめてロマンティックで、ペニンストン岩で待っているヒースクリフのもとに駆けつけ抱きあう様子も、ヒースクリフからヒースの花束を渡される場面も、元テクストにおける幼馴染か兄妹のような関係というより、恋人同士のそれに近いように見えます。映画の中で二人が待ち合わせる特別な聖域としてのペニンストン岩を、ブルーストーンは「小説の激しい情熱に対する統一的で物理的な象徴」(Bluestone 96)として評価していますが、わたしたち観客は逆に、子供時代の二人が実際にムアを駆け回る場面は小説の中でほとんど描かれていないことに思い至ります。そしてこれ以降の映画における荒野の描写は、ますます工夫を凝らしたものに進展し、視覚メディアの特性を生かしたものとなっていくのです。ちなみに、②コズミンスキー映画では、二人の特別な場所として神秘的な地形をしたヨークシャー・デイルズ国立公園マラム・コーヴをロケ地に選ぶことで、ヒースクリフが持つ自然との不思議な親和力を強調しています。

①ワイラー映画のさらに顕著な特徴は、小説でネリーが形容するような、「わがまま」で「高慢で」、自身の喜びを何よりも最優先し、まわりの人たちは誰でも当然自分と一緒に喜んでくれるはずだと考える「自己中心的」な、しかしそれだからこそ魅力を放つキャシーとは違って、このオベロン演じるキャシーが、多少気の強いところがあるにしろ、基本的には可憐で道徳的な規範に従順な人物である点です。エドガーと結婚し貞潔な妻として幸せに暮らしているところに突然再び姿を現すヒースクリフに、最初は会うことを拒み、再会後もあくまで元恋人への思慕を押し殺して、貞節な妻でいようと努めるのです。映画がつけ加えている「つぐみが辻」での華やかな舞踏会におけるバルコニーでのツー・ショットの場面でも、ヒースクリフに愛を告げられたキャシーは、「私は人妻で、エドガーは私を愛しているし、私も彼を愛している」と言って、その愛を拒みます。そのためヒースクリフは、「君の貞潔が僕を苦しめる」と嘆くことしかできません。このように、映画で貞潔な妻が元恋人と夫との間の三角関係に悩む姿は、ヒースクリフ帰還後に、喜びのあまりエドガーの首に両手を回し、首にしがみつき「あなたが彼のことを好きでなかったのは知っているけど、今日からはわたしのために仲良くしてね」(Brontë 95：一九九頁)、と要求する小説のキャシーとは大きく異なっています。小説でキャシーは、リントンによってヒースクリフと会うことを禁じられ病に倒れてしまいますが、それは彼女の感情を素直に受け入れようとしないリントンに対するヒステリー症的な怒りの結果のように見えます。事実、イザベラのヒースクリフへの恋慕を知ったエドガーが、キャシーに対して、「ヒースクリフと会うの

をやめるか、それとも、わたしと別れるか？　わたしとうまくやりながらやつとも仲良くしようなんて、そうはいかないのだ」と、二者択一を迫る際の返答は、「それなら、こっちは放っておいてくれることを要求するわよ！　断固としてね。あのね、私はもう我慢ができないのよ、わからないの？　エドガー」（Brontë 117：二四八頁）、というもので、その後彼女は食事を拒み、精神的に錯乱して死んでしまいますが、映画のキャシーは夫と元恋人との間で引き裂かれ葛藤の中で亡くなります。このように、映画における着飾った貞潔な妻としてのキャシーを目にする私たち観客は、改めて元テクストにおけるキャシーの比類のない激情を再認識させられることになるのです。自身で『嵐が丘』の翻案小説である『本格小説』を手掛けている水村美苗もまた、この映画を見て、「世に掃いて捨てるほどある「不倫」の物語でしかない」（水村『日本語で読むということ』五六頁）と断じることにより、その際の驚きを表現しています。

それでもこの映画は、最後は冒頭に呼応するように構成されていて、キャシーの死後ヒースクリフが女性と歩いていくのを見たと医師が知らせるのに対して、ネリーが、「ペニンストン岩にですね」と確認する場面に続き、岩の上を歩いていく二つのぼんやりとした人影が映されるエンディングとなっているなど、映画としての統一性がとれた仕上がりとなっていることは間違いのないところです。ただ、やはり時代の制約もあり、今日の観客であるわたしたちは、通俗に堕しかねない普遍的な物語構造が小説『嵐が丘』の人気の秘密でもあることを再認識するとともに、改めてこの小説の特異な力強さを思い知らされることになるのです。

5　内なる破壊

一方、②コズミンスキー映画でビノシュが演じるキャシーは、はるかに強く元テクストを髣髴させる映像になっています。物語の舞台となる荒れ果てた邸の廃墟に向かうエミリー・ブロンテの後ろ姿で始まり、彼女の声によるヴォイスオーヴァーが邸を訪れたロックウッドの声に切り替わるなかで小説冒頭の場面が呈示されるこの映画は、歯切れのいいテンポで展開し、小説中の数多くのエピソードが手際よく盛り込まれているのが特徴だといえます。キャシーとヒースクリフの幼少期は、あっという間に終り、青年期へと移行します。幼少期からの関係がそのまま青年期の二人の間に持ち越されるせいか、子役からビノシュとファインズに移行した後も二人が同じベッドの上で戯れている姿には違和感があるのですが、おそらくこれは意図的な演出で、彼らの関係がむしろ幼児性を保ったものであることが納得できるような呈示の仕方だと思われます。また、二人のうち主導権を握っているのが常にキャシーであることは、幼少時の乗馬の際に手綱を握っているのがキャシーであり、彼女の不在中にタゲリの雛鳥を殺してしまったヒースクリフを諌めたのち、「必ずもどってくる」と約束して彼の「前髪」に息を吹きかける場面などから窺えます。そのキャシーは、次第にエドガーたちと過ごす日が多くなると、ヒースクリフからカレンダーを見せられ、自分と過ごす日よりも彼らと一緒にいる日の方が多いと苦情を言われますが、それに対して「バカみたい」と冷たく言い放ち、「いつも一緒にいろと言うの？」、「気の利いたことひとつ言えないくせに」と毒舌を吐いてその場を立ち去り、ヒースクリフを傷つけます。ヒースクリフ失踪後のエドガーとの結婚式も、①ワイラー映画と違ってまったく描かれることはなく、ヴォイスオーヴァーによる短い言及があるだけで、小説での、エドガーが「彼女をギマトンの教会の聖壇へともなった日には、自分をこの世でいちばん幸せな男と信じて疑いませんでした」（Brontë 89；一八七頁）という簡潔な描写と呼応しています。

エドガーとの結婚後も、自身の欲望を最優先するキャシーは、失踪していたヒースクリフが訪ねてくると、まずエドガーに報告をしますが、それはあふれ出る喜びを当然エドガーにも共有してほしいと願うからにほかなりません。二人の男性たちの手を結び合わせるキャシーは嬉しさを隠そうともしません。また、イザベラがヒースクリフに恋情を抱いていることを知ると、ヒースクリフの前でそれを大っぴらに告げて彼女をなぶりものにし、エドガーとヒースクリフが公然と争いを始めると、召使を呼びに走ろうとしたエドガーを止めるために部屋に鍵をかけ、その鍵をストーヴの中に投げ入れてしまうなど、自身の欲望を第一に置く悪魔的な反応は、小説のキャシーと類似しています。ですから、この映画でも、愛する男性二人が自分の気持ちを理解することなくさらに反目を続けることに対する怒りが彼女を病へと駆り立て、結局彼女の命を奪うことになることが、よく理解できる映像になっています。

　映画におけるキャシーのリントンへの対応やキャシーとヒースクリフの関係の描写からは、ポーリーン・ネスターが指摘するような「子供らしい特質」が見て取れるかもしれません。ネスターは、キャシーがヒースクリフとリントンに対する二つの愛をうまく処理できないのは、彼女の愛が純真だからというよりは、むしろ精神分析でいう「幼児の多形倒錯」のためであり、あれかこれかという選択を回避し、両方を欲望するためであると説明しています。それは、部屋の落書きにあるように、ヒロインがキャサリン・アーンショウ、キャサリン・ヒースクリフ、キャサリン・リントンのいずれかでしかありえない状況を拒否することで、「伝統的な、自我とか自己同一性という概念に挑戦している」というのです（Nestor xxiii-vi）。また水村美苗は、小説のキャシーについて、「そもそもキャスリン《ママ》には、エドガーとヒースクリフとどちらかを選ばねばならないという気はないのです」と述べて、同様の解釈を提示していますが（水村『日本語で読むということ』五七頁）、この映画から浮かび上がってくるのは、元テクストが描く、こうしたキャシーの過剰な欲望に他なりません。

　一方、ジプシーの血（もしくは黒人の血）が混じっているとされているファインズ演じるヒースクリフのほうは、外見や、体つきから肌の色や髪の色まで、エドガー以上に白人らしく、その点において違和感があるかもしれません。しかしながら、イザベラが彼に好意を抱いていることを聞くと、その彼女の手首をつかんで、いかに彼女を嫌っているか思い知らせるところ、ヒースクリフとエドガーとが対決する場面で、殴りかかってきたエドガーに火かき棒で仕返しをしかけるものの、次のショットで示される首をふるキャシーの姿を見て思いとどまり、代わりに力任せにドアの取っ手を一気に打ち壊してしまうところなど、そのサディスティックな様子は小説のヒースクリフを髣髴させ、その多面的で不安定な相貌には独特の魅力が感じられます。リン・ヘア＝サージェントは、自身でも『嵐が丘』の翻案小説を著していますが、彼女もまたこの映画を①ワイラー映画を始めとする複数の映画と対比して論じる中で、ビノシュ演じるキャシーとファインズ演じるヒースクリフとを評価し、二人の特質が類似していていることから、そこに二人の恋愛関係に潜む「覆い隠された近親相姦的テーマ」が窺われるとしています(7)。さらに彼女は、ヒースクリフについて、今日の私たちが共感できるような「皮肉屋で、憂鬱で、苦痛にみちて、近代的な知性」が投影されていることを賛美してもいます（Haire - Sargeant 422 - 23）。

このように②コズミンスキー映画は、きわめて今日的な映画に仕上がっていますが、前述したこの映画のテンポの良さを支えているのが、第一世代と第二世代を結びつけるイメージの巧みな活用でしょう。冒頭で、ロックウッドを迎えるヒースクリフの横にはヘアトンが立っていますが、ヒースクリフとヘアトンはまるで父子のように背丈から衣服まできわめてよく似ていて、相似関係が示されます。そしてそのヘアトンは、終盤で気力の衰えたヒースクリフへの思いやりを示しながら、キャシーに対してヒースクリフは自分にとっては「父親だった」と言いますが、こうした細部が二人の置かれた状況の類似だけでなく、愛憎関係を越えた父と子のような不思議な結びつきを示唆しています。また、キャサリン二世がヘアトンにいたずらを仕掛けて戯れている様子は、まるで昔ジョウゼフのお説教を聞きながら戯れていたキャシーとヒースクリフを思い起こさせ、両者の類似関係も窺わせます。さらに、ろうそくの火を見つめていたヒースクリフのクロースアップに続く彼のヴォイスオーヴァー、「愛するキャサリン、なぜ帰ってきてくれない、毎日君を待っている、僕の心は君のことでいっぱいだ……ぼくの人生は君と会ったときに始まったのだ」は、今は亡きキャシーに向けられている言葉のようでもありますが、手紙を読むキャサリン二世のショットに移行することで、リントン家の財産をねらうヒースクリフが、息子のリントンに、キャサリン二世に宛てた手紙の口述筆記をさせているのだと分かります。

また、冒頭とエンディングの巧妙な繋ぎ方も、その効果を高めていると言えるでしょう。冒頭でロックウッドが見たキャシーの亡霊は、後半以降、エンディングに向かって次第にその気配を強く漂わせていきます。ヒースクリフがネリーに、復讐のむなしさを語る二人のショット／肩越しショットに続いて、ヒースクリフのクロースアップと「われわれの他に誰かが」という台詞が挿入された後、今度は亡霊の視点から映し出されたかのようなヒースクリフとネリーが対面する姿がロング・ショットで映し出されますが、その場所は、かつてエドガーにプロポーズされたキャシーが嵐の夜に雷に照らし出されて亡霊のように飛び出してきて、ネリーを驚かせたその同じ台所です。その後、再びロックウッドが「二十年間さまよっていた」と呟くキャシーの亡霊に怯える冒頭の場面に切り替わり、ヒースクリフはその亡霊に誘われるように、かつての二人の寝室の扉のところまで行くと、そこには幼いころのキャシーの亡霊が立っていて、彼をその扉の向こうに誘います。そして最後には、開けっ放しになって音を立てている窓に気付いて様子を覗いに来たネリーによって、ベッドの上で亡くなっているヒースクリフが発見されることになるのです。ろうそくの火、扉、稲光などのイメージを精妙かつ効果的に使うことで、この映画はその短さにもかかわらず、キャシーとヒースクリフの二人が互いを求め合う必然性が説得力のある形で描かれており、これまでに撮られた『嵐が丘』のアダプテーション映画の中では、もっともすぐれたものの一つと言ってよいでしょう(8)。

以上のように、二つの映画を対比させると、小説『嵐が丘』が、ヒースクリフとキャシーとの関係を通して、結婚制度や社会的因襲、自己を規定するアイデンティティなど、ヴィクトリア朝当時の父権的社会が強要するジェンダー概念を問題化し、社会制度に対する破壊的な力を内包した小説として読む可能性が浮き彫りになってきます。それによってわたしたち読者は、この小説の破壊的な魅力を改めて認識させられるのです。

6　ヒースクリフは何者か——批評とアダプテーション

先に述べたように、小説『嵐が丘』の圧倒的な魅力は、キャシーの特異性もさることながら、底知れない悪魔的な衝動に憑かれているヒースクリフの出自や、失踪時期の行動などを含めて、彼自身にまつわる多くの事柄が深い謎と感じられるところにあります。彼に関する疑惑の一つとして、ジョン・サザーランドはヒンドリー殺しに彼が関与しているのではないかと問い、当初は無骨だが人間的な若者だったのに、「なぜヒースクリフは、三年間の失踪の後、あれほど残忍な人間になってしまったのか」と問いかけています（Southerland 53）。彼の残忍性は彼の出自のせいか、ヒンドリーの虐待のせいか、それとも失踪中の三年間の経験のせいなのか、エミリーのテクストからその理由を特定することはできません。

小説『嵐が丘』の批評は、ヒースクリフの特異性や出自をめぐる解釈に関して特に目覚ましい進展を遂げてきましたが、そのうち最も注目すべきは、彼の出自をブロンテ姉妹の父の出身地アイルランドと関係づけるテリー・イーグルトンの議論と、奴隷貿易によって連れてこられた黒人奴隷である可能性について論じるスーザン・マイヤーの議論でしょう。リヴァプールでアーンショウ家に拾われてきた孤児のヒースクリフ、「悪魔の贈り物のように黒い肌をして」（Brontë 36：七三頁）、誰にもわからない外国語を話していたと描写される彼の出自は、小説の最後まで明らかにされることはありません。しかしながらイーグルトンは、小説の中でヒースクリフが拾われたのは一七六九年のことで、エミリーがこの小説を書き始めたのはアイルランドの大飢饉が始まる一八四五年よりも前のことであるにもかかわらず、彼女の兄がその大飢饉の直前にリヴァプールへの旅に出かけたことから、彼と「バイロン的悪役のヒースクリフとの間に、強い類縁関係が存在する」と主張します。そして、「ヒースクリフと大飢饉」とを結びつけ、ヒースクリフの出身に伝記的な意味を読み込もうとするのです（Eagleton 3：一七頁）。一方、マイヤーは、リヴァプールは十八世紀末には奴隷貿易で有名であったこと、拾われたヒースクリフは「わけのわからない言葉」を話していたこと、ネリーの彼に対する「おまえの母親はインドの女王、父親は中国の皇帝」というせりふなどを捉えて、彼をインド人の子供、もしくはアフリカ奴隷など、「ヨーロッパの帝国主義に支配された人種の出身」だとしています（Meyer 160）。こうした批評的解釈は、この小説のアダプテーション小説にもアダプテーション映画にも如実に反映されることになります。こうした解釈を促したのは、一九九〇年代以降に興隆したポストコロニアル批評の流れであったと言えますが、当時のイギリスでは、一八〇七年に奴隷貿易が禁止され、一八三三年に奴隷解放令が出されたにもかかわらず、多くの奴隷を西インド諸島から運び込んでサトウキビから砂糖を作る精製工場で働かせていたという史実などが、十九世紀末から二十世紀初頭にかけて次々と明らかになったことも、密接に関わっているに違いありません(9)。

こうした解釈に、敏感かつ迅速に反応したアダプテーション小説のひとつが、先に言及した論文の著者で作家でもある、リン・ヘア＝サージェントの『H――ヒースクリフの嵐が丘への帰還』(一九九二)です。この小説は、実在の人物であるエミリーの姉シャーロットと、『嵐が丘』と『ジェイン・エア』の虚構内登場人物がともに登場する、虚実ないまぜの、一種メタ・フィクション的な形式を取っています。時は一八四四年一月三日、傷心のままブリュッセルから故郷に帰ろうとするシャーロットと、エレン・ディーン(＝ネリー)に会うためにロンドンからやって来たロックウッドが、夜行列車で偶然乗り合わせるところから物語は始まります。ここで彼は、突然ヒースクリフという人物のことを話題にし、ディーン夫人が永年隠し持っていたというヒースクリフからキャシーに宛てた手紙をシャーロットに見せます。興味深いのは、その手紙によれば、ヒースクリフの父親はシャーロットの小説『ジェイン・エア』の登場人物ロチェスターを思わせるエドワード・アー氏で、彼の母親はソーンフィールド邸の屋根裏部屋に閉じ込められていた西インド諸島出身のバーサ、そしてヒースクリフは二人の間に生まれた子供だというのです。つまり彼は、西インド諸島出身のクレオールの血を受け継いでいるという設定になっているのです。この手紙は、自身の出自が分かり、教養も身につけた後、キャシーと結婚してアメリカに渡りたいと願うヒースクリフが、キャシーに渡してくれるようディーン夫人に言づけたものなのですが、ディーン夫人は、意図的にそれを隠し、手紙はそのまま彼女が保管していたのを、キャシー二世と結婚することになったロックウッドのもとに届けられたのだ、と彼は説明するのです。ヘア＝サージェントの小説は、学者としてのブロンテ姉妹に関する深い造詣が細部に至るまで活かされたもので、きわめて遊戯性と創造性に満ちた小説として、読者の想像力を刺激しないではいません。

ちなみに、その他のアダプテーション小説で、こうしたヒースクリフの人種を黒人としているものに、ジェイン・

オースティンの『高慢と偏見』や『分別と多感』、R・L・スティーヴンスンの『ジキル博士とハイド氏』など多くのアダプテーション小説を手掛けていることで知られるエマ・テナントの『ヒースクリフの話』（二〇〇五）や、エミリーが『嵐が丘』執筆中に書いていた日記という体裁を取っている、サラ・フェルミの手になる、『エミリ・ブロンテの日記』（二〇〇六）などがあります(10)。ついでながら、日本においては、いくつか漫画化もされています。そのうちの一つである桜井美音子の『嵐が丘――狂気の愛』（二〇一二）では、ヒースクリフは他人種（おそらく英国人）と交わったために仲間から追放されたジプシー女の子供に違いないという設定になっていますが、このことは、彼がアダプテーション小説・映画においてアーンショウ氏の隠し子とされていることと連動していると考えられます。

7　人種／ジェンダーとヒースクリフ表象

批評や翻案小説におけるこうした変化は、アダプテーション映画製作の際の、ヒースクリフの出自に関する解釈にも大きな影響を与えないではいられません。これまで見てきたように、従来のアダプテーション映画では、ヒースクリフの役はたいてい、ジプシーの子供という出自にかかわらず、①ワイラー映画におけるローレンス・オリヴィエ、②コズミンスキー映画におけるレイフ・ファインズなどの美形の白人によって演じられてきました。彼がアーンショウ家にやってきた時、黒い肌をして分からない言葉をしゃべっていたとされ、「ジプシーの子」と呼ばれながら、少なくとも映画の中で、彼が外見からもはっきり判別できるほど異人種、特に黒人として表象されたことはありませんでした。

それでは、同じく美形の白人トム・ハーディーによるヒースクリフとシャーロット・ライリーのキャシーによるBBCのTVドラマ・シリーズ全二話、③ギェドロイツ映画はどうでしょう。①ワイラー映画も②コズミンスキー映画も、冒頭は共に小説に近い始まり方でしたが、一方この映画は冒頭から、ハンディ・カメラによって荒野を走り抜ける人物の目に映るその足元の光景（第一話ではおそらくキャシーの亡霊、第二話では馬上のヒースクリフからの視点による）が映し出され、第二話では、続いて「嵐が丘」の邸が映し出され、次に馬に乗ったヒースクリフのショットに切り替わるという構成が示すように、この映画の最も中心的な視点人物はヒースクリフです。

トム・ハーディー演じるヒースクリフはきわめて男らしく、暴力的かつ強圧的で、これまでのアダプテーション映画同様その美しい容貌ゆえに、出自不明のヒースクリフの高貴な血筋が仄めかされてもいます。アーンショウ氏は、彼が端正で知的であるからこそ、貧相な外見のヒンドリーよりも、ずっと立派な紳士になると見込んでリヴァプールからヒースクリフを連れ帰ったのだと口にさえします。確かに貧相なヒンドリーは、ヒースクリフが父の隠し子だとのうわさを悪用して、彼を貶める口実に使うなど、その狭量な退廃ぶりが、幼少期から大人になるまで、ヒースクリフとは著しい対比を成しています。失踪後三年たって「つぐみが辻」を訪れた際に、ヒースクリフはイザベラに対して、「ヒンドリーと結婚すると思っていた」と冗談めかして言いますが、彼女は「もっとハンサムな人がいい」と返答することにより、暗にヒースクリフの美貌と彼に対する好意を示唆します。

その一方でこの映画では、ヒースクリフにジプシーの血が流れていて、そのことが彼自身を悩ませていることが明示されます。幼少期に荒野に向かって駆けていくキャシーとヒースクリフのツー・ショットから、彼らに声をかけるネリーのショットに切り替わり、そのまま大人の二人のツー・ショットに移行する場面のすぐ後で、アーンショウ氏が彼に馬をプレゼントします。その馬選びの際に、ヒースクリフは試し乗りをしたいと申し出て、馬売りに「切れる男」だと評され、「おれと同じロマ（南アフリカ出身のジプシー）の出」だと思ったと言われますが、彼は自身の血筋が見抜かれたことをきっかけに、自身の出自について思い悩む様子をみせます。

しかしながら、この映画ではそれ以上に人種のことが問題化されることはありません。むしろここで問題にされるのは、性に関する社会規範だと言ってよいでしょう。たとえば、この映画には巧みな映画的技法が細部に見られますが、物語後半のキャサリン二世幽閉の場面では、ヒースクリフが窓を見上げると、そこにはキャサリン二世の姿があります。次いで画面はかつてのキャシー一世の姿にフラッシュバックし、さらに彼が最初に出会った幼少期のキャシーのショットに切り替わります。キャシーの幼少時へのフラッシュバックによって、これこそヒースクリフが初めて恋に落ちた瞬間なのだということが暗示されます。窓枠に縁取りされて下を見下ろすキャシーの映像が示すように、この映画でのキャシーは、たとえ幽閉されていない時でも、束縛されて自由のない身として呈示され、元テクストの持つ奔放さはあまり見られません。アーンショウ氏存命中の幸福な時代のエピソードでも、ヒースクリフは馬を贈られる一方で、キャシーはペンダントをプレゼントされることからも見られるように、キャシーは通常の女性より活発ですが、基本的には当時の女性規範に従って行動し発言します。キャシーがリントン家の庭に忍び込み犬に噛まれて「つぐみが辻」に滞在した後は、外見だけでなく行動も世間の規範に従おうとし、ヒースクリフから「君は変わった」と言われると、「以前のわたしは無知だった」と答えます。かつてリヴァプールからのお土産として、ヒンドリーはヴァイオリンを、キャシーは乗馬のムチをねだったという、少年のように勇敢だったキャシーを髣髴させる幼少期のエピソードも、結婚後はすっかり忘れてしまっている始末です。こうしたことから、二人の主人公たちの別離の原因は、むしろ女らしさの呪縛と因襲に絡め取られていくキャシーの心変わりにあるのではないか、と感じさせられてしまうのです。そのため、ヒースクリフが家出する直前エドガーにプロポーズされたキャシーが、ネリーに、エドガーとヒースクリフとの違いを語る場面と、ヒースクリフが馬に鞍を置く場面とのクロスカッティングを見る観客は、二人の別離が不可避で運命的なものであるというよりは、二人が世俗的慣習に呪縛され始めた結果だと感じて、その凡庸性に落胆させられてしまうのです。

さらに、三年の失踪後に訪ねてきたヒースクリフと再会したキャシーは、その直後は歓喜しますが、夫からは妻として軽率な真似をしないようたしなめられ、ヒースクリフからはほとんど一方的に裏切りを責められて、ただ謝るほかなく、挑発的な彼の発言をとりなす女性的な人物として描かれています。そのため、ここでもキャシーとヒースクリフの関係は、兄妹間の宿命的なものというよりは、かつての恋人同士のそれに近く、そのためエドガーとイザベラを介在させた四人の間の愛憎関係は、（エドガーはキャシーに、ヒースクリフはイザベラに対して）嫉妬と憎しみの感情を直接性行為にぶつけるなど、凡庸な痴話げんかのような様相を帯びることになるのです。そのキャシーが雨の日にペニントン岩に出かけ、病気になって亡くなるのも、抑圧からの一時的な解放を求めての行為であるので、ヒースクリフとの関係は、メロドラマ的な調子に終ってしまいます。

もちろん、こうした弱点にもかかわらず、この映画はいきなり第二世代に当たるヒースクリフの息子リントンが、母親の死後叔父のエドガーに伴われてヒースクリフのところに連れてこられるところから始まるという、現代の観客が臨場感を感じやすい構成になっている点や、冒頭の荒野を進む場面の斬新さなど、技法上の工夫がされているという利点も持っています。ただ、中軸を成すキャシーとヒースクリフの関係の描写には、許されざる不倫物語となってしまっている①ワイラー映画同様、陳腐さが目立ち、最後の彼自身によるピストル自殺も、マッチョな男が最後まで男らしさを貫いてみせる身振りと見えてしまうのです。

8　黒人ヒースクリフの孤独

最後に、ヒースクリフをジプシーではなく黒人と設定し、ヴェネチア国際映画際の映画撮影部門金オゼッラ賞を受賞するなど一定の評価も受けている(11)、④アーノルド映画の挑戦的な試みについて見ていきましょう。黒人として表象されているこの映画のヒースクリフは、実際に背中に奴隷としての印も刻まれており、それに伴って彼とキャシーとの関係の描き方も他の三つの映画に比べてきわめて独特です。第二世代が描かれていないところは①ワイラー映画と、また語り手ロックウッドがネリーから聞いた物語を語るのではなく、ヒースクリフが直接目にするものを彼の視点に寄り添って映像化している点は、③ギェドロイツ映画と共通しています。また、後ほど検証するように、映画の後半における大人になったキャシーとヒースクリフの暴力的でサディスティックな描写は、②コズミンスキー映画を思い起こさせます。このように、この映画には部分的に先行する映画の影響や引用が散見されるのですが、ヒースクリフの人物設定だけでなく、自然の描き方やキャシーとヒースクリフの関係、「嵐が丘」の位置づけなど、全体から受ける印象はこれまでの映画と驚くほど異なっているというのが、この映画一番の特徴でしょう。

まず、この映画では、音楽がほとんど使われておらず、自然界の音やそこに住む寡黙な人たちの言葉や物音が淡々と呈示されることにより、抒情性が極力排除されています。たとえば冒頭では、いきなりキャシーの死後静かに悲嘆にくれるヒースクリフが登場し、次いで「嵐が丘」のキャシーの部屋の落書きが示され、木の枝がトントンと窓ガラスをたたく場面に移行し、ヒースクリフがドンドンと床に額を打ち付けている場面へと切り替わり、彼のすすり泣く声がそれに重なって聞こえた後、「嵐が丘」のタイトル・クレジットが呈示されることにより、彼が深く悲しんでいるという事実が淡々と示されます。続いて、草原を移動する人物の視点から、足元に移りゆく草むらの映像が示されますが、アーンショウ氏がリヴァプールからヒースクリフを伴って自宅に帰る際に、ヒースクリフの視点から描かれるハンディ・カメラによるこの映像は、アーノルド監督独自の映像と見えるでしょうが、アダプテーション映画に「精通している」観客にとっては、ヒースクリフの視点に焦点を当てた③ギュドロイツ映画の引用に他なりません。

異人種ヒースクリフの他者性や彼の孤独は、言葉が理解できないために洗礼を拒むというエピソードだけでなく、視覚的にも映像化されています。慣れない環境への恐れからか、ヒースクリフはしばしば、物陰から、そして壁の隙間から、ドアから離れた位置で内側から外を見つめますが、その様子は子供時代では特に、彼の正面のクロースアップではなく、しばしば頼りなさそうな横顔のショットで示されます。次いで彼が目にしている情景の主観ショットが示され、再度彼の姿や彼を含む周辺のショットに切り替わります。こうした主観ショットの示し方は、アーンショウ家におけるヒースクリフの周縁的な位置を示すと共に、彼の視界が窓枠や横板などによって遮られていることによって、周囲に対する彼の理解力が十分ではないことも示唆しています(12)。また、彼が目にするヨークシャーの自然は、彼の内面の反映として映像化される点にも注目しておくべきでしょう。キャシーは、折檻された彼の背中のキズを見せるように言い、その傷跡にそっとキスをしますが、その際のヒースクリフが恍惚とした表情で目にするヨークシャーの自然は、高揚した解放感に満ちています。またキャシーがリントン家に滞在中沈みこんでいる彼の目に映る光景は、ガランとして空虚な雰囲気が漂っており、キャシーの死後の風景は無機質で凍りついているように見えるなど、「嵐が丘」を取り巻く荒野の景色は、アーンショウ氏の死後キャシー以外には頼る人もいない、孤独な彼の目に映る心象風景であることが分かります。

この映画のさらなる特徴は、ちょうど中ほどで、前半の子供時代から後半の大人になって帰還したヒースクリフへと役者が入れ替わっていること、そのため元テクストではあっという間に終わってしまう子供時代が、長く丁寧に描かれていること、また子供時代の主な出来事は、しばしば後半のフラッシュバックによる追憶の中で繰り返し登場していることでしょう。黒人であるという設定のためか、現代のフーリガンを思わせる髪型の青年ヒンドリーは、ヒースクリフに対してとりわけ差別的で、まるで彼を家畜のように扱うので、子供時代の彼はとりわけ弱々しく、キャシーの保護を必要としているように見えます。一方キャシーは、寡黙で厳めしい父親から、「どうしていつもいい子にしていられないのだ？」と言われるように、母親不在の家族の中で疎外感を抱いているように見えます。アーンショウ氏存命中もその死後も、野放し状態で戯れる二人はまるで二匹の小動物のようで、倒れたキャシーの上にヒースクリフが馬乗りになって、彼女の白い顔に黒い泥を塗りつけ彼女を黒くしようとする場面は、エロティックでさえありま す。このような二人の睦みあいは、二人の間が、黒人／白人、動物／人間といった階層関係に大きく浸食される以前の、自然界の生と死の営みの一部として呈示されています。

冒頭近く、ヒースクリフはキャシーに初めて馬の背に乗せてもらいますが、その際にすぐ目の前の彼女の髪をじっと見つめるヒースクリフの視線は、その質感だけでなく、香りまで伝えてくるかのようです。この場面の重要性は、この映像が何度もフラッシュバックによって挿入されていることから窺い知れますが、キャシーに対するヒースクリフの強い愛着の原点がここにあることが理解できます。そのため、ヒースクリフは、失踪後にキャシーと再会した後も、別々の馬でペニンストン岩へ向かう目の前のキャシーの髪から眼をそらすことができません。このように髪の毛が非常に重要な役割を果たしていますが、この点もヒースクリフが黒人であることと連動しているかもしれません。白人であるキャシーの髪がふんわりとしたブラウンであるのと対比して、黒人のヒースクリフの髪は黒い縮れ毛で、キャシーが彼の「髪の毛」を掴んで引き抜きそれを空中に放る（②コズミンスキー映画の引用と見られる）場面は、彼女のサディスティックな性格や彼との関係性だけでなく、彼との人種・階級差をも浮き彫りにしてしまうように見えます。逆に言えば、それだからこそヒースクリフにとってキャシーの髪は彼の憧憬そのものとして機能しているのです。

この映画の素人の役者によるきわめて実験的な子供時代の描写はとりわけ哀感をそそる映像になっていますが、残念ながらそのために、前半のトーンと、大人になってからの後半のトーンがかなり違っているようにみえます。前半の二人の様子は、これまでのどの映画のアダプテーションよりも素朴で現実的に撮られていますが、一方、後半の二人は、②コズミンスキー映画のキャシーとヒースクリフを想起させ、暴力的でサディスティックです。大人になったヒースクリフと再会したキャシーは、「嵐が丘」に滞在中の彼とペニンストン岩の上に登った後、自分を置き去りにして出て行った彼に対して涙を流し、全く無抵抗でされるままになっている彼をなじりながら、自身のブーツでその顔を踏みつけます。一方ヒースクリフは、イザベラと駆け落ちした後、彼女がキャシーでないという理由で激しく暴力を振るい、彼女に悲鳴をあげさせずにはいられません。このように、子供時代のキャシーとヒースクリフと、成人後の二人の違いが強く印象づけられてしまうため、一見するとこの両者のトーンの大きな差異がこの映画の難点だと感じてしまいます。しかしながら、割り切れない思いで元テクストを振り返ると、失踪前と後でヒースクリフが特に大きく変貌してしまったこと、そのためサザーランドが「なぜヒースクリフは、三年間の失踪の後、あれほど残忍な人間になってしまったのか」との疑問を呈したのだったことを思い出し、程度の差こそあれ元テクストでも、彼の失踪前後で驚くほどの変化があったことを再認識することになるのです。

この点は、ヒースクリフを黒人として設定して、実験性を追及した結果だと思われます。またそのために、若干不自然さが生じているのも否定できないところでしょう。この映画では、その他にも、帰還後の彼がいくら変化したとはいえ、良家の子女であるイザベラが明白な黒人であるヒースクリフに恋をして駆け落ちまでするのは得心がいかないとか、「嵐が丘」が「つぐみが辻」と比べてあれほど貧しげなのは意外性が高すぎるなど、プロット上の展開やミザンセヌに関する疑問が残ります。この映画が小説『嵐が丘』の、とりわけ子供時代の二人の主人公たちの関係に関して新鮮な姿を呈示し甦らせたのは確かですが、映画の実験性を追及するあまりプロット上での違和感が残る結果になったことは、いささか残念ではあります。

人間の営みを徹底して自然のサイクルの一部として描いているこの映画について、ロビー・コリンは、その撮影の仕方が一九八三年のカンヌ国際映画祭パルム・ドールに輝いた、深沢七郎原作、今村昌平監督による『楢山節考』を想起させると述べています。またピーター・ブラッドショーは『ガーディアン』誌で、この映画は、元テクストのように精妙な小説が生まれる以前の、「半ばしか表現されていない段階で生のまま呈示された、一連の出来事の記録」と捉えることができると言っています。こうしたコメントから、一見するとこの映画が、新たな解釈を重ね焼きすることによって創作される通常のアダプテーション映画とは一線を画していると推測されるかもしれません。確かに、この映画の独自性はここにこそあると言えるでしょう。しかしながら、先に述べたように、一見すると原作の「ウル＝テクスト（原典）」と見えるこの映画をより深く味わい理解するために観客は、逆説的ですが、先行アダプテーション映画に「精通し」、この映画の効果が、いかに先行映画の技法を援用し、抑制しながら転用するという実験性によって生み出されているかを知る必要があるのです。

このように、この映画は、アダプテーションそれ自体が孕む逆説や、考慮すべき問題を浮き彫りにしてくれます。通常アダプテーションは、新たな解釈を加え先行作品の上から重ね焼きすることで創作されるわけですが、一見それに逆行しているかに見えるこの映画も、決してその例外ではなく、「パリンプセスト的作品」（Ermarth 47）に他ならないことがわかります(13)。その意味でこの映画は、次に言及する、高度に小説技法に意識的なメタ＝アダプテーション小説と通底し合うものを持っているといえるでしょう。

9　エンドレスなアダプテーションの試み

論を閉じる前に、この映画とは一見対極的にみえる、小説の作家とおぼしき人物「私」が登場し、彼女のものも含めて三重の語りの構造から成る、水村美苗の翻案小説『本格小説』（二〇〇二）にふれたいと思います。先の「ウル＝テクスト」とみえる実験的映画が、実際には先行映画の引用もしくは転用の織物から成っているとすれば、小説『嵐が丘』を深く愛好する水村の『本格小説』は、小説の中でも元テクストを模倣し書き換えるという行為それ自体について言及するなど、アダプテーションに関してきわめて自覚的です。日本語で出版され、後に英訳された日本人作家水村のこの小説は、「ウル＝テクスト」ともいうべき「東太郎の物語」が、宇田川家のお手伝い土屋富美子から青年加藤祐介に伝えられ、それがまた青年を通して「私」である水村美苗という作家に伝えられるという、小説『嵐が丘』の語りの構造にさらにひねりを加えた構成になっています。それゆえこの小説は、いわば、アダプテーションについて語るアダプテーション小説、いわば「メタ＝アダプテーション小説」と呼ぶことができるでしょう。

かつて夏目漱石のアダプテーション小説を手掛けたこともある水村は(14)、遠い昔に偶然知り合った東太郎という男性と宇多川よう子との間の、『嵐が丘』のヒースクリフとキャシーの関係を髣髴させる、まるで「小説のような話」を聞かされることになり、その魅力的な話を小説に書き下ろすという強い誘惑にかられます。そして小説を書きながら、以下のように考えるのです――「もちろん書き進むにつれて、私の小説は念頭にあった原作からは懸け離れたものとなっていった。だが私はそこに問題があるとも思えなかった。模倣の欲望から出発したにせよ、時が移り、空が移り、言葉が変わり、人が変わるにつれて変容するのが芸術であり、また芸術とは変容することによって新たな生命を吹き込まれるものだからである」。作家自身、アダプテーションを書くことにより、元テクストが「新たな生命を吹き込まれる」との確信に迷いはないのです。しかしながら、「小説のような話」を聞かされた作家は、まさにそれが「小説のような話」であるからこそ、「ほんとうらしさ」が指の間からするりと滑り落ちてしまうような、心もとない思いから逃れることができません。そこで問われているのは、小説がもちうる「真実の力」とでもいうべきものにかかわる問題だ、と作家は言います（水村『本格小説』上、一七一－七二頁）。『本格小説』の読者は、この小説が『嵐が丘』と違ってはいるものの、『嵐が丘』の変奏曲を聞いているかのような感覚に囚われ、独自でありながら、原作からの反響音が響きわたる、この小説の「真実の力」に心を揺すぶられずにはいないのですが、この小説が「真実の力」を持ち得ている理由は、おそらく、一つは一見錯綜するようにみえるけれどもきわめて精妙に織りなされた語りの構造のためであり、もう一つは元テクストに関する深い理解に基づいた解釈の力であるに違いありません。

水村の小説中、おそらく最も独自な解釈が示されているのが、東太郎と、宇田川よう子と、その結婚相手の重水雅之という三人の間の、不思議としか言いようのない関係についてでしょう。失踪した太郎のアメリカからの帰還を七年待ち続けたよう子は、皆の憧れの的であった重水雅之に、まさに彼女が太郎のような人間に惹かれ続けたという理由で、愛されるようになります。そして太郎が帰ってきたらいつでも結婚を解消するという約束のもとに雅之と結婚するのです。そして、七年後に巨万の富を得て帰国した太郎に再会したよう子は、雅之との結婚を解消することなく、三人にしか理解することのできない特別な暗黙の了解のもとに、太郎と会い続けます。その均衡が破られるのは、その関係が世間の知るところとなり、雅之がよう子に自分か太郎のどちらかを選ぶよう選択を迫ったからに他なりません。その事実に衝撃を受けたよう子は、真冬の軽井沢の別荘の屋根裏に閉じこもった結果瀕死状態となります。そして、太郎と富美子、雅之の必死の捜索の後発見されたよう子は、太郎と遺言めいた最後の言葉を交わすのです。

よう子は、太郎に「タロちゃん。自殺したらだめよ。……自殺したら一生……永遠に許さないわよ」と言い、「どうして」と問いかける太郎に、「だってあたしたちが先に死んじゃったら雅之ちゃんが可哀想じゃない。いかにも一人だけ取り残されたみたいで」と懇願します。さらによう子は、太郎に自分のことを恨んでいるのかと尋ねますが、深い恨みを抱き、「ずっと殺したいと思っていた」、「千歳船橋の庭で最初に見かけたときからずっと殺したいと思っていた」と答える太郎に、太郎と一緒にいることの恍惚と恐怖を、次のように語るのです――「あたしはずっと怖かった。小さいころからずっと怖かった。太郎ちゃんと二人でいると世の中がどんどん遠くなるような、あたしたちだけがどんどんみんなから離れて行ってしまうような、そんな気がして、怖かった」と。そして最後に、「殺せばよかった」と繰り返す太郎に対して、「ああ、なんて幸せだったんだろう」、「なんて幸せなんだろう」というよう子の言葉が続くのです（水村『本格小説』下、三四一－四七頁）。

水村の小説を読みながら読者は、彼女の小説を通して響いてくる『嵐が丘』の調べに身をゆだね、「なんて幸せなんだろう」と心の中でつぶやき返すかもしれません。読者は、雅之と太郎のどちらかを選ぶのを拒むよう子の姿に、『嵐が丘』で「この世の相対的な幸せも、あの世の絶対的な幸せも」、今、ここで望むヒロイン・キャシーの欲望が投影されているのを目撃することにより、小説『嵐が丘』が内包する、危険な不穏性が現代に甦えるのを目撃するのです。そして、水村は、このような不穏な小説である『嵐が丘』は、「焚書の刑に処されるべき」だと断じます（水村『日本語で読むということ』五七－五八頁）。言い換えれば、作家は、『嵐が丘』が破壊的かつ魅力的な小説であることを、自身の小説を通して立証してみせているとさえいえるのです。水村のアダプテーションに対する、こうした確信犯的な身振りによって読者は、元テクストが時代を越え、文化圏を越え、言語を越えて「変容することによって新たな生命を吹き込まれる」という現場に立ち会うことになります。私たち読者がこの稀有な幸運に立ち会いその快楽を享受しえているのは、ひとえに、作家が西洋の文学批評に精通しつくしている優れた批評家であり(15)、小説を書くという行為に自覚的な小説家であるという事実ゆえでしょう。ついでながら、わが国の文化圏に移しかえられたもう一つのすぐれたアダプテーションとして、吉田喜重監督『嵐が丘』（一九八八）がありますが、この映画はカンヌ国際映画祭でも好評を博しています。こうした文化圏を越えたアダプテーション作品を通して言えることは、文化圏を越え変奏の度合いが大きくなっても、それが作品の質を劣化させるわけではないこと、むしろ場合によっては、文化の違いが大きければそれだけ、元テクストの持つ力が強化されることがあるということです(16)。

先に述べたように、元テクストが幾重にも「パリンプセスト的に重ね書き」されることにより、アダプテーション作品は、益々「インターテクスト的」な度合いを強化していきます。水村美苗のメタ＝アダプテーション小説『本格小説』が、そしてアーノルド監督のアダプテーション映画『嵐が丘』がわたしたちに教えてくれるのは、このことではないでしょうか。言い換えれば、『嵐が丘』のような偉大な作品は、アダプトされ書き換えられ、「死後の生を生きる過程で」、「新しい意味や、重要性が加えられることでますます価値を高められ」「それが属していた時代の生よりも、強度が増して」いくのです(Bakhtin 4)。

ちなみに、水村の小説において、祐介は後に富美子から聞かされた話には不都合な真実が隠されている可能性があること、実は失踪直前の失意の太郎は富美子のもとに転がり込み、二人が同棲していたことをよう子の伯母から聞かされ、富美子から聞かされた物語に修正を加える必要があると知って呆然とさせられます。こうして、このエンディングは、エミリーの小説でのネリーの積極的な加担を思い出させるとともに、さらに新たな、女中を主人公とするアダプテーション小説の登場を読者に期待させることになるのです。そして、実際今年になって、ネリーを主人公とした新たな最新版アダプテーション小説が出版されたという事実も、ここに付け加えておくべきでしょう(17)。このように、『嵐が丘』というテクストが、今後もさらに解釈し直されアダプテーションを生み出し続けるのは、間違いないことのように思えます。

【注】

1 Hutcheon 6-7を参照のこと。またブライアン・マクファーレンも同様の議論を展開していますが(McFarlane 15-16)、その中でこの議論のパイオニア的存在としてジョージ・ブルーストーンの『小説から映画へ』を挙げています。

2　サンダーズは、「翻案（アダプテーション）」も「流用（アプロプリエーション）」も、多くの点で、ジュリア・クリステヴァの言う「インターテクスト性の重要な実践のいくつかの区分のひとつである」と述べています。詳細な議論については、『アダプテーションと流用』の第一部第一章「アダプテーションとは何か」を参照。

3　わが国では、アダプテーション論の観点から論じられたものではありませんが、元テクストの翻案小説・映画を紹介した川口喬一の卓越した批評書があります。

4　受容理論において、読むことは、テクストの「空白を埋める」ことだと考えられています。たとえば、テリー・イーグルトンは次のように言っています――「受容理論にとって作品とは、本来、「空白部」から成る隙間だらけのものである。（……）そのような「不確定箇所 indeterminancies」が、つまり、その効果を読者の側の解釈にゆだね、また複数の異なる解釈、それも相矛盾することすらある解釈が生まれるような箇所が、作品には充満している」（イーグルトン 一八七頁）。

5　この小説をモチーフにした歌は、この他に、声優の桑島法子の「水に落ちた葡萄酒」（二〇〇一）や、ヴァイオリニスト川井郁子のアルバム『嵐が丘』の表題曲「嵐が丘」（二〇〇五）などがあります。

6　このミュージカル『嵐が丘』は、日本では初めて、京都女子大学英文学科・英文学会主催による日高真帆准教授演出のもと、テイラー氏の上演許可を得て、二〇一六年二月二日と三日、京都女子大学文中ホールにて上演されました。

7　英文学者で作家でもあるジョン・ウィートクロフトも、ヒースクリフとキャシーとの間の関係を濃密で近親相姦的なものと解釈するアダプテーション小説『キャサリンの日記帳』（一九八三）を書いています。

8　リン・ヘア＝サージェントは論文「悪魔への共感」において、ワイラー映画とコズミンスキー映画だけでなく、両映画のあいだに作成された二本の映画、一九五四年のルイス・ブニュエル監督の『嵐が丘』と一九七〇年のロバート・フュースト監督による『嵐が丘』の、計四本の映画について論じていますが、そのうちではコズミンスキー映画が最も優れたものと位置づけています。

9　奴隷貿易については、ジャン・メイエール著『奴隷と奴隷商人』を参照のこと。なお、近年負の歴史を受け入れ、「英国国立リヴァプール博物館」の一部として二〇〇七年に「国際奴隷博物館」を建立し、十全ではないにしろ己の過去の罪に直面しようとする英国人の態度は敬意に価します。

10　『ヒースクリフの話』は、多様な原稿や書簡の断片から織りなされたもので、その中心を成しているヒースクリフ自身の手になる記録によれば、彼は一年中氷に覆われた地域から三〜四歳の頃に西インド諸島に運びこまれ、そこで生活した後リヴァプールに奴隷として連れてこられた、とされています。さらにまた、後者『エミリー・ブロンテの日記』では、著者のエミリーは、白人と黒人の混血児で黒人解放運動家であったフレデリック・ダグラスの講演を聞いた後、ヒースクリフを「混血児で黒い肌を持った人物として思い描き」ます。さらに、当時も依然として黒人が英国に密輸されていて、貿易が廃止されてからも売られていた」との報告を聞いていたために、「アーンショウ氏が黒人女性との間に子供をもうけると」いう可能性、およびヒースクリフとキャシーがバイロン卿と最愛の腹違いの妹オーガスタとの関係に相当する異母兄妹として、教養ある読者には思い浮かぶ可能性もそこに込めています。また、そうすれば「彼の出自を隠す」ことができるとエミリーは記述します。それに対してアンは、実際ヒースクリフには、イザベラが「ヒースクリフは人間かしら？　もしそうなら、彼は気違い？　そうでないなら、彼は悪魔なのかしら？」と語るような、バイロン的な様相が見られる理由が、読者には納得しやすくなる、とも語っています（Fermi 160-62：一七一－七三頁）。

11　この映画は、ヴァリャドリード国際映画祭の写真監督賞と子役賞も受賞しています。

12　こうした技法は、たとえばアルフレッド・ヒッチコックの『汚名』におけるヒロインの理解が不十分であることを示す視界の欠けたショットや、デイヴィッド・シーゲル／スコット・マクギーの『メイジーの瞳』における視点が低い子供の視界を表すショットなどにも使用されています。

13　ハッチオンは、アダプテーションについて、常に元テクストに付きまとわれている「パリンプセスト的作品」だと言っています（Hutcheon 6：八頁）。

14　水村美苗の作家としての出発点は、夏目漱石の遺作の続編として書かれた『續明暗』（一九九五）でした。

15　水村美苗は、十二歳の時、父親の仕事の都合で渡米しました。アメリカのイェール大学大学院で仏文学を学び、博士課程を修了し、恩師でもあるポール・ド・マンに関する卓越した論文も書いています。その後、一度日本に帰り、また渡米して大学で日本近代文学を教えていましたが、今は基本的に、東京で小説やエッセイを書いています。

16　文化圏とメディアを越えた元テクストの移し替えに関する興味深い分析例については、オトマスを参照のこと。

17　新しい翻案小説は、やはり英国小説研究者でマサチューセッツ州ウィリアムズタウンにあるウィリアムズ・コレッジの英文学教授アリスン・ケイスによる『ネリー・ディーン』（二〇一六）で、小説は、主人公ネリーがロックウッドに宛てた手紙から始まります。

【引用文献】

Bakhtin, Mikhail M. *Speech Genres and Other Late Essays*. Ed. Caryl Emerson and Michael Holquist. Trans. Vern W. Mcgee. Austin, Texas: U of Texas P, 1986.

Bluestone, George. *Novels into Film*. Baltimore: Johns Hopkins UP, 1957.

Bradshaw, Peter. "*Wuthering Heights*: Review." *The Guardian* 10 November 2011.

Brontë, Emily. *Wuthering Heights*. New York and London: Penguin Books, 2003.（『嵐が丘』鴻巣友季子訳、新潮社、二〇〇三年）

Carter, Randolph. *Wuthering Heights: A Drama in Three Acts*. New York: Samuel French, 1939.

Case, Alison. *Nelly Dean*. London: The Borough Press, 2016.

Collin, Robbie. "*Wuthering Heights*: Review." *The Telegraph* 10 November 2011.

Eagleton, Terry. *Heathcliff and the Great Hunger: Studies in Irish Culture*. London and New York: Verso, 1995.（『表象のアイルランド』鈴木聡訳、紀伊國屋書店、一九九七年）

Ermarth, Elizabeth Deeds. "Agency in the Discursive Condition." *History and Theory* 40 (2001): 34-58.

Fermi, Sarah. *Emily's Journal*. Cambridge: Pegasus, 2006.（『エミリ・ブロンテの日記』内田能嗣・清水伊津代・前田淑江監訳、大阪教育図書、二〇一三年）

Haire-Sargeant, Lin. *H: The Story of Heathcliff's Journey Back to Wuthering Heights*. Thorndike, Maine: Thorndike Press, 1992.

———. "Sympathy for the Devil: The Problem of Heathcliff in Film Versions of *Wuthering Heights*." *Wuthering Heights*. Ed. Richard L. Dunn. London: W. W. Norton, 2003.

Hazette, Valérie V. *Wuthering Heights on Film and Television: A Journey across Time and Cultures*. Bristol and Chicago: Intellect, 2015.

Hutcheon, Linda. *Theory of Adaptation*. New York: Routledge, 2006.（『アダプテーションの理論』片渕悦久・鴨川啓信・武田雅史訳、晃洋書房、二〇一二年）
McFarlane, Brian. "Reading Film and Literature." *The Cambridge Companion to Literature on Screen*. Ed. Deborah Cartmell and Imelda Whelehan. Cambridge and New York: Cambridge UP, 2007.
Meyer, Susan. "'Your Father Was Emperor of China, and Your Mother an Indian Queen': Reverse Imperialism in *Wuthering Heights*." *Emily Brontë's Wuthering Heights*. Ed. Harold Bloom. London and New York: Infobase Publishing, 2007.
Miller, Hillis. *Fiction and Repetition: Seven English Novels*. Cambridge, MA: Harvard UP, 1982.
Nestor, Pauline. Introduction. *Wuthering Heights*. By Emily Brontë. New York and London: Penguin Books, 2003.
O'Thomas, Mark. "Turning Japanese: Translation, Adaptation, and the Ethics of Trans-National Exchange." *Adaptation Studies: New Approaches*. Ed. Christa Albrecht-Crane and Dennis Cutchins. Madison, NJ: Fairleigh Dickinson UP, 2010.
Sanders, Julie. *Adaptation and Appropriation*. New York: Routledge, 2006.
Southerland, John. *Is Heathcliff a Murderer?* Oxford and New York: Oxford UP, 1996.
Tennant, Emma. *Heathcliff's Tale*. Leyburn, North Yorkshire: Tartarus, 2005.
Wheatcroft, John. *Catherine, Her Book*. New York and London: Cornwall Books, 1983.

＊

イーグルトン、テリー『文学とは何か――現代批評理論への招待』（上）大橋洋一訳、岩波文庫、二〇一四年。

川口喬一『『嵐が丘を読む』――ポストコロニアル批評から「鬼丸物語」まで』みすず書房、二〇〇七年。

水村美苗『本格小説』（上・下）、筑摩書房、二〇〇二年。

――『日本語で読むということ』筑摩書房、二〇〇九年。

メイエール、ジャン『奴隷と奴隷商人』猿谷要監修・国領苑子訳、創元社、一九九二年。

桜井美音子『嵐が丘――狂気の愛』ぶんか社、二〇一二年。

●映像資料

Arnold. Andrea. Dir. *Wuthering Heights*. DVD, Oscilloscope Pictures, 2013.

コズミンスキー、ピーター（監督）『嵐が丘』（ＤＶＤ）、パラマウント、二〇〇四年。

ジェドロイック、コキー（監督）『嵐が丘』（ＤＶＤ）、ポニーキャニオン、二〇〇八年。

ワイラー、ウィリアム（監督）『嵐が丘』（ＤＶＤ）、キープ、二〇〇五年。

吉田喜重（監督）『嵐が丘』（ＤＶＤ）、角川書店、二〇一三年。

第7章 ■ スヴェンガリアン・モーメント

『トリルビー』とアダプテーションの条件

小西章典

1　はじめに

エレイン・ショウォールターは、ジョージ・デュ・モーリアの小説『トリルビー』(一八九四)について、こう述べています——

最初に、アメリカの雑誌『ハーパーズ・マンスリー』のイラストレーション付き連載小説ならびにセンセーショナルなベストセラー本として、それから、国際的にヒットした芝居ならびに人気映画シリーズとして、ジョージ・デュ・モーリアによる歌姫トリルビー・オフェラルと彼女のメスメリスト的師スヴェンガリの物語は、ドラキュラ、ノラ、シャーロック・ホームズと肩を並べて世紀末の文化的神話学の仲間入りをした。(Showalter vii)

たしかに、一八九六年の作者の死とともに下火になり世紀を超えてまで生き延びることはなかったものの、「トリルビー狂('Trilby-mania')」と呼びうる熱狂が欧米を席捲しましたし(Showalter viii)、スヴェンガリという文化アイコンは、マイルス・デイヴィスの盟友ギル・エヴァンスが自身のアルバムの一つにその名を用いているくらいに、いまでも生き続けています。

ただ、歴史の読み直しによって現在の神話／イデオロギーに鋭敏な批判を展開してきた批評家の見立てではあっても、極東の島国でこの小説を手にした者にしてみると、ショウォールターの評言に対しては、いささか当惑交じりの頷きがせめてものところでしょう。トリルビーもスヴェンガリも、ドラキュラやホームズと同列に扱えるほどには我々の「文化的神話学」の目録にいまだ登録されていません。原作小説の日本語訳を手にすることも、舞台版『トリルビー』を劇場で見かけることもなければ、ポピュラー・カルチャーの中に彼らの相貌を窺うこともまずありません。我々が手にしているのはアーチー・メイヨ監督の映画『悪魔スヴェンガリ』（一九三一）くらいです。トリルビーもスヴェンガリも、日本での足跡は限りなく茫漠とし、表象として生きられるほどの輪郭を持ち合わせていません。彼らはいまだ神話になるには早すぎるのです。

ショウォールターの評言に寄せられる当惑は、彼女が述べる「文化的神話学」の国際性の中に我々自身の居場所を見つけられないことにその一因があります。トリルビーとスヴェンガリは、神話になるくらい国際的に拡散――アダプト――されるとともに、神話になるには程遠いくらい極東の島国では不在――アダプトされないまま――にされているのです。十九世紀小説の中の魔術的力を持った登場人物たち――『フランケンシュタイン』の怪物、ドラキュラ、ホームズなど――が、文化資本として、これまでさまざまなかたちで欧米から日本に移入されてきた事実に照らし合わせてみると、中でもスヴェンガリのこの国での不遇は突出しています。一方ではアダプトされ続けつつ、もう一方ではアダプトされないままであるということが、この男の謎の一つだと言ってもよいでしょう。拡散あるいは不在へとむかう複数のモーメントを内包するスヴェンガリとは何者なのか。この魔術的な男をめぐるアダプテーション論は、まず、彼が小説から演劇へと拡散される原初のモーメントに焦点があてられます。さらに、映画へと拡散されるもう一つのモーメントについても、考察が加えられることになるでしょう。

2 〈催眠術師／メスメリスト〉の焦点化

小説家デュ・モーリアの誕生は、彼の友人ヘンリー・ジェイムズとの会話に起源をもつとされています（Showalter x‐xi；Taylor, *Players* 165；Taylor, "Svengali" 96）(1)。デュ・モーリアの口からプロットの原型にあたるものを耳にした『ボストンの人々』（一八八六）の作者は、自身で小説を執筆してみることを彼に提案します。その結果できあがった小説の一つが、『トリルビー』になります。

小説の舞台は一八五〇年代パリのカルティエ・ラタン。イギリス人あるいはスコットランド人の芸術家たちがアトリエで活動し、この物語のヒロインであるトリルビー・オフェラルが彼らのモデルをしています。トリルビーの来歴は決して明るいものではありません――もともとは「アルコール中毒の両親の娘だが、孤児となり、母方の年長の「身内」に乱暴されてきた――ヒステリーの古典的パターン。彼女は非嫡出の弟――彼女自身の子どもではないかと広く思われている――をヌード・モデル業で養っている」（Showalter xvii‐xviii）。現在の彼女は、悩みの種として、ひっきりなしの偏頭痛や眼の神経痛をかかえています。かたや、ユダヤ人スヴェンガリは、非凡な音楽的才能をもつピアニストで、トリルビーに好意をよせています。彼は、催眠術を駆使して彼女の神経痛を治療する機会をえた際、音痴で音程をとることもままならないこの女の子がもともとはすばらしい歌声をもっていることを認識し、彼女の精神をコントロールすることによって〈モデル〉の女の子を偉大な〈歌姫〉に変身させることができるにちがいない、と考えます。この考えはいずれ現実のものとなり、スヴェンガリとトリルビーは富と名声を手にすることになります。ただ、トリルビーはそうなるまえに、辛い別れを経験しなければなりません。何人かの男たちの好意をあつめるトリルビーは、中でもリトル・ビリーと恋愛関係にありましたが、彼女が画家たちのヌード・モデルをつとめていたことが仇になり、最終的にはリトル・ビリーの親の意向をうけいれて、自身の真実の愛を否認します。悲恋の果てにトリルビーは、スヴェンガリとともにリトル・ビリーのもとを去って行くのです。突然の別離から五年後、トリルビーは歌姫スヴェンガリ夫人として、ふたたび姿を現します。ただ、トリルビーが「ベン・ボルト（"Ben Bolt"）」などをうたう優れたソプラノ歌手でいられるのは、もちろん、スヴェンガリの催眠術が彼女に力を及ぼしている間だけでした。スヴェンガリの死は、当然、歌姫スヴェンガリ夫人の美声の消失を意味していました。

まず、眼の神経痛を訴えるトリルビーに遭遇したスヴェンガリが、催眠術によってそれを治療する場面を見てみましょう――

> スヴェンガリは長椅子のうえに腰掛けるように言ってから、彼女と向かい合って座り、さらに、両方の白眼をしっかり見るように命じた。（……）
> それから彼は、彼女の額とこめかみ、それから頬と首まで、手を行ったり来たりさせて術を施した。すぐに彼女の瞳は閉じられ、顔は穏やかになった。しばらくして、十五分だったと思われるが、彼はまだ痛むかどうか彼女に尋ねた。(49)（2）

催眠術にかかったトリルビーは、神経痛は消え去るものの、スヴェンガリの意のままになって、眼も口も開けられませんし、立つこともできません。術をとかれた彼女が、スヴェンガリに感謝のことばを述べると、彼は「わたし自身がそれ［あなたの痛み］をひきうけた。それはわたしの肘にある。あなたからやって来たのだから、わたしはそれを愛するよ」(50) と述べ、いつでも「治療をして、わたし自身があなたの痛みをひきうけるつもりだよ」(50) と付言します。

この場面一つを見るだけでも、小説『トリルビー』が、同時代の文学だけではなく精神分析学のテクストとも共鳴していることは言を俟ちません。実際、ショウォールターは抜かりなくヨーゼフ・ブロイアーとジークムント・フロイトの『ヒステリー研究』(一八九五)所収のある症例にふれて、スヴェンガリの姿をジャン=マルタン・シャルコーに接続しています(Showalter xix-xx; cf. Taylor, *Players* 166-67)。さらに、ニーナ・アウエルバッハは、世紀末文化における〈女性神話〉について、『トリルビー』を含めた小説からフロイトのテクストまで縦横に言説分析を展開しています(Auerbach)。

催眠術師スヴェンガリという表象は、十九世紀末のコンテクストの中で、さらに限定されていきます。小説テクストは、この点でも寡黙ではありません。治療を行ったスヴェンガリについて、ある登場人物が口にする懸念にそれが表れます――

「(……)彼はあなたをメスメリズムで催眠術にかけたんだ。まさにそうだよ――メスメリズムだ!(……)やつらはあなたを意のままにして、自分たちのしたいことをなんでもあなたにやらせるだけなんだ――詐欺、人殺し、盗み――なんでもだよ! そのうえ、用済みとなったら、あなたも殺されるんだ! 考えるだけでも恐ろしすぎる!」(52)

十八世紀の動物磁気療法の提唱者かつ実践者であるフランツ・アントン・メスメルに端を発する〈メスメリズム〉がここで言及されています(3)。メスメルの学説とは、「健康であるか否かは、星の動きに呼応する不可量の磁気流体の配置が正しいか否かによる」ので、患部――磁気流体の配置が正しくない部分――に〈メスメリストの手〉を介在させれば、「人体内の流体の動きを制御している自然な干満のリズムを促進することができ、それによって健康、すなわち人間と宇宙の調和を回復させることができる」と要約しうるもので、ある意味で催眠療法でした(タタール 二九頁)。催眠療法師メスメルとその学説〈メスメリズム〉に対しては、彼の存命中からすでに、学問的視点ばかりでなく、政治的さらには道徳的視点からも疑義のまなざしが向けられていました。ひと財産を築くための糧としてこの療法が利用できるとわかると、メスメル自身が事業拡大に勤しみましたし、果ては偽療法師なども登場してくるようになります。その挙句、「無垢な若い娘を酷使する、磁気療法師の仮面をかぶった腹黒の手品師たちは、十九世紀のヨーロッパおよびアメリカの多くの文学作品のテーマとなる」（タタール　四九頁）にいたります。スヴェンガリの治療は、ここで〈メスメリズム〉の最悪の記憶を想起させているのです（Taylor, *Players* 165-66 ; Taylor, "Svengali" 101）。

あらためて我々の関心の所在を確認しておくならば、それは、『トリルビー』というテクストが意味を生成する言説の磁場を見据えることではなく(4)、『トリルビー』というテクストが拡散される――アダプトされる――力の動きを跡づけることにあるのですから、まずは小説から演劇へと拡散された際に生じた差異について確認しておくことが必要でしょう。ただ、これほど退屈かつ凡庸な作業はありません。初演の劇評家から現代の批評家まで、演劇版『トリルビー』について論じる者たちは、必ずこの作業に従事し、必ずほぼ同一のことばを漏らします――たとえば、『時代』（一八九五）は「もっとも顕著な変化とは、スヴェンガリがトリルビーに行使する催眠術の力が、デュ・モーリア氏はほのめかすだけだったのに、ポッター氏の芝居では動機になっている、ということだ」と述べ、『デイリー・ニューズ』（一八九五年九月九日号）は、小説から離れることで「スヴェンガリのキャラクターにさらに大きな卓越をもたらす」ことになったと評しています（cf. Taylor, *Players* 164 ; Taylor, "Svengali" 108）。拡散――アダプテーション――の力は、焦点化される〈催眠術師／メスメリスト〉スヴェンガリに仮託されているのです。

図1「腹をすかせた巨大な蜘蛛」

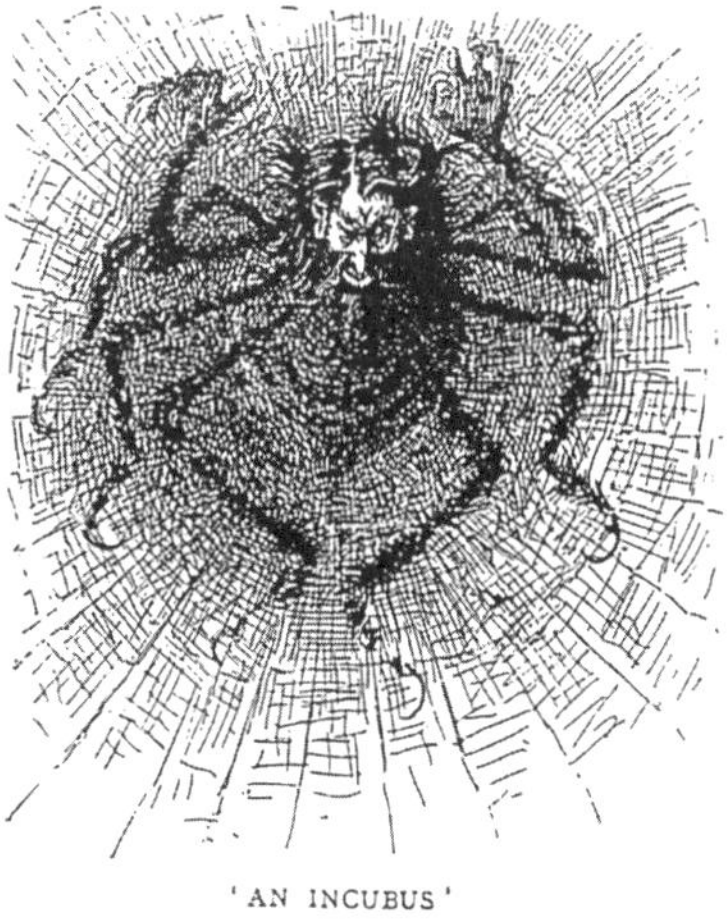

演劇版アダプテーションにおけるスヴェンガリの焦点化とは、まず〈催眠術師／メスメリスト〉としての彼の魔術的な力を誇張することに表れる、と言ってよいでしょう。もちろん、そこには「オリエンタルかつイスラエルかつヘブライのユダヤ人」（244）である彼

の人種的他者性も加味されることになります（cf. Pick；Rosenberg；Taylor, "Svengali" 96-97）。トリルビーは、そのような彼と自身の関係を、「腹をすかせた巨大な蜘蛛」（図1）と「羽虫」の形象で思い描きますが（52）、舞台では、動物的寓話としてよりも、役者による現実的場面として表象されることになります。

3 〈イラストレーション〉を舞台へ

小説『トリルビー』は「アメリカ出版界における現代のベストセラー本の嚆矢」で、「初年度に二〇万部以上を売った」し、イギリス版も大ヒットを記録しました（Showalter vii）。一八九四年に大西洋の両側で起こったこの出版界の出来事は、いちばん素朴なレヴェルで言うならば、欧米社会で『トリルビー』という小説を手にした人が膨大にいた、ということを意味するにすぎません。もちろん、購入者のすべてが小説を読了したと断言することにはいささか留保が必要でしょうが、『トリルビー』という物語を〈文字〉として消費した読者が多数いたことは確かだと言えます。ただ、この小説がベストセラーであったことには、もう一つ別の特殊性が内包されています。この小説には、一八六四年から雑誌『パンチ』で挿絵画家として中心的役割を担っていた作者デュ・モーリアによる〈イラストレーション〉約一二〇図が挿入されているからです（Taylor, "Svengali" 95）。一見してわかるとおり、この小説は随所でフランス語の読解力を要求されますから、〈文字〉は読まずとも〈イラストレーション〉は眺める、あるいは、〈イラストレーション〉をたどりながら物語に思いをはせる読者層がいたと想像することは困難ではありません。このような行為におよんだ読者がいたであろうと考えるならば、この小説は、〈読んだ人〉よりも〈見た人〉の数の方が圧倒的に多かったと言ってもよいでしょう。実際に、デュ・モーリア自身が描く〈イラストレーション〉が、この小説の魅力の大きな部分になっていました（Showalter viii）。

〈文字〉を〈読むこと〉だけではなく〈イラストレーション〉を〈見ること〉も重要な読書行為になっていた小説

『トリルビー』は、自身のアダプテーション作品にも影響をもたらしました。とりわけ、演劇版アダプテーションでは、それが顕著になります。

アメリカ人劇作家ポール・ポッターがこの小説の演劇版をしたためて一八九五年ニューヨークのガーデン劇場でヒットさせたのが演劇版アダプテーションの端緒となります。それを眼にしたイギリスの役者ハーバート・ビアボーム・トゥリーがポッターの演劇版をさらに改訂し、つぎにイギリスで上演して成功をおさめます。トゥリーは、原作者デュ・モーリアに対して事前にお伺いをたて、さらに、一八九五年九月七日に満席と言ってもよいマンチェスターの王立劇場で行われた初演時には、ポッターもアメリカから招くという念の入れようでした（cf. "Trilby"）。このトゥリーによる演劇版アダプテーションが、小説に挿入された〈イラストレーション〉を〈見ること〉と重要な関係性を形成しています。たとえば、当初トゥリーがトリルビーという役柄を演じられる女優を見つけ出せるかどうか懸念していたのは、劇場に駆けつける小説読者の期待を裏切らないようにしなければならないということが脳裏にあったためですが、ここで交錯するトゥリーの懸念と小説読者の期待は、両者とも幕が上がるまえからすでに、〈イラストレーション〉に描かれたトリルビーが実際に舞台上にいる姿に囚われていたことを表しています（cf. Bingham 74-75 ; "Trilby"）。幸運にも、女優ドロシーア・ベアードとの邂逅によって、トゥリーの懸念は解消され、同時に読者の期待も実現されることになります。初演を評する『デイリー・ニューズ』（一八九五年九月九日号）のことばがそれを証明しています——

作品の表象に関してもっとも注目すべきことは、ことによると、役者たちが各々の身体的外見を用いて、小説家自身の手で小説のイラストレーションの中に描かれた登場人物たちを現実化する（realising）のに成功したその手だてであったのかもしれない。どんなに登場人物たちが芝居それ自体の中ではぼんやりとしか反映されていなかったとしても、少なくとも舞台上では完璧に彼らの身体的特徴は確認することができた（perfectly recognisable on the stage)。参照された挿絵を見たことがある者は、トゥリー氏のスヴェンガリ——血色の悪い顔色、流し眼、漆黒の顎鬚、その尖った先端は奇妙にも上にカールしている——も、ドロシーア・ベアード女史のトリルビー——整った顔立ち、額にかかるまっすぐに切りそろえた前髪、愛らしい金髪——も確認し（recognise）そこなうことなどなかったはずだ。（……）ベアード女史の外見はとりわけ完全な驚異であった。（……）トリルビーは生き写しだった。（"Trilby on the Stage at Manchester"）

初演の観客は自分が知っている小説の登場人物たちが実際に舞台上にいることを確認する（recognise）ために劇場に足を運び、それは完全になしとげられました（perfectly recognisable on the stage）。同じく初演の様子を報じた『マンチェスター・ガーディアン』も、デザインとキャストは忠実にデュ・モーリアの〈イラストレーション〉の多くを実現していた、と述べています（cf. Taylor, *Players* 167）。

小説『トリルビー』の演劇版アダプテーションにおいては、この拡散を供給する側だけではなく、需要する側にとっても、〈イラストレーション〉が重要なモーメントになっていました。たしかに、これまでも視覚芸術と舞台芸術の関係は必ずしも疎遠なものではありませんでした。十八世紀になると、シェイクスピア編纂本には芝居の場面を描いた〈イラストレーション〉が挿入され始めますし、ジョン・ゲイ作『乞食オペラ』（一七二八）の一場面を描いたウィリアム・ホガースのものや、リチャード三世、ハムレット、リア王などを演じるデイヴィッド・ギャリックの姿を活写したものなど、舞台を表象する視覚芸術作品——"theatrical conversation pieces"——が多く登場してきました（cf. Burnim : Halsband）。ただ、視覚芸術に材源を提供していた十八世紀の演劇世界とは異なり、十九世紀末の小説『トリルビー』に関していえば、その〈イラストレーション〉が、今度は舞台表象に材源を提供することになったのです。あるいは、それは懸念と期待を惹起するほどの拘束力を発揮した、と言うべきかもしれません。

4 〈無気味さ〉や〈恐ろしさ〉を添えて

『トリルビー』の演劇版アダプテーションでは、スヴェンガリが発揮する〈催眠術／メスメリズム〉という魔術的な力に焦点があてられていました。さらに、小説から演劇へとアダプトされるときに重要な媒介となっていたのが、小説の〈イラストレーション〉でした。そうであるならば、スヴェンガリが〈催眠術／メスメリズム〉の力をトリルビーに行使している姿を描いた〈イラストレーション〉が、演劇版アダプテーションにおける重要なモーメントを形成すると考えてよいでしょう。

たとえば、〈催眠術／メスメリズム〉にかけられたスヴェンガリ夫人が初めてパリの舞台に立って「ベン・ボルト」を歌う姿を描いた〈イラストレーション〉（図2）が、それにあたります。小説の描写は、歌うトリルビーと感嘆する観客の姿を捉えるばかりで、スヴェンガリについては、彼が振る指揮棒――トリルビーの頭もその動きに合わせて動きます――に言及がおよぶにすぎません。ただ、この〈イラストレーション〉一つだけでも、スヴェンガリ表象の特徴にふれることができます。指揮棒を持っている、持っていないにかかわらず、スヴェンガリは手の動きを強調して描かれる場合が多いのです。楽器を演奏している場合も、指揮棒を握っている場合も、跪いてトリルビーを称賛する場合も、彼の手は上にあげられています。治療

図2　小説『トリルビー』の挿画

"AU CLAIR DE LA LUNE"

に際して〈催眠術師／メスメリスト〉が手を活用したことも、当然、ここには関係しているでしょう。〈イラストレーション〉を引き継ぐ演劇版アダプテーションのスヴェンガリの手も、舞台上で強調されます。小説でもそうであったように、トリルビーの神経痛を治療するときには手が利用され、「わたしはメスメルの術を無駄に研究してきたのではない」（1. 496-97）(5)と劇中初めて〈メスメリズム〉始祖の名に言及する際にも、スヴェンガリは、「右手を高くあげたあと、ゆっくり下しながら」（1. SD）、このことばを言い放ちます。死に際しても、彼は両手をあげたあとテーブルの上に仰向けに倒れて臨終をむかえます。

リトル・ビリーとの駆け落ちを思いとどまらせようとトリルビーに〈催眠術／メスメリズム〉をかける場面も見てみましょう。トリルビーが一人でいることを確認すると、スヴェンガリはこっそり部屋に入ってドアの鍵を閉め、「右手で催眠術をかける身振りをし、それから左手で彼女を舞台右手〔下手〕にある椅子へ向かうように合図」（2. SD）します。〈催眠術／メスメリズム〉によって意のままにされてしまうトリルビーは、腰かけた椅子から立ち上がろうとしても、「スヴェンガリの上げられた両手によって挫かれてしまう」（2. SD）のです。リトル・ビリーとともにパリを去る思いだけが心を支配し、話を聞くどころか視線すら自分のほうに向けようとしないトリルビーに対して、スヴェンガリは、部屋の窓から「モルグ（the Morgue）」（2. 452）を見せたあと、自分の言うことを聞かずにパリを出たら、あのモルグに横たわることになる、と語りだします。「トリルビーは彼の瞳から視線をはずそうにもはずせない。彼女は無駄にもがき、その相貌は恐怖の色をおびる」（2. SD）ことになります。スヴェンガリはさらにつめよります――

彼女は立ち上がろうとする――スヴェンガリの催眠術がそれを挫く
そうだ、そこに横たわることになるよ、ぐっすりと眠るんだ。（モルグを指す）そして終日昼も夜も水が――
（右手の身振り）滴り落ちる、滴り落ちる、滴り落ちる、おまえの美しい真っ白の顔から美しい真っ白の両足まで滴り落ちて、やがてそれらは緑色になる――（左手の身振り、体の下の方に）それから、頭のうえには、じめじめとした、泥だらけの、引きずられてボロボロになったおまえの服がつるされる――ポタポタ落ちろ、ポタポタ落ちろ、ポタポタ落ちろ！

トリルビーのため息――彼の両手が彼女の頭上をおおう――彼女は眼を閉じる

眠れ、いとしい人よ（ma mignonne）――眠れ。（よろめく。静止）わたしの言うことが聞こえるかい、トリルビー？（静止――彼は繰り返す――かがんで彼女に近づき）トリルビー、わたしの言うことが聞こえるかい？

トリルビー：（かすかな声で）はい。

スヴェンガリ：では、わたしが命じたとおりにするのだよ――立つのだ。

静止――左手を下して彼女の右手に近づける所作――彼女は立ち上がって舞台右手〔下手〕に向かい、立ち止まる

ダイニング・ルームに行って自分の外套を持て、わたしが命じるまではそこで待つのだよ。（静止）我思し召す、だ！（催眠術の身振り）

トリルビーはわずかに後ずさりする

我思し召す。

トリルビーはスヴェンガリの左手に従って、舞台左手〔上手〕奥の入退場口に向かい、素早く退場する。（2. 460-73）

ここでも〈催眠術師／メスメリスト〉の手が激しく動きます。〈イラストレーション〉を経由し、かつ、焦点化がほどこされた演劇版『トリルビー』のスヴェンガリは、この場面から窺えるように、今度は舞台表象として観客に〈無気味さ〉や〈恐ろしさ〉を拡散させるモーメントになっています。ポッターのアメリカ版では削除されていたこの場面を、イギリスでの上演に際してトゥリーがわざわざ復元した意図は、そこにあったと言えます（Taylor, "Svengali" 108-9)。

〈催眠術／メスメリズム〉の過剰な行使によってスヴェンガリが命をおとしかける場面――小説ではほのめかされるだけでしたが、トゥリーによって新たに加筆された場面（Bingham 76；Taylor, "Svengali" 109）(6)――でも、同じ趣向を読みとることができます――

スヴェンガリ：（……）わたしはわたし、スヴェンガリだ――わたしは自分自身の神だ。（笑う――腕をあげる――突然手を心臓にあてる――よろめく――喘ぐ）わたしの心臓――気絶する――ブランデーを――早く――わたしは――これはなんだ？　わらかない――おい、鼓動していないぞ！

ピアノのろうそくをとってゲッコゥが走り去る。スヴェンガリは心臓をさわってみる――それは鼓動していないように思われる

死ぬもんか！　神よ――わたしを死なせないでくれ！（喘ぐ）もう一年生きさせてくれ――もう一カ月――もう一時間！　悔い改めます――ああ、イスラエルの神よ！　シェマ・イイスロエル・アドナイ・エロヘノ・アドナイ・エコッド！（わけのわからないことをしゃべりつづける）

ブランデーをもってゲッコゥが再登場――スヴェンガリは飲む

ああ――ああ！（前方を見て、回復しつつあることを感じ、手を心臓にあてる――低い声で笑い始める）死にかけてなんかいないだろ、え、ゲッコゥ？　わたしの心臓をさわって調べてみろ――死にかけてなんかいないだろ、え？（2. 511-27）

ここでも腕があげられています。スヴェンガリは、先の場面にあったように、ヒロインを〈催眠術／メスメリズム〉によって意のままにしたり、彼女に対して死の恐怖を提示したりするだけではなく、この場面に見られるように、

自身でも死を凌駕するような怪物的無気味さを表象するのです。

演劇版アダプテーションの中に特権的に挿入されたこれら復元・加筆場面は、小説世界では偏在化してしまいがちな〈無気味さ〉や〈恐ろしさ〉を、小説の〈イラストレーション〉を受け継ぐ舞台上のスヴェンガリ一人に集中させています。そうすることで表象としての彼の強度を高めるのです。劇場の観客は、このような強度を増したスヴェンガリ表象を享受することになり、それが首尾よくいけば、スヴェンガリという表象が小説と演劇をつなぐ一つのモーメントになるのです。演劇版アダプテーションは、〈イラストレーション〉というかたちで小説を継承するだけではなく、復元・加筆場面というかたちで小説を補完することによって、それ自体の強度も高めます。このようにして焦点化される舞台上のスヴェンガリを演劇世界のジャンルにひきとって分類化してみるならば、彼はヒロインを迫害するメロドラマの〈悪役〉という登場人物類型の中に仲間入りをしたと考えることもできるでしょう。

5　役者が演技するとき

演劇版アダプテーションでは、〈イラストレーション〉の実現が、〈文字〉――ナラティヴ――をいかに扱うかに勝っていたことはすでに述べました。それが実現されたとき、とりわけ〈無気味さ〉や〈恐ろしさ〉が観客にもたらされることも確認しました。ただ、〈イラストレーション〉と〈観客〉の間は、両者が存在するというだけで自動的に接続されるものではありません。初演の劇評が口々に述べていたように、演劇版アダプテーションの可否は、トリルビーを演じた「ドロシーア・ベアード女史」や、スヴェンガリを演じた「トゥリー氏」の力量にかかっていました。接続の要として存在するのは役者なのであり、彼らの演技なのです。小説から懸念と期待を込めて差し出された〈イラストレーション〉をうけとり、舞台上でそれに〈無気味さ〉や〈恐ろしさ〉という色合いを添えて提示するのは役者であり、『トリルビー』をめぐる演劇版アダプテーションの中心的主体は、演技する役者にほかならないのです。

この点、スヴェンガリを演じた役者ハーバート・ビアボーム・トゥリーは申し分ない力量を発揮しました。たとえば、『時代』(一八九五)のことばをひいてみましょう――

トゥリー氏による気味の悪い顔つきのスヴェンガリの演技(impersonation)は、メイクとアクションの両方の点で、すばらしい創造である。細部は一つも省かれていないし、力強い演技は、彼の芸術の範囲と力の両方をあらわにしている。スヴェンガリが温和で愛嬌のあるトリルビーに魔術をかけたとき、観客は我を忘れた(entranced)ようだったし、彼らは彼の悲劇的な最期を印象的な沈黙で目撃した。("Trilby")

スヴェンガリに〈催眠術/メスメリズム〉をかけられている眼前のトリルビーのように、観客は我を忘れた〈entranced〉状態になり、さらに、彼の死に様を目撃して沈黙することになります。このとき、トゥリー演じるスヴェンガリは、トリルビーに対してだけではなくて観客に対しても、〈催眠術/メスメリズム〉の力を拡散させるモーメントになっているのは間違いないのです。実際に、トゥリーの娘の一人が、父親の演技について「観客の想像力に彼がふるう力と魔術(the power and wizardry)を否定することはだれにもできませんでした」と回顧していますし、さらに、リハーサル中に「激情したり、命令したり、メスメリズムをつかう(mesmerizing)といってもいいくらいにして、みんなに自分の意志を遂行させていた」父親の姿を証言しています(Tree, "Memories" 185)。トゥリーの演技それ自体が魔術的――〈催眠術/メスメリズム的〉――なのです(7)。

〈イラストレーション〉を経由した役者の演技が、スヴェンガリという登場人物をモーメントにして、小説から演劇への拡散――アダプテーション――を成立させ、同時にそれは小説の読者から演劇の観客への拡散――変貌――を成立させてもいます。とりわけ、スヴェンガリにとって幸福だったのは、ハーバート・ビアボーム・トゥリーという役者をそのような拡散の中心的媒介者として得たことにほかなりません。〈イラストレーション〉、読者、役者の演技、観客などを経由しながら、懸念と期待を背負い込みつつ、魔術的な力を伝播させていくスヴェンガリという登場人物が、原作小説とその演劇版アダプテーションの間をよどみなく接続したとき、アダプテーションの条件は整います。そうなったとき、スヴェンガリは拡散のモーメントとして開示されるのです。仮初に、我々はそれを〈スヴェンガリアン・モーメント〉とでも称しておくことにしましょう。

6　つねに歴史化せよ！

〈スヴェンガリアン・モーメント〉は、小説『トリルビー』とその演劇版アダプテーションが織り成す原初の歴史の襞に分け入る試みによって初めて見える煌きにすぎません。それは、映画監督アーチー・メイヨと役者ジョン・バリモアの邂逅によって、歴史の中にもう一度出現することになりますが、ここには別の歴史の襞が待ち受けていることになります(8)。

映画『悪魔スヴェンガリ』（一九三一）のナラティヴは、とりわけ、トリルビーの愛をめぐるリトル・ビリーとスヴェンガリの争いとして構造化されています。スヴェンガリの〈催眠術／メスメリズム〉も、彼女の愛の獲得とその保持という目的が強調されることになるのです。

スヴェンガリ夫人がトリルビーだとわかったリトル・ビリーは、彼女の公演が行われる場所ならばどこであろうと駆けつけて、客席の一つを占めます。そんな恋敵の姿を劇場で認めると、スヴェンガリは疎ましく思い、開幕直前にもかかわらず急遽公演を中止にしてしまいます。挙句、ヨーロッパの劇場から締め出された〈歌姫〉は、エジプトのカイロにあるスフィンクス・カフェで、「マドモアゼル・ドロと六人のモロッコ人少女ダンサー」による公演の添え物として、最後の舞台に立つことになります。

『悪魔スヴェンガリ』が公開された一九三一年のアメリカといえば、トーキーがその出現から実験を経て商業化へ向かう移行期であり、このような映画におけるテクノロジー革新と制度変化の歴史が『悪魔スヴェンガリ』にも関係しています。映画版アダプテーションにおける〈スヴェンガリアン・モーメント〉は、映像をめぐるテクノロジーと制度の歴史と交差するのです。ただ、映像の歴史という襞にふれるとき、まずそこから開示されるものは、〈スヴェンガリアン・モーメント〉ではなく、それと表裏一体の関係にあるトリルビーの存在の煌きにほかなりません。

『悪魔スヴェンガリ』においても、トリルビーの歌唱場面が一つの重要なモーメントとして配置されていますが、ここでは、〈催眠術師／メスメリスト〉による歌姫の操作という側面よりも、〈歌唱するトリルビー〉――〈歌唱ならびに音楽〉と〈演技する役者〉の融合――それ自体に焦点が合わされています。〈歌唱するトリルビー〉はアメリカにおけるトーキーの歴史を体現しているのであって、彼女は〈トーキー時代のアメリカの歌姫〉なのです。実際、イングランドの演劇世界からアメリカの映画世界への帰国にあわせて原作小説の描写に先祖返りしたかのように、この映画の中では、〈トーキー時代のアメリカの歌姫〉トリルビーの歌唱姿に焦点が合わされており、〈催眠術師／メスメリスト〉スヴェンガリの姿は、彼女の歌声に熱狂する観客を代理表象しているに過ぎないと言ってもよいくらいにまで矮小化されています。映画『悪魔スヴェンガリ』においては、〈スヴェンガリアン・モーメント〉の開示というよりも、小説『トリルビー』が惹起した「トリルビー狂」の記憶の方が、いま一度アメリカというコンテクストで歴史の中から再起させられることになるのです。テクノロジーと制度の後ろ盾を得た映像メディアの中で焦点化されるのは〈歌唱するトリルビー〉の方であり、演劇版アダプテーションにおける〈スヴェンガリアン・モーメント〉になぞらえて言うならば、〈トーキー時代のアメリカの歌姫〉は〈トリルビー・モーメント〉とでも称しておくような瞬間をそのとき開示していることになるのです。

『悪魔スヴェンガリ』における〈スヴェンガリアン・モーメント〉については、スヴェンガリを演じた役者ジョン・バリモアの演技に特化して考えてみましょう。〈イラストレーション〉を引き継いだハーバート・ビアボーム・トゥリーと同様に、あるいは、スヴェンガリを演じたトゥリーをさらに引き継いだと考えてもよいくらいに、バリモアが演じるスヴェンガリの姿も、小説読者ならびに観客の期待を裏切ることはなかったと考えられます。ただ、トゥリーが作りあげたスヴェンガリ表象から、バリモアが力点を移行させた部分もあります。それは、トゥリーに顕著だった手の演技です。バリモアのスヴェンガリは、手ではなく、〈催眠術師／メスメリスト〉のもう一つの特徴である〈白眼〉を強調し、トリルビーに術をかけるに際しては、〈所作〉と〈台詞〉ではなく、〈白眼〉と〈沈黙〉が眼をひきます。そのために、一九三一年時点ではいまだ映像演出効果として斬新さを消失していなかったと考えられるクローズ・アップが多用されます。バリモアのスヴェンガリは、クローズ・アップされた顔に光る〈白眼〉のみによって催眠術を施すのです。役者トゥリーは〈手〉と〈ことば〉を巧みに操ることによってスヴェンガリの〈無気味さ〉と〈恐ろしさ〉を表象しますが、一方の役者バリモアは、そのクローズ・アップされた顔が際立たせる〈白眼〉と〈沈黙〉によってスヴェンガリの〈無気味さ〉と〈恐ろしさ〉を一瞬だけ呼び覚まします。トゥリーに見られたような演劇的場面という持続的時間ではなく、映画的ショットという瞬間の反復が、バリモアのスヴェンガリに力をもたらすのです。束の間だけ現れては消えていくスヴェンガリの〈白眼〉は、ことばの真の意味で〈スヴェンガリアン・モーメント〉の煌きを放ちます。このショットが反復されるたびに、『悪魔スヴェンガリ』の恋愛をめぐるナラティヴ構造に空隙が発生し、一瞬ごとに〈スヴェンガリアン・モーメント〉が開示されるのです。もちろん、映画版アダプテーションにおける〈スヴェンガリアン・モーメント〉に、クローズ・アップなどの映像テクノロジーの変革の歴史が介在しているということは、あらためて言うまでもありません。

演技という点で、トゥリーとバリモアを結ぶ線がもう一つあります。映画版アダプテーションのスヴェンガリは、ホレイショーに対するハムレットの台詞――「天と地のあいだには、（……）おまえの哲学などでは夢にもおよばないようなことがたくさんあるんだ」（1. 5. 166‐67）――を前半と後半で一度ずつ引用します。ジョン・バリモアが〈シェイクスピア俳優〉であったことを想起すれば、このような振舞いなど雑作ないことであったと考えられるでしょう(9)。映画版アダプテーションの〈スヴェンガリアン・モーメント〉には、シェイクスピア上演史の影もそれとなく忍びこんでいるのです。一方、スヴェンガリという登場人物を演じるに際し、同じく〈シェイクスピア俳優〉であったハーバート・ビアボーム・トゥリーが、シェイクスピア上演史とどのような距離をとったのかは、ここでは手にあまる問題です(10)。ただ、その痕跡くらいならば、ある劇評家のことばから垣間見ることができるかもしれません──

トゥリー氏演じるスヴェンガリの凶眼と嘲笑は、彼の犠牲者がみせる生き生きとした少女のような雰囲気と驚くべき対照をなしている。あたかもキャリバンが魔法によってミランダの愛情を獲得するのに成功したかのようだ。

("Trilby on the Stage at Manchester")

ここでは、トゥリーの演技がキャリバン的であったのに対し、バリモアの演技がハムレット的であったという仮説を述べるにとどめておきましょう。いずれにしろ、二人の〈シェイクスピア俳優〉は、それぞれの〈スヴェンガリアン・モーメント〉に、それぞれのシェイクスピアの影を忍び込ませていると考えられます。

〈スヴェンガリアン・モーメント〉は歴史の襞の中から開示されます。映画版アダプテーションは、それが歴史の中で変化し、一様ではないことを教えてくれます。同時に、歴史の襞は幾重にも折りたたまれているため、当然、いまだ我々の視線では捉えられないような盲点が存在することも、心得ておかなければならないでしょう。小説『トリルビー』が拡散──アダプト──されるとき、それぞれの歴史の襞がこの原作小説を受け取りつつ、それぞれのアダプテーション作品に独自の力を注ぐのです。とりわけ拡散の力を仮託されるスヴェンガリという登場人物は、アダプテーションをめぐる力の動きを垣間見させてくれる存在なのです。アダプテーション作品とは歴史の襞が織り成す力学の産物であり、アダプテーションの条件を見定めることは歴史の襞の力学を読むことにほかなりません。その意味で、〈スヴェンガリアン・モーメント〉は、すぐれて歴史的なものにならざるをえないのですし、それに視線を注ぐ我々は、「つねに歴史化せよ！」（ジェイムソン 一〇頁）というあの提言を片時も忘れてはならないのです。

7 おわりに

〈スヴェンガリアン・モーメント〉は、『トリルビー』が拡散――アダプト――されるときの条件をさぐる読解の試みから得られた仮初の結論にすぎません。ここからスヴェンガリの「文化的神話学」を解明する道にすすむことは可能かもしれませんが、〈スヴェンガリアン・モーメント〉は、極東の島国ではなぜスヴェンガリが不在――アダプトされないまま――にされてきたのかという問いに解答をあたえる類のものでは、いささかもありません。拡散のモーメントを成立させている条件の否定が、不在のモーメントの論拠になるほど、異なる文化の考察は単純なものではないのです。我々はいまだスヴェンガリをめぐる「文化的神話学」の不在を考察するには早すぎるのです。

いずれにせよ、アダプテーションという観点から見て、拡散と不在の両方のモーメントを内包するスヴェンガリは、今もって謎の男の称号をほしいままにしています。拡散であろうと、不在であろうと、この謎の男に拘泥する我々は、〈催眠術／メスメリズム〉に感化された小説の中の／舞台上の／スクリーンに映るヒロインのように、いつしか不意にこのことばを漏らしていることになるのかもしれません――

「スヴェンガリ……スヴェンガリ……スヴェンガリ……」（248）

【注】

1 近年では、さまざまな視点からジョージ・デュ・モーリアという人物の見直しが行われ始めています。たとえば、クックとゴールドマンによる編著がその一例だと言えます。

2 小説『トリルビー』からの引用は、オックスフォード版により、（ ）内にページ数を示します。拙訳。

3 メスメリズムの基本文献として、本章で言及されるタタール以外に、ダーントンも参照。

4 とりわけスヴェンガリという登場人物をとりまく言説の磁場について、彼のユダヤ性に力点をおきながら、誰よりも包括的に捉えようとしているのがピックです。また、ドティは、自身の〈クィアな唯美主義者〉映画論を、短いながらもスヴェンガリを論じることから始めています（cf. Doty 46-48）。

5 演劇版『トリルビー』からの引用は、オックスフォード版により、（ ）内に「幕」と「行」をこの順番で数字により示します。なお、「ト書き」については、「SD」という略号で表します。本章におけるケンブリッジ版『ハムレット』からの引用についても、同様に（ ）内に「幕」、「場」、「行」をこの順番で数字により示します。ともに拙訳。

6 ジョージ・バーナード・ショーはこの加筆場面をもっともあざ笑うべき類のものだと考えていました（cf. Bingham 76）。

7 ハーバート・ビアボーム・トゥリーの演技術について詳述する余裕はないものの、彼は、これまでの伝統的演技術——役者たちは役柄とともに演技の型も継承していく——の範疇におさまるような役者ではなく、「自分自身のパーソナリティからスタイルやテクニックをうみだす」ような「創造的演技」を旨とする役者であった、ということだけは付言しておきます（Shaw 247, 241）。このような彼の演技術を称賛する者はたしかに多くいたのですが、ジョージ・バーナード・ショーのように、その称賛のことばから苛立ちと皮肉が自然に滲み出てしまう者もいました（cf. Shaw ; Tree, "Memories" ; Tree, "My Father"）。ジョージ・テイラーの二つの論文も参照。

8 ちなみに、一九一四年に、ロンドン・フィルム・カンパニーが、ハーバート・ビアボーム・トゥリーと彼の劇団をつかって、ハロルド・ショー監督による映画版『トリルビー』を制作していますが、そのいちばん初めのリールがナショナル・フィルム・アーカイヴにあるのみで、この映画それ自体の存在は人口に膾炙しているわけではありません（cf. McDonald ; Taylor, "Svengali" 106-107）。また、マクドナルドは、これを含めた映画版『トリルビー』の諸作品について論じていますが、いずれも概説の域にとどまっています。

9 〈シェイクスピア俳優〉としてのジョン・バリモアについては、モリソンを参照。

10 〈シェイクスピア俳優〉としてのハーバート・ビアボーム・トゥリーについては、エメルジャナウのほかに、ブースの第五章からもその一端を知ることができます。

【引用文献】

Auerbach, Nina. "Magi and Maidens: The Romance of the Victorian Freud." *Critical Inquiry* 8 (Winter 1981): 281 - 300.

Beerbohm, Max, ed. *Herbert Beerbohm Tree: Some Memories of Him and of His Art Collected by Max Beerbohm.* 2nd ed. New York and London: Benjamin Blom, 1969.

Bingham, Madeleine. *'The Great Lover': The Life and Art of Herbert Beerbohm Tree.* New York: Atheneum, 1979.

Booth, Michael R. *Victorian Spectacular Theatre 1850 - 1910.* Boston, London and Henley: Routledge & Kegan Paul, 1981.

Burnim, Kalman A. "Looking upon His Like Again: Garrick and the Artist." Kenny 182 - 218.

Cooke, Simon and Paul Goldman, eds. *George Du Maurier: Illustrator, Author, Critic beyond Svengali.* Farnham: Ashgate, 2016.

Doty, Alexander. "The Queer Aesthete, the Diva, and *The Red Shoes.*" *Out Takes: Essays on Queer Theory and Film.* Ed. Ellis Hanson. Durham and London: Duke UP, 1999. 46 - 71.

Du Maurier, George. *Trilby.* Ed. with an Introduction by Elaine Showalter. Notes by Dennis Denisoff. Oxford World's Classics. Oxford: Oxford UP, 1998.

Emeljanow, Victor, ed. *Herbert Beerbohm Tree.* Vol. 1. of *Lives of Shakespearean Actors V: Herbert Beerbohm Tree, Henry Irving and Ellen Terry by Their Contemporaries.* Ed. Gail Marshall. Kyoto: Eureka P, 2012.

Halsband, Robert. "Stage Drama as a Source for Pictorial and Plastic Arts." Kenny 149 - 70.

Kenny, Shirley Strum, ed. *British Theatre and the Other Arts, 1660 - 1800.* Washington: Folger Books, 1984.

McDonald, Louise. "Softening Svengali: Film Transformations of *Trilby* and Cultural Change." Cooke and Goldman 231 - 41.

Morrison, Michael A. *John Barrymore, Shakespearean Actor.* Cambridge: Cambridge UP, 1997.

Pick, Daniel. *Svengali's Web: The Alien Enchanter in Modern Culture.* New Haven and London: Yale UP, 2000.

Potter, Paul (Adapted by Herbert Beerbohm Tree). *Trilby.* Trilby *and Other Plays: Four Plays for Victorian Star Actors.* Ed. with an Introduction by George Taylor. Oxford World's Classics. Oxford: Oxford UP, 1996. 199 - 271.

Rosenberg, Edgar. *From Shylock to Svengali: Jewish Stereotypes in English Fiction*. Stanford: Stanford UP, 1960.

Shakespeare, William. *Hamlet, Prince of Denmark*. Ed. Philip Edwards. The New Cambridge Shakespeare. Cambridge: Cambridge UP, 1985.

Shaw, Bernard. "From the Point of View of a Playwright." Beerbohm 240 - 52.

Showalter, Elaine. Introduction. Du Maurier vii - xxi.

Taylor, George. *Players and Performances in the Victorian Theatre*. Manchester and New York: Manchester UP, 1989.

———. "Svengali: Mesmerist and Aesthete." *British Theatre in the 1890s: Essays on Drama and the State*. Ed. Richard Foulkes. Cambridge: Cambridge UP, 1992. 93 - 110.

Tree, Iris. "Memories." Beerbohm 181 - 86.

Tree, Viola. "My Father." Beerbohm 171 - 80.

"Trilby." *The Era* (1895). Emeljanow 58.

"Trilby on the Stage at Manchester: First Performance in England." *The Daily News* (1895). Emeljanow 57.

*

ジェイムソン、フレドリック『政治的無意識——社会的象徴行為としての物語』大橋洋一・木村茂雄・太田耕人訳、平凡社、二〇一〇年。

タタール、マリア・M『魔の眼に魅されて——メスメリズムと文学の研究』鈴木晶訳、国書刊行会、一九九四年。

ダーントン、ロバート『パリのメスマー——大革命と動物磁気催眠術』稲生永訳、平凡社、一九八七年。

●映像資料

メイヨ、アーチー（監督）『悪魔スヴェンガリ』（DVD）、株式会社アイ・ヴィー・シー、二〇〇三年。

第8章 ヴァージニア・ウルフと使用人の肖像
── アダプテーションをめぐって

大西祥惠

1　はじめに

翻案小説を読んだ後で原テクストを読み直した時、それまで気付かなかった意外な点に気付かされることがあります。翻案《アダプテーション》は、原作のコピーではありません。それは、原作の創造的な作り変えであり、それゆえ原作に潜在していながらこれまで気付かれることのなかった〈何か〉を顕在化させることがあるのです。ジュリー・サンダーズは、原テクストを「作り変える」翻案小説の生産性に注目していますが（Sanders 31）、ヴァージニア・ウルフの『ダロウェイ夫人』（一九二五）をモチーフとして書かれたマイケル・カニンガムの『めぐりあう時間たち』（一九九八）もまた、そうした「生産的な」翻案小説の一つです。

『めぐりあう時間たち』は、異なる場所と時代を生きる三人の女性たちを主人公にし、その一人として『ダロウェイ夫人』執筆時のヴァージニア・ウルフを設定しています。そして、そのテーマの一つとして、カニンガムはウルフの手紙や日記、伝記に基づく史実をフィクションの中に織り込み、『ダロウェイ夫人』執筆時のウルフの心理状態とテクストへのその影響を辿ろうとしています。マイケル・ウィットワースは、『めぐりあう時間たち』を「伝記の枠内で再コンテクスト化されたテクスト」が「ウルフの人生を解釈している」と述べていますが（Whitworth 219：三二四頁）、この小説の中のウルフの日常生活と小説の間の関係性に対するカニンガムの示唆は、『ダロウェイ夫人』を再解釈する刺激的な糸口を与えてくれるように思われます。

『めぐりあう時間たち』の中には、ウルフの他にも夫レナードや、姉ヴァネッサ・ベルをはじめ実在の人物が登場しますが、ウルフの使用人であったネリー・ボクスオールもまた登場人物の一人です。カニンガムは、ネリーとの緊張に満ちた関係の中で、ネリーの扱いに手を焼き屈辱感を抱いたウルフが、使用人との軋轢に苦しみながら『ダロウェイ夫人』の構想をめぐらせ、執筆に励む様子を描いています――「クラリッサ・ダロウェイは、召使いを相手にする巧みな技の持ち主にしよう。親切心と支配力が分かちがたく結びついた態度の持ち主。召使いたちは彼女を愛する。彼女が望む以上のことをすすんでやるのだ」（Cunningham 87：一〇九頁）。カニンガムは、ウルフと彼女の使用人の間にあった緊張を描き、その緊張が『ダロウェイ夫人』執筆にいかに影響を与えていたのかを示唆しているのです。

ハーミオーニ・リーは、「「使用人問題」は〔ウルフの〕ほとんどすべての小説に入り込んでいる」（Lee 356）と言っています。ウルフと使用人との関係を分析したものとしては、ウルフの私生活での使用人との関係を論じたアリソン・ライトの『ウルフ夫人と使用人たち』（二〇〇八）や、スティーヴン家の料理人であったソフィーをモデルにしたウルフの未刊の短編「料理人」（一九三一）に焦点を当てたスーザン・ディックの「ヴァージニア・ウルフの「料理人」」（一九九七）とクララ・ジョーンズの「ヴァージニア・ウルフの一九三一年「料理人のスケッチ」」（二〇一四）、ウルフの様々な短編における使用人の表象を研究したヘザー・レヴィーの『ヴァージニア・ウルフの短編小説における欲望の使用人たち』（二〇一〇）などがありますが、『ダロウェイ夫人』をはじめとしたウルフの主要な小説における使用人の表象については十分に議論されていません。そこで本章では、『めぐりあう時間たち』を通して『ダロウェイ夫人』を読み直し、この小説と使用人との関わりについて検証し、さらに『ダロウェイ夫人』とは対照的な使用人へのウルフの見方が投影されている『フラッシュ』（一九三三）と『フラッシュ』を使用人の視点から描き直したマーガレット・フォースターの『侍女』（一九九〇）にも目を向けて、ウルフの描く使用人像を、翻案小説との関係から検証していきたいと思います。

2　家庭の中の不調和音——「使用人問題」

ウルフにとって最も影響力のあった使用人は、おそらく十八年もの間、ウルフ家の住込みの料理人を務めたネリー・ボクスオールでしょう。一九一六年から一九三四年までの十八年のうちの十年間、ネリーはウルフ家の唯一の使用人であり、料理だけでなく、掃除や洗濯などのさまざまな家事仕事をこなす「クック・ジェネラル」と呼ばれる料理人として勤めました（Light 170）。ネリーは、ウルフに仕事を辞めると脅し、そして実際、話が進むとウルフをなだめそれを取り消し、一方、ウルフもネリーに解雇宣告をしてはそれを取り下げ、二人はこのようないたちごっこを繰り返していたのです。

カニンガムは、『めぐりあう時間たち』の中でこの「ネリー問題」を取り上げ、ネリーとウルフの緊張感に満ち殺伐とした様子を描いています。

キッチンでは、ネリーがパイ生地をのばしているところ。ネリーは演技などしない。つねにネリー自身。いつも大きく、赤ら顔で、帝王然として怒っている。まるで自分は栄光と礼儀とが尊重された時代を過ごしてきたのだが、その時代はこちらが部屋に入る一〇分ほど前に永遠に終わってしまったかのように。（……）なるほど、ヴァージニアは考える、彼女はわたしの喉を切り裂きたいのだ。まさしくそう、無造作の一撃で。まるで私を殺すことなど、彼女の眠りを妨げる退屈な家事がひとつ増えただけといった様子で。そんな風にネリーは人を殺すのだ、完全にそして正確に。料理をするのと同じ調子。手順はずっと昔に覚えていてすっかり自家薬篭中のものとしたレシピに従っているので、あれこれ頭を使うことなど一切ない。いまこの瞬間、彼女はヴァージニアの喉をカブさながらに喜んでかき切ることだろう。ヴァージニアが果たすべき義務を怠ったというのに、彼女、大人の女性であるネリー・ボクスオールが梨を出そうとして罰せられているのだから。召使の扱いはどうしてこんなにも難しいのだろう。ヴァージニアの母は見事にやってのけた。ヴァネッサは見事にやっている。ネリーに妥協せずにやさしく接することがどうしてこんなにも難しいのか。(Cunningham 84-87：一〇六－一〇九頁)

ウルフは、姉のヴァネッサや母ジュリアのように「使用人から尊敬と愛情を得」、使用人をうまく扱うことが出来ない自分自身を歯がゆく思っています。ネリーとウルフの間の力関係は絶えず逆転し、時としてウルフに支配的に振舞うネリーは、彼女にとって「のどを切り裂き」自分を殺しかねない「殺人鬼」のように恐ろしい存在として呈示されています。

ウルフ家を困らせていたこの「ネリー問題」は、「使用人問題」として同時代の多くの家庭で共通する悩みの種となっていました(1)。封建的なヴィクトリア朝では、階級制度に基づく厳格な主従関係が雇い主と使用人の間で成立していました。しかし、「人間関係のすべては変わった。主人と使用人の間の関係、夫と妻、両親と子供といった関係は変化した」とウルフが述べているように("Character in Fiction" 38)、二十世紀になりその家父長制度はほころび始め、雇い主と使用人の関係もより対等なものになっていきます。

さらに、第一次世界大戦中、男性たちが戦争に行った結果、従来男性のものとみなされていた多くの職業に女性たちが就くことができるようになり、それらに比べてより劣ったものだとみなされた使用人の仕事に就くことを敬遠する女性が多くなります。その結果、使用人が不足して売り手市場になり、要求が多くなった使用人たちは雇い主に従順ではなくなりました。E・M・フォースターの『ハワーズ・エンド』(一九一〇)の中でも、家事使用人を雇うために職業斡旋所に行ったマーガレットは、「家に階段が多すぎるという理由で、本職の女中たちにすべて断られ、あまり信頼の置けない「臨時雇い」で我慢しなければ」ならず、よい使用人を得ることに苦労しています（*Howards End* 53-54：六九頁）。このように使用人との関係に苦しむ雇い主が増え、とりわけ第一次世界大戦と第二次世界大戦の戦間期には、「使用人問題」は社会問題となっていたのです（2）。

伝記的に見ても、ウルフが『ダロウェイ夫人』を執筆していたこの時期は、ウルフ家で使用人問題が最も深刻な時期でした。それまでネリーと共にウルフ家に勤め、ネリーと親しくしていたロティーが一九二四年にウルフ家を追い出され、ネリーはウルフ家の唯一の使用人として残ることになりました。親しい友人とも離ればなれになり、ウルフ家の家事をすべて一人でしなくてはならなくなることへのネリーの不満は日増しに高まり、『ダロウェイ夫人』執筆時、ウルフと使用人たちの間の緊張関係は非常に緊迫していたのです。

『めぐりあう時間たち』の翻案映画（スティーヴン・ダルドリー監督、二〇〇二）では、カニンガムの小説よりもロティーが多く登場し、ロティーがウルフ家から解雇される一年前の一九二三年のウルフと使用人たちとの緊迫した関係とウルフ家の使用人問題を浮き彫りにしています。とりわけウルフと使用人との緊張関係は、小説と翻案映画のどちらにおいても台所での使用人とウルフとの戦いをクローズアップすることで示されています。自分が優位であることを認めさせようとするネリーへの対抗策として、ウルフは訪問予定のヴァネッサと子供たちのために、中国茶と一緒にお茶に出す砂糖漬けの生姜《しょうが》をわざわざロンドンまで買いに行くよう命じます。小説の中で描写されたウルフの喉を切り裂く殺人鬼を思わすネリーの殺気立った威圧感は、翻案映画では、ネリー（リンダ・バセット）が昼食のラムパイ用の肉の塊をたたき切る様子に表れています。そしてウルフ（ニコール・キッドマン）とネリーとの諍いの様子を見ているロティー（リンジー・マーシャル）が卵を機械的に繰り返し割る音は、使用人たちのウルフへのいらだちを示しています。翻案映画の中では、この卵を割る音はクラリッサ・ボーン（メリル・ストリープ）がかつての恋敵ルイス（ジェフ・ダニエルズ）の突然の訪問に動揺する様子を示すためにも使用され、花束などと同様に、反復のモチーフの一つとなっています。

翻案映画で、ロンドンに生姜を買いに行くように命じたウルフは、「ロンドンへ行けるほどわくわくすることなんて思いつかないわ」とネリーに嫌味を言いますが、この言葉には、ロンドンに対するウルフの複雑な思いが込められています。精神の病の治療として安静療法を受け、リッチモンドで療養していたウルフは、リッチモンドでの退屈な暮らしに嫌気がさしていました。カニンガムの小説と映画では、こうしたロンドンへのウルフの強い渇望が、ウルフに、ロンドンを舞台にした『ダロウェイ夫人』を執筆させたと捉えられているのです。実際に、原テクストと翻案映画の両方で、ウルフは、リッチモンドからの逃亡を企て、ロンドン行きの列車に乗り込もうとします。翻案映画では、原テクストにはない駅での場面で、ウルフを探しに来たレナード（スティーヴン・デュレン）に対して、ウルフは、「この町で死にかけている」「リッチモンドの暮らしか死を選ぶなら、死を選ぶ」と活気と刺激に満ちたロンドンに戻ることを訴えるのです。

ウルフの身を案じるレナードや使用人たちの視線は、監視の目となり、ウルフの行動を束縛しています。ウルフを映すショットの後に、それを見る使用人やレナードのショットを挟み込むことで、翻案映画はその監視を映像化しているのです。使用人の視線におびえるウルフに対し、ヴァネッサ（ミランダ・リチャードソン）は、ウルフに「あなたはまだ使用人を怖がっているの」と当惑しており、このことはウルフがいかに使用人に脅威を感じていたかを示していると言えるでしょう。このように翻案映画では、一九二三年のウルフと使用人たちの緊迫状況を強調して映し出し、その状況がいかにウルフの『ダロウェイ夫人』の執筆に影響を与えているのかを辿ろうとしています。使用人問題が激化する中の『ダロウェイ夫人』執筆時の使用人とのこうした緊張関係を考えると、『ダロウェイ夫人』のテクストにおいて使用人の表象に注目することは重要であると思われます。

3　階級意識と階級闘争

『ダロウェイ夫人』の使用人の表象を探る上で重要な点として、階級の問題があります。この問題は、カニンガムの『めぐりあう時間たち』でも見ることができます。『めぐりあう時間たち』は、異なる場所と時代を生きる三人の女性たちの一日が複雑に絡み合い、一つの物語を形成しています。その中のテーマの一つとなっているのが、女性たちの同性愛関係です。こうした関係の延長として見ることができるのが、クィア理論を説く講師メアリ・クルルとクラリッサの娘ジュリアとの関係です。クラリッサは同じ同性愛者同士でありながら貧富による階級格差のためにクルルに対して嫌悪感を抱いています(3)。家庭の中に異なる階級の者が入り込んでくる違和感と嫌悪感は、もともとクルルのモデルとなっている『ダロウェイ夫人』に登場するエリザベスの家庭教師ドリス・キルマンとクラリッサの関係に表れていたものでした。

同じ部屋に五分もいれば、必ず感じさせずにはいられない、むこうがすぐれた人間で、こちらが下らぬ人間だと、むこうが貧しくて、こちらが金持ちだと。クッションもベッドも膝掛もなにもないスラム街の生活を送ってきたために、その恨みが心にわだかまったまま、魂が錆びついてしまったのだ。戦争中には学校の教師をクビになった。気の毒にも心に傷をおった不幸な人間！　でもわたしが憎んでいるのはあの女そのものではなく、わたしの心の中にあるあの女のイメージなのだ。ミス・キルマンではないたくさんのものが寄り集まっているイメージ。それは夢のなかで格闘しなければならない亡霊となり、馬乗りになって生き血を半分も吸いとる悪魔となる。支配者や暴君の姿であらわれることもある。だからサイコロをふり直して、今度は違う目が出れば、ミス・キルマンのことが好きになることだってあるかもしれない！　だけどこの世ではありえない。絶対に。(*Mrs Dalloway*

10：二二頁）

「貧しさ」という強烈な匂いを放つキルマンは、支配階級の政治家の妻としてクラリッサが非常に恵まれていて、裕福で怠惰な生活を送っていることを強く意識させ、彼女に罪悪感と「劣等感」を抱かせます。さらに娘の愛情を奪うキルマンは、クラリッサの激しい嫉妬と「憎しみ」を駆り立て、「生き血の半分も吸い取る」「残忍な怪物」のイメージとなって彼女の心の中に現れる嫌悪の対象なのです（*Mrs Dalloway* 10：二二頁）。それと同時に、クラリッサはキルマンを愛する可能性を示唆し、憎しみと愛情が紙一重であることをほのめかせており、パトリシア・ジュリア・スミスは、クラリッサのキルマンへのアンビヴァレントな感情をある種のレズビアン・パニックとして捉えています（Smith 59-60）。こうした同性愛への嫌悪は、階級意識と結びつくことでより激しい憎しみへと変化しているのです。

　クラリッサのキルマンへの激しい嫌悪は、支配階級に属するクラリッサの下層階級への嫌悪であり、彼女の階級意識の表れでもあると言えるでしょう。とりわけ、クラリッサがキルマンに嫌悪を抱いているのは、キルマンのような家庭教師の階級的な不安定さによるものでもあるように思われます。家庭教師は、他の使用人とは異なる存在でしたが、中産階級の下層部出身の者も多くおり、雇い主に階級的にも立場的にも近い存在でありながら、完全な淑女とはみなされず、使用人側からも雇い主側にも属さない中途半端な立場にいました。家庭教師と雇い主の間の階級的な境界線の曖昧さにより、時として家庭教師は階級意識を刺激し、脅威や嫌悪の対象になり得ました(4)。こうした階級的に不安定なキルマンの存在によって引き起こされる不安が、より強い憎しみにクラリッサを駆り立てていると考えられます。

　こうしたキルマンの描写は、当時の支配階級と労働者の間で深刻化していた階級闘争の影響を受けているといえます。キャスリン・シンプソンによれば、ウルフのテクストにおける使用人と労働者階級の登場人物には「中産階級の生活が脅かされているという不安や恐怖が投影されている」（Simpson 111）のです。また、遠藤不比人は、一九二〇年代にチャーティスト運動が過激化し、階級闘争が深刻化する中で生じた下層階級に対する支配階級の恐怖や不安が、『ダロウェイ夫人』の中に表れていると指摘しています。『ダロウェイ夫人』は、一九二三年を舞台にし、一九二五年に出版されました。小説の設定の翌年の一九二四年は、イギリスで初めて労働党内閣が誕生した年であり、イギリスで階級闘争が深刻な時期でした。

支配階級の統治を揺るがす下層階級の迫りくる恐怖は、ウルフ自身も使用人を通して感じていたものです。一九二九年五月、労働党政府が選挙で圧倒的な勝利をおさめ、再び政権を握ります。それを受けて、ネリーは「私たちが勝利した」とウルフに熱を込めてその興奮を伝えますが、それを聞いたウルフは、「労働党が勝利することを望んでいる」ことに関してネリーが自分を同一視していたことを知って衝撃を受け、ネリーやロティーのような「労働者に支配される」ことへの嫌悪感を示しています（*Diary* 3 230）。この選挙は一九二八年に二一歳以上のすべての男女に選挙権が与えられた後の選挙であり、その選挙で労働党が勝利したことは新しい社会の訪れを示す画期的な出来事でした。

支配階級の生活の幸福すべてを崩壊させてしまうような不安をクラリッサに与えるキルマンの描写に見られる、異なる階級の者が家庭の中に侵入することへの違和感と不安は、使用人に対するウルフの次の言葉にも表れています(5)。

私はみじめにもネリー問題、あの永遠の問題について心の中で討論している。私とレナードが使用人について話すことで、いかに多くの時間を無駄にしているのか。馬鹿げたことだ。そのシステムに欠陥があるので、そのことは決してうまくいかない。どうしたら教養のない女が、たった一人、私たちの生活の中に入り込めようか。起こったことといえば、彼女は雑種犬のようになり、どこにも結びつきを持たないということである。（*Diary* 3 220）

ウルフは、ネリーのような「教養のない」下層階級の人間が「生活の中に入り込む」ことで生じる生活音を嫌悪し、階級が異なるものが家庭に侵入することへの違和感を家に迷い込んだ「雑種犬（mongrel）」に喩えています。さらにこの中でウルフは、階級制度や使用人制度の「システム」そのものを批判し、「そのシステムに欠陥がある」ことを訴えています。ウルフは別の日記の中でも「家庭のシステムが間違っている」「一方は怠け、一方は働き、居間で彼女たちの人生を搾取するために、二人の若い女性を台所に拘束するシステム」が間違っているのだと厳格な階級制度により成立している使用人制度に疑問を投げかけているのです（*Diary 1* 314）。

使用人制度をこのように批判する一方で、ウルフは使用人に依存しなくては生活することが出来ませんでした。アリソン・ライトは、「ネリー・ボクスオールがヴァージニア・ウルフの唯一の住み込みの使用人であった時は、ヴァージニアの最も多産な時で」あり、ウルフの主要な作品『ダロウェイ夫人』、『灯台へ』（一九二七）、『波』（一九三一）や『オーランドー』（一九二八）、『フラッシュ』、『自分だけの部屋』（一九二九）はすべてこの時期に書かれていたことを指摘し、ウルフが創作活動に集中するためにいかにネリーが不可欠な存在であったのかを指摘していります（Light 216）。このようにウルフは、使用人たちに対して依存しながら解放を願うというアンビヴァレントな姿勢を示していたのです。

4　女主人と使用人

階級闘争によって煽られる不安を払拭するかのように、ダロウェイ家のクラリッサと多くの使用人との関係は信頼と愛情によって結ばれた理想的な関係として描かれており、「完璧な女主人」と呼ばれるクラリッサの女主人としての手腕を確固なものにしています。こうした従順な使用人像は、『ダロウェイ夫人』の翻案映画（マルレーン・ゴリス監督、一九九七）と元テクストを並べて読む時、より明らかになるように思われます。翻案映画では、冒頭からダロウェイ夫人の使用人ルーシーが登場し、小説の中で使用人がいかに重要な存在であるかを示唆しています。さらに映画は、クラリッサの過去、現在を描く際、彼女の生活の中に使用人を多く登場させ、支配階級にとっていかに使用人たちが不可欠な存在であったかを強調しているように見えます。

小説でも、クラリッサの「お花はわたしが買ってくるわ」というルーシーへの呼びかけと「ルーシーはたくさん仕事をかかえているのだから」（*Mrs Dalloway* 3：一〇頁）という彼女の意識の描写で物語が始まっており、このことはこの小説で使用人と女主人の関係性がクラリッサを巡る様々な人間関係を描く際にいかに重要な役割を担っているかを示していると言えます。クラリッサにとって女主人であることは彼女のアイデンティティの一つであり、その役割を支えているのが使用人たちなのです。

ルーシーをはじめダロウェイ家の多くの使用人は、クラリッサに従順であり、彼女と信頼の絆で結ばれています。たとえばダロウェイ家の使用人ルーシーは、どのような紳士淑女の中でも「うちの奥様が一番愛らしい」（*Mrs Dalloway* 32：五七頁）とクラリッサの使用人であることに誇りを感じています。

「あらまあ！」とクラリッサは言った。ルーシーもその言葉を発したクラリッサの意図を察して、失望（ただし傷心とまでいかない）を共有した。そして彼女とのあいだに心が通いあうのを感じ、その胸中をおしはかり、上流階級の愛情のありようを思い、みずからの未来もまたそのような静かな愛情に彩られることを夢想した。そしてミセス・ダロウェイのパラソルをうけとり、あたかもそれが、戦場で立派に義務を果たした女神が手渡した刀剣であるかのように、恭しく傘立てにもどした。（*Mrs Dalloway* 25：四五頁）

クラリッサと使用人のルーシーの間には、「心の通いあい」すなわち「協定（concord）」（*Mrs Dalloway* 25：四五頁）が成立し、ルーシーは、クラリッサの感情に寄り添い、彼女に献身的に尽くしています。クラリッサは「わたしがこうありたいと思う通りの、親切で寛容な女主人でいられるのは、あなたたちの協力のお陰だ。召使いたちはわたしに好意を持っている」と心の中で「感謝をくりかえし」(*Mrs Dalloway* 33：五八頁)、自身が理想的な女主人でいられることは、使用人たちの信頼と愛情があってこそだと感じています。こうした使用人像は、他の使用人たちと同様にクラリッサと異なる階級の出身者として登場するキルマンの描写と比較した時、非常に対照的です(6)。このように、使用人文化の過渡期に書かれたウルフの描く使用人の肖像は、階級闘争の延長線上で生じた「使用人問題」をはじめとした社会の変化を映し出し、ウルフが保守的な価値観と新しい価値観の間でいかに揺れ動いていたのかを示していると言えるでしょう。

5　使用人の肖像

マイケル・カニンガムと同じようにウルフの描く使用人の存在に触発され、創作意欲をかき立てられた作家にマーガレット・フォースターがいます。フォースターは、『侍女』で、エリザベス・ブラウニングの愛犬フラッシュを主人公にしたウルフの『フラッシュ』を書き直す際、エリザベスの侍女リリー・ウィルソンを主人公にし、新しい小説へと生まれ変わらせました。使用人に対する恐怖や不安が投影された『ダロウェイ夫人』とは対照的に、『フラッシュ』では使用人に対するある種の欲望を孕んだウルフの使用人への関心が見られます。とりわけエリザベス・ブラウニングの侍女ウィルソンは、ウルフ自身強い関心を持っていた人物であり、そのことは、ウルフがウィルソンについて『フラッシュ』で、四ページにもわたる長い「注」を残していることからも明らかです。さらにその「注」で「リリー・ウィルソンの生涯は、ひどくぼんやりとしか分かっていないので、伝記作者の助力を大いに必要としている」(*Flush* 109：一五五頁)と、後世の作家たちにこの謎多き使用人の人生を解明するよう委ねています。

使用人の人生を解明することは、ウルフ自身が密かに望んでいたことでもありました。ウルフは、小説の題材として自身の使用人を描くことについて次のように述べています。

もしこの日記を読んでいるとして、それがもし手に入る本だとしたら、私はきっとネリーの肖像をこの手に収め、物語を作りたいという欲望に駆り立てられるはずだと思う。おそらくその周りで展開していく全体の物語を作ることになり、そのことはおそらく私を楽しませてくれるだろう。〔ネリーの〕人物像、彼女を追い払う私たちの努力、私たちの和解。(*Diary 3* 274)

ウルフは、日記の中で使用人ネリーの「人物像」に強く惹きつけられ「ネリーの肖像」を描き出すことで「物語を作りたい」と使用人の人生を解明することへの欲望に駆り立てられています。このようにウルフは、使用人に対し、欲望と嫌悪というアンビヴァレントな感情を抱いていたのです。

ウルフは実際にネリーの物語を書くことはありませんでしたが、使用人の肖像を物語の中で描きたいという密やかな願望の痕跡は、スティーヴン家の料理人であったソフィーをモデルとして描いた「料理人」という未完の短編に見ることができます。使用人の肖像を描くというこのウルフの願望を自身の願望へと転移させたのが、マーガレット・フォースターです。『侍女』は、使用人であるウィルソンの「伝記」として読むことも可能であり、エリザベス・ブラウニングの伝記を書いた伝記作家でもあったフォースターは、ウルフが『フラッシュ』の「注」の中で述べたウィルソンの肖像を描く後継者としてふさわしい人物であると言えるでしょう。

『侍女』は、『フラッシュ』と同様に、詩人エリザベス・ブラウニングの伝記としての側面も持っています。『フラッシュ』では犬の、そして『侍女』では使用人の視点から、エリザベスの姿が描き出されていますが、視点人物として設定された両者の類似は注目に値します。『オーロラ・リー』(一八五七)の著者であるエリザベスが父親の厳しい監視から逃れ、詩人ロバート・ブラウニングと大恋愛の末、イタリアに駆け落ちしたことはよく知られています。二人の駆け落ちに同行したのは、フラッシュとウィルソンのみでした。両者は、エリザベスと秘密を共有し、運命をささげ、家族や友人から離れ、エリザベスのために、イタリアへ同行します。さらに詩人エリザベス・ブラウニングについての詳細な事柄を描くためにも、家庭という私的な領域でのあらゆる秘密に熟知した人物を視点人物として設定する必要がありました。その点でもペットと使用人は、視点人物として適切な存在であったと言えるでしょう。

パメラ・コウフィーは、犬と使用人の類似性について指摘し、『フラッシュ』の中でも、フラッシュとウィルソンの境遇が度々重ね合わせて描かれていることを明らかにしています。たとえば、フラッシュとウィルソンは共にエリザベスのために愛情の証として譲られた贈り物であり、両者は交換可能な所有物である点で共通しています(Caughie 37)。さらに両者の人生は、所有者の判断にゆだねられています。たとえば、フラッシュが誘拐された時、父親のバレット氏やエリザベスの兄弟、そしてロバート・ブラウニングは、フラッシュを助けるために身代金を払うことは「暴虐無道な行為に身を屈する」ことになり、「ゆすりをはたらく者に屈し」「正義に対して悪の力を、罪汚れのない者に対し邪悪な者の力をつよめ」「恐ろしい罪」になることだと反対しました(*Flush* 60：八五頁)。しかしエリザベスは、こうした男性たちに反抗し、フラッシュを助けるために、スラム街ホワイトチャペルにウィルソンと共に乗り込み、フラッシュを救出します。このことは、ペットが飼い主の判断でその生死さえ左右されるような弱い立場にあることを示しています。こうした点は、使用人にも共通しており、ウルフは、エリザベスの駆け落ちを手助けしたウィルソンがもしイタリアに同行しなかったならば、「おそらくは年俸十六ポンドを倹約して貯めたほんの数シリングを持って」「日の暮れる前に通りへほうり出され」「もしそうなったら、彼女の運命はどうなっていたろうか」と「召使いの生活の極度の不安定さ」(*Flush* 111：一五七頁)について言及し、使用人たちが雇い主によって人生を左右され、当時いかに使用人たちが弱い立場にあったのかを示唆しています。

『フラッシュ』と『侍女』は、エリザベス・ブラウニングの人生を描く一方で、ペットと使用人を主人公にし、エリザベスの所有物としての影の存在だけではない犬の人生、侍女の人生にも光を当てています。さらに『フラッシュ』と『侍女』は、犬と使用人の伝記としての側面を持っています。『侍女』は、三部構成になっており、それぞれの部に年代記が付けられ、時系列に沿って物語が進められ、使用人の架空の伝記として読むことも可能です。一方、ウルフは、『フラッシュ』を著名な伝記作家であるリットン・ストレイチーの「パロディ」であるとし、その副題を「伝記」としています。

男性中心の従来の伝記とは異なる形の伝記を描こうとするウルフの試みは、『フラッシュ』と同様に「伝記」と副題のついた『オーランドー』や、『自分だけの部屋』の中のシェイクスピアの架空の妹の物語をはじめ、ウルフの多くのテクストで試みられてきた主題です。これは、著名な文学者であり、『英国人名事典』を編纂し、数々の歴史書や伝記を書いたウルフの父レズリー・スティーヴンへの対抗心の表れだと言えるかもしれません。とりわけ歴史の中に名前を残すことのない「無名なもの」の人生を描くことは、政治家の妻を主人公にした『ダロウェイ夫人』、学者の妻を主人公にした『灯台へ』などのように、多くのウルフの小説の主題となっています。そうした小説の中では、妻という夫の所有物として影の存在と見られる傾向のある女性たちの思考がいかに豊かなものであるかが描き出されています。

こうした無名性は、犬や使用人たちにも共通しています。ウルフは、『フラッシュ』の「注」でウィルソンについて「歴史の中で詮索ができない、ほとんど黙っている、ほとんど目に見えない女中たちの偉大なる大群の代表だった」(*Flush* 109-113：一六〇頁)と述べ、使用人の無名性やその存在の「透明性」について言及しています(7)。ウルフは『三ギニー』の「注」でもウィルソンについて言及し、「女中の人生が『英国人名事典』の中で全く見つけられないことは」「非常に残念だ」と述べており、使用人の人生が歴史の中に埋もれていることを嘆いています(*A Room of One's Own and Three Guineas* 390)。さらに、「フラッシュと同じくらい滅多に口をきかないので、〔ウィルソンの〕性格の輪郭は、ほとんど分からない」(*Flush* 110：一五六頁)と述べ、犬と侍女の「無名性」を指摘し、多くの謎を含んだ両者の人生が興味を惹きつける題材となりうることを示唆しているのです。

6　塗り替えられていく「使用人の肖像」

犬と使用人の人生を描くために、『フラッシュ』と『侍女』では、フラッシュとウィルソンの思考をいかに描き出すかが工夫され、両者のアイデンティティ探求が物語の主題の一つとなっています。『フラッシュ』は、従来の教養小説の伝統にのっとり、誕生から始まって死で終わり、その中でフラッシュの成長過程が描かれています。最初、エリザベスはフラッシュの世界のすべてを占めていました。しかしロバート・ブラウニングが登場した後、フラッシュはエリザベスにとって以前ほど重要な存在ではなくなります。フラッシュはブラウニングに嫉妬しますが、エリザベスのためにブラウニングを受け入れ、二人がイタリアに駆け落ちした後、フラッシュは再び自由を甘受し、自身の人生を楽しむようになるのです。

フラッシュがエリザベスのためではなく、自身のための人生を歩んでいこうとする様子は、『フラッシュ』の匂いの描写に表れています。鏡像のようにお互いの姿が類似したフラッシュとエリザベスでしたが、二人には大きな違いがありました。アナ・フォイヤーシュタインによると、こうした二人の差異を生み出しているのは両者の知覚方法の違いであるといいます（Feuerstein 33）。それは「〔エリザベス〕は話せる」が、「〔フラッシュ〕は口が利けない」ということであり、そのため「彼らの間には、お互いを引き離す大きな溝があった」のです（*Flush* 18-19；一三頁）。エリザベスが言語をはじめとする視覚情報によって知覚するのに対して、フラッシュは臭覚によって知覚し、エリザベスが「目で見るところで、フラッシュはいつも鼻で嗅ぐ、彼女なら書くところで、彼は匂いを嗅」ぐのです（*Flush* 85；一二一頁）。「匂いの世界」の住人であるフラッシュには、形や色だけでなく、愛や音楽、建築、法律、科学、宗教も匂いであり、彼の記憶も匂いから構成されています。とりわけ、フラッシュはイタリアに来てから増々この「匂いの世界」に没頭します。こうした両者の知覚の差異をよりはっきりと示すことで、ウルフはフラッシュ独自の自我を描き出しているのです。

一方、フォースターは、『侍女』においてウィルソンに自らの思考を伝える声を与えるために、彼女の意識の描写に加え、彼女の手紙を利用しています。ウィルソンは手紙で、自身の仕事ぶりやエリザベスとの関係、さらには恋愛や友情などの私生活を明らかにしています。小説の後半において、彼女は使用人としても雇い主に対して沈黙した存在であることをやめ、友情の名のもと束縛し巧みな言葉で彼女の主張を封じ込もうとするエリザベスやブラウニングに対して、声に出して正当な賃金と待遇を求めるのです。このようにして、フォースターは「沈黙し」「目に見えない」存在である使用人に声を与えるのです。

『侍女』においても、ウィルソンのアイデンティティの問題が探求されています。ウィルソンの自我は、侍女であることによって規定され、侍女の役割に捉われています。ウィルソンは、かつての信頼と愛情を失い、ブラウニング夫妻に疎まれるようになってさえも、自身の子供を妹に預けイギリスに残したまま、イタリアのエリザベスに同行するほど、侍女という役割に固執してしまうのです。侍女を解雇された後でも、ウィルソンは、侍女に戻ることをあきらめることが出来ません。ウィルソンは、エリザベスの侍女としてではない自身の人生の価値について疑問を持つようになります。そしてエリザベスの死後、ようやく侍女ではない自分自身を受け入れるのです。小説は、エリザベスの亡き後、自身の人生を歩もうとするウィルソンの決意で終わっています。

侍女としての私の日々は終わった。実際は終わっていたのに、それを認めたくなかったのだが、奥様の死とともに終わった。これからは、自分のために生きることができる。残された人生を悔いや怒りで台無しにしたくない。枷は外れた。束縛のもとで、ああやれ、こうやれと言われたことは、これからの生活とは一切関係がない。私はもう侍女ではないのだから。（*Lady's Maid* 534：四六四頁）

「侍女としての日々は」、エリザベスの死と共に終わり、「これからは、自分のために生きることができる」とウィルソンはこれからの人生を自分自身のために生きようと決意を新たにするのです。

侍女としてでないウィルソンの新たな人生について、フォースターは「あとがき」の中で「この小説の続編としていつの日か新たな物語の主題になるであろう」（*Lady's Maid* 536：四六六頁）と自身の小説に続く翻案小説の可能性を示唆しています。ウルフによって描かれた使用人像は、のちの作家たちによって塗り替えられ、切り口を変えた新しいテクストとなって生まれ変わりました。そして、そのようにして生み出されたテクストもまた、さらなるテクストを生み出すことになるでしょう。

【注】

1 使用人問題については、川村と小林を参照。またウルフとネリーをはじめとした使用人との関係は、ライトを参照。

2 こうしたイギリスの使用人文化の繁栄と衰退は、上流階級のお屋敷の執事を主人公にし、その視点からかつて全盛期にあったダーリング・ホールの栄光とその没落を描いたカズオ・イシグロの『日の名残り』（一九八九）に見ることができます。またBBCのドラマ『ダウントン・アビー』シリーズは、二十世紀初めの貴族の屋敷を舞台とし、貴族と貴族に仕える使用人たちの両方の視点で構成され、使用人文化の移り変わりや戦間期周辺の使用人問題を詳細に映し出しています。

3 松本は、メアリ・クルルとクラリッサの対立には、同性愛者間の「階級闘争」ともいえる同性愛者の世代間の対立が反映されていると指摘しています。「ブルジョア・ボヘミアン」であるクラリッサの裕福でセレブな暮らしに対して、クルルはその「ブルジョア根性」を批判し、さらにサリーとのパートナー関係に見られる「夫婦気取りで同棲暮らし」を「時代遅れ」だと非難しています。一方、クィア理論を説き、活動家として権力に反抗するクルルは、クラリッサから見るとラディカルで「左翼的」であり、女性らしさや性役割に捉われることがありません（松本 九九－一〇三頁）。このようにクルルとクラリッサの間には、貧富の差に加え、世代間の溝が生じているのです。

4 家庭教師のこうした階級的な不安定性は、シャーロット・ブロンテ『ジェイン・エア』（一八四七）などに見ることができます。イギリス文学での家庭教師の表象については、川本を参照。

5　こうした階級意識は、当時の支配階級のほとんどの人々が抱いていた感情であり、ウルフ自身も階級意識と無縁ではありませんでした。ウルフと親交の深かったE・M・フォースターは、彼女には「俗物（snob）」的なところがあり、「労働者階級と労働」に対しては「冷淡」で、ウルフが上流階級の「淑女（lady）であることは、彼女の社会への見方をゆがめている」と、ウルフの描く世界が支配階級に限定されていることやウルフの階級意識の強さを指摘しています（"Virginia Woolf" 250-251）。

6　『ダロウェイ夫人』の翻案映画では、キルマンは中年のさえない独身女として登場し、小説での強烈な存在感が無力化され、クラリッサと他の使用人の関係をより堅固なものにしています。

7　シャーン・エヴァンズは、使用人たちにとって「目に見えない存在でいることは、絶対的厳守事項」で、彼らは「目上の人々に直接仕えていないときは、目立たないように背景に溶け込んでいなければならなかった」（Evans 24；二四一－二四二頁）と指摘しています。雇い主と使用人の関係において、多くの場合、使用人は雇い主から話しかけられるまでは雇い主に声をかけることはなく、使用人たちは屋敷の中で存在しているが存在していないように振舞い、黒子のように目に見えないかのような存在として振舞うことが求められていました。

【引用文献】

Brontë, Charlotte. *Jane Eyre*. London: Penguin, 2006.
Caughie, Pamela L. "Dogs and Servants." *Virginia Woolf Miscellany* 84, 2013.
Cunningham, Michael. *The Hours*. London: Fourth Estate, 1999.（『めぐりあう時間たち』高橋和久訳、集英社、二〇〇三年）
Dick, Susan. "Virginia Woolf's 'The Cook'." *Woolf Studies Annual*. Vol.3. New York: Pace UP, 1997.
Evans, Sian. *Life Below Stairs: In the Victorian & Edwardian Country House*. London: National Trust, 2011.（『メイドと執事の文化誌——英国家事使用人たちの日常』村上リコ訳、原書房、二〇一二年）
Feuerstein, Anna. "What Does Power Smell Like? Canine Epistemology and the Politics of the Pet in Virginia Woolf's *Flush*." *Virginia Woolf Miscellany* 84, 2013.

Forster, Edward M. “Virginia Woolf.” *Two Cheers for Democracy: Abinger Edition II*. London: Edward Arnold, 1972.
———. *Howards End*. New York: Penguin, 2000.（『ハワーズ・エンド』吉田健一訳、集英社、一九九二年）
Forster, Margaret. *Lady's Maid*. London: Vintage, 2005.（『侍女』翻訳工房りぷろ訳、彩流社、二〇〇三年）
Ishiguro, Kazuo. *The Remains of the Day*. London: faber and faber, 1989.
Jones, Clara. “Virginia Woolf's 1931 “Cook Sketch.” ” *Woolf Studies Annual*. vol. 20. New York: Pace UP, 2014.
Lee, Hermione. *Virginia Woolf*. London: Vintage, 1997.
Levy, Heather. *The Servants of Desire in Virginia Woolf's Shorter Fiction*. New York: Peter Lang, 2010.
Light, Alison. *Mrs Woolf & the Servants*. London: Penguin, 2008.
Sanders, Julie. *Adaptation and Appropriation*. London: Routledge, 2016.
Simpson, Kathryn. “Social Class in *To the Lighthouse*.” *The Cambridge Companion to To the Lighthouse*. Ed. Allison Pease. New York: Cambridge UP, 2015.
Smith, Patricia Juliana. *Lesbian Panic: Homoeroticism in Modern British Women's Fiction*. New York: Columbia UP, 1997.
Whitworth, Michael H. *Author in Context: Virginia Woolf*. New York: Oxford UP, 2005.（『時代の中の作家たち2 ヴァージニア・ウルフ』窪田憲子訳、彩流社、二〇一一年）
Woolf, Virginia. *The Diary of Virginia Woolf, vol.1*. Ed. Anne Oliver Bell. New York: Harcourt, 1977.
———. *The Diary of Virginia Woolf, vol.3*. Ed. Anne Oliver Bell. New York: Harcourt, 1980.
———. “Lives of the Obscure.” *The Common Reader*. New York: Harvest, 1984.
———. *A Room of One's Own and Three Guineas*. New York: Oxford UP, 1992.
———. *Orlando*. New York: Oxford UP, 1992.
———. *Mrs Dalloway*. New York: Oxford UP, 1992.（『ダロウェイ夫人』丹治愛訳、集英社、一九九八年）
———. *Flush*. New York: Oxford UP, 1998.（『フラッシュ　或る伝記』出淵敬子訳、みすず書房、一九九三年）
———. “Character in Fiction.” *Selected Essays*. New York: Oxford UP, 2008.

*

遠藤不比人「テクストの言葉は作者を裏切る――『ダロウェイ夫人』のレトリックを読む」『シリーズ　もっと知りたい名作の世界⑥　ダロウェイ夫人』窪田典子編、ミネルヴァ書房、二〇〇六年。

川村貞枝「イギリスの家事奉公の歴史とその周辺」『歴史批評』（六月号）校倉書房、二〇一〇年。

川本静子『ガヴァネス――ヴィクトリア時代の〈余った女〉たち』みすず書房、二〇〇七年。

小林章夫『召使たちの大英帝国』洋泉社、二〇〇五年。

松本朗「英国ヘリテージ文化とグローバル・ハリウッドの〈間〉」『イギリス映画と文化政策――ブレア政権以降のポリティカル・エコノミー』川島伸子、大谷伴子、大田信良編、慶応大学出版会、二〇一二年。

●映像資料

エバンズ、デイヴィッド（監督）『ダウントン・アビー　シーズン4』（DVD）、NBCユニバーサル・エンターテイメントジャパン、二〇一六年。

ゴリス、マルレーン（監督）『ダロウェイ夫人』（VHS）、日本ヘラルド映画、一九九九年。

ダルドリー、スティーヴン（監督）『めぐりあう時間たち』（DVD）、アスミック・エースエンターテイメント、二〇〇二年。

パーシバル、ブライアン（監督）『ダウントン・アビー』（DVD）、NBCユニバーサル・エンターテイメントジャパン、二〇一四年。

――『ダウントン・アビー　シーズン2』（DVD）、NBCユニバーサル・エンターテイメントジャパン、二〇一五年。

――『ダウントン・アビー　シーズン3』（DVD）、NBCユニバーサル・エンターテイメントジャパン、二〇一五年。

＊本章は、日本ヴァージニア・ウルフ協会第三五回全国大会（二〇一五年一〇月一七日、青山学院大学）での口頭発表「使用人の肖像――Virginia Woolfと使用人問題」の発表原稿を大幅に加筆・訂正したものです。

第9章 ■ 平林美都子

創作手法としてのアダプテーション

■ デイヴィッド・ミッチェルの『ナンバー9ドリーム』

1 移し替える（adapt）とは

ティモシー・コリガンによれば、映画は一八九五年に初めて商業公開されて以来、文学作品を好んで題材にしてきたということです（Corrigan 29）。コリガンは小説から映画への「移し替え」は近年になっても途絶えることなく、関連する批評書の類も次々に現れている点を指摘し、「アダプテーションの実践とそれに関する学問上の議論は、今なお活気があり差し迫ったもの」と論じています（29）。そもそも映画には、メディアの技術的な特殊性に焦点を当てた研究と映画理論の特殊性に焦点を当てた二方向の研究分野がありますが、コリガンは文学作品から移し替えられた映画についての「アダプテーション研究」の有効性を示唆しています。従来、小説と映画は先／後、優／劣、オリジナル／コピーといった二項対立で論じられ、映画がどの程度、オリジナルの小説に倣《なら》っているかという「忠実さ」で議論されてきました。しかし構造主義、ポスト構造主義理論の発展とともに翻訳理論が深化する中、翻訳の概念は原作の忠実な翻訳から別の言語において「死後の生」（Benjamin 72）、すなわち新たな生を生きる書き換えという新たな概念へと変化してきました（平林 七−九頁）。ロバート・スタムは文学テクストからアダプトされた映画をこのような「翻訳」という比喩で捉えて、別のメディア表現による別の解釈の可能性が生まれると論じています（Stam "Beyond Fidelity" 60）。

　他方、コミュニケーション手段としては映画やテレビに留まらず、二十世紀後半になるとさまざまな電子メディアが私たちの身近なものになってきました。文字メディアである文学作品からテレビや映画という映像メディアへの移し替えだけがアダプテーションではなく、テーマパーク、歴史の特定のシーンのパフォーマンス、ヴァーチャル・リアリティ・システムなども登場した現在、まさに「アダプテーションは混乱してきた」と言えるでしょう（Hutcheon xi）。ただしロバート・レイの指摘通り、古くから文学作品と映画が比較されてきたのは、「共にナラティヴという形式があった」（Ray 39）からであり、アダプテーション研究に「ナラティヴ」への視点は重要です。リンダ・ハッチオンも「アダプテーションがストーリーをメディア界や世界中に流通させ土着化させている」のは「物語《ナラティヴ》が人間に普遍的なもの」（Hutcheon 175）だと言う同意があるとし、アダプトされたコンテンツの物語性に着目しています。さらにメディアにおいてアダプトされた物語だけでなく、そこから直接的に間接的に派生したキャラクターが物語性を持ちつつ、商品として流通・消費されていくことも忘れてはならないでしょう。

　デイヴィッド・ミッチェルは、ストーリーの移し替えに関心を持ち、アダプテーションを創作手法としているイギリス人現代作家です。ミッチェルの三番目の作品である『クラウド・アトラス』は二〇〇四年のブッカー賞のショートリストに残り、映画化もされました(1)。この小説のタイトルはオノ・ヨーコの最初の夫、一柳慧《とし》によるピアノ曲「雲の表情」の英訳から採られたものです。『クラウド・アトラス』は十九世紀から二十四世紀まで、時代と場所の異なる六つの物語から構成されています(2)。前半の六つの物語ではそれぞれの物語の主人公の日記、手紙、実話小説、映画、音声記録を後続の物語――後の時代の物語――の主人公が読んだり鑑賞したりします。すなわち、ある物語中の主人公の日記や録音が次の物語の一部となっていくという「マトリョーシカ」的な構成です(3)。六番目の物語が『クラウド・アトラス』の中間点となり、そこから後半は、それまでの物語を逆に辿りながら時代を遡っていく構成になっています。第一〜第五までの物語の主人公（アダム・ユーイング、ロバート・フロビシャー、ルイーザ・レイ、ティモシー・キャヴェンディッシュ、ソンミ）と第六のメロニムは身体のどこかに彗星状の痣を持っています。「雲のような世界地図」というタイトルは、おそらく六人の痣が象徴する魂の繋がりを意味しているのでしょう。六つの物語は、十九世紀半ばの歴史物語（「アダム・ユーイングの太平洋航海記」）、一九三一年のロマンス（「ゼデルゲムからの手紙」）、一九七五年の企業秘密暴露本（「半減期――ルイーザ・レイの最初のミステリー」）、二十一世紀初頭のコメディ（「ティモシー・キャヴェンディッシュの恐ろしい試練」）、二十二世紀のSF（「ソンミ四五一のオリゾン」）、二十四世紀のポスト黙示録的物語（「スルーシャの渡しとその後のすべて」）と、ジャンルがそれぞれ異なり、それぞれ異なった媒体（メディア）――書記、写譜、録音、口承――で自分の物語を記録します。彼らの日記、手紙、音楽、録音、口承物語、映画を時代や場所を越えた後世の人物が読み、聞き、観たりするという体裁になっており、実はここにすでにアダプテーションを見ることができるのです。すなわち、前の時代の人々の体験した話は、後世の人々の時代にアダプトされているのです。

『クラウド・アトラス』の前作にあたる『ナンバー9ドリーム』（二〇〇一）も、中心となる物語に多様なメディアによる物語が交錯し、リアリティとフィクションの境界を曖昧にしていくポストモダンな小説です(4)。『クラウド・アトラス』よりも巧妙かつ実験的なやり方でアダプテーションを創作手法としているといえるかもしれません。物語は、二十歳になる語り手／主人公の三宅詠爾が、生まれてから一度も会ったことのない父親を探しに屋久島から上京するところから始まります。アルコール中毒の母に捨てられて祖母に引き取られたことや、双子の安寿が十一歳で溺死したことは、詠爾の心理状態に暗い影を落としています。父親探しの旅は詠爾の自己存在を確認するためであり、さらには人生の意味を見つけるためでもあり、その過程でさまざまな事件に遭遇するのです。『ナンバー9ドリーム』は詠爾の父探しを中心テーマとしたいわゆる成長物語ですが、チャイルズとグリーンが指摘するように、「成長物語の伝統的な終結に向かわず、物語は散布と拡散」に向かって行きます（Childs and Green 38）。キャスリン・シンプソンがいみじくも「〔物語の〕伝統を（……）使用する、濫用する、据え付ける、不安定にする」というハッチオンのパロディ用語を引用しながら、『ナンバー9ドリーム』を「ポストモダンな成長物語」（Simpson 51）だと説明している通りです。しかし他方、この小説には主人公の白昼夢や映画、ビデオ・ゲーム、寓話物語、戦争手記など、さまざまな媒体によるストーリーが挿入され、現実の詠爾の成長物語を増殖させていきます。なかでもインターネットやビデオ・ゲームなど、文化的コンテンツを伝達する新しいメディアは小説の中で前景化され、物語の一部ともなっています。

ロバート・スタムは「新しいメディアはフィクションの新しい形態を産みだしうる」（Stam "Introduction" 13）と言っています。そうであれば、『ナンバー9ドリーム』に見られる「メディア・スケープ」（高吉 五五八頁）こそは、新しいメディアから新たなフィクションの形態を取りこんでいる様《さま》だと言えるのではないでしょうか。本章では、近年映画研究が進めてきたアダプテーションの概念をミッチェルの創作手法として捉えてみることにしました。その上で、小説の成長物語がどのように拡散していくのか、そしてアダプテーションの概念がどのように拡散していくのかを、ミッチェルの『ナンバー9ドリーム』から考察していきたいと考えています。

2　「日本」をアダプトする

『ナンバー9ドリーム』はイギリス人作家の小説でありながら、屋久島出身の主人公による父親探しという、まさに「日本」の物語です。日本を舞台にした英国人作家による作品の先駆けとしては、カズオ・イシグロの『遠い山なみの光』（一九八二）や『浮世の画家』（一九八六）が良く知られています。ただし、イシグロの作品では、戦後の長崎や東京が物語のテーマと深く絡み合いながらも後景に位置付けられているのに対し、『ナンバー9ドリーム』では、東京のローカルな地名や店の固有名詞、さらにはメイド・イン・ジャパンの商品名が頻出し、日本が前景化されているのが特徴です。またミッチェルの原作には村上春樹作品への直接的な言及や暗示が散見できます。翻訳者の高吉一郎も村上作品を意識した訳し方をしているので、翻訳を読むと日本小説だと勘違いしてしまいそうです。日本語名としては見慣れない「詠爾」という漢字を翻訳で使用している点も、「日本」の小説の印象を強めているといえるでしょう。ちなみに「詠爾」という名前には英語原作に漢字の説明まであり、ミッチェルによる意図であることが明らかです。上野駅の忘れ物預かり所、新宿のビル壁面のパナソニックの巨大映像装置、渋谷の会員制バー、青梅街道、北千住のフジ・フィルム店など東京のローカルな場所が主要舞台となり、日本製商品とともに、小説中には「日本」の表象があふれかえっているのです。

十九世紀のジャポニズムの流行以来、西洋における「日本」の表象は当然のことながら「本物の日本」ではありません。しかし、そもそも「本物の日本」とはどんなものなのでしょうか。それは果たして存在するのでしょうか。バリヨン・テンソー・ポサダスは『ナンバー9ドリーム』における文化的翻訳の政治性を考察する論文で、サイバーパンクのジャンル(5)と村上春樹作品の影響を分析しています。ポサダスによれば、ミッチェルの小説では「テクノ・オリエンタリズムの徴候的イメージである他者の抑圧と置換の操作が前景化され」、結局は「日本の位置づけを特定できない」(Posadas 81)のだと言っています。また日本の国境を越えた村上春樹への言及は「オリジンやオーサーシップを問題視している」(Posadas 80)ということです。ポサダスの指摘通り、主要舞台となる東京にはサインがあふれていますが、それらが示すものは特定不能です(Posadas 83)。過剰なサインを擁した東京が「意味の消滅の場」(Posadas 83)だとすれば、「フジ・フィルム」「パナソニック」「任天堂」「ほっかほか弁当」のサインが流通する「日本」もまたそうでしょう。こうしたグローバル日本は、サインの前に実体が存在するのではなく、「イメージ商品」として「国を越えて生産・流通し、必然的にグローバルな近代化の構造に重なり合う」(Posadas 79)のです。

『ナンバー9ドリーム』において流通する「日本」のイメージ商品の中でとくに注目したいのは、文化コンテンツを伝達するさまざまなメディアのストーリー性です。それも、メディアを介して流通するストーリー(コンテンツ)

というより、メディア（手段、媒体）そのものが持つストーリーです。ビデオ・ゲーム、文学作品、手記などの物語メディアは単なるアクセサリーではなく、小説のテーマ／構造上の一部を成しています。「ザックス・オメガ」「ファイナル・ファンタジー」「ヴァーチュア・サピエンス」などのロール・プレーイング・ゲーム、人間魚雷搭乗員の手記『回天』、また言及だけではありますが村上春樹の『ノルウェイの森』（一九八七）、『ねじまき鳥クロニクル』（一九九四－九五）などインタラクティヴなメディアや文字メディアは、「日本」のイメージあるいは「日本」という物語を『ナンバー9ドリーム』に移し替えると同時に、詠爾の「父親探し」の体験の一部となっていくのです。彼の体験については後に考察することにして、ここでは「日本」というストーリー性を帯びたメディアが、小説という別メディアへアダプトされている点を強調しておきたいと思います。

『ナンバー9ドリーム』の第一章の白昼夢における女弁護士とのサイバーパンク調の銃撃戦、第三章のビデオ・ゲームにおけるジェイムズ・ボンドさながらの追撃シーン、さらに第四章で詠爾が巻き込まれるヤクザ同士の抗争シーンは、小説中に映像メディアが使用されている例です。こうしたメディアへの言及／参照を考える上で、「インターメディア性」（間メディア性）の概念は有効でしょう。ワーナー・ウルフによると、インターメディア性とは文学と映画などの視覚芸術の関係を考えるための概念として造られたということです（Wolf 252）。ハッチオンが「アダプテーションは一種のインターテクスト性である」（Hutcheon 20-21）と語るときの「テクスト」とは、記号的体系すべてを指しています。もし「テクスト」を文字メディアに限定すると、文字メディアと他のメディアとの横断的な関係はインターテクスト性ではなく、インターメディア性だということになります。イリーナ・ラジェウスキはインターメディア性をさらに「メディアル・トランスポジション」（別のメディアへの移し替え）、「メディア・コンビネーション」（二つのメディアの統合）、「インターメディア的リファレンス」（他のメディアへの言及／参照）という三種の下位区分に分けて説明しています（Rajewski 52）。『ナンバー9ドリーム』の分析に有効なのは、異メディア特有の手段によってそのメディアの要素や構造を真似たり再現したりする「インターメディア的リファレンス」の概念でしょう。サイバーパンク調の幻想やビデオ・ゲームの攻略には「映画におけるスピード意識」(Stam, "Introduction" 32)が見られるし、ヤクザの抗争シーンに関しては、『ブラック・レイン』(一九八九)や北野武監督の『ソナチネ』(一九九三)などのヤクザ映画のジャンルが元にあると推測できます。こうしたさまざまな異メディアが小説内で言及／参照され、移し替えられ、「日本」が織り上げられているのです(6)。

メディアを移し替えられた物語は、ビデオ・ゲームに代表されるクールな「日本」の表象であったり、ヤクザ映画や『回天』手記に見られるような暴力的で集団志向の「日本」の表象であったりします。特攻隊時代の「日本」はもはや存在しないにもかかわらず、メディアのストーリー性は「日本」を表象しているのです。一方、開発地域のショッピングモールのビル名「ヴァルハラ」、「ザナドゥ」、「ニルヴァーナ」(7)や詠爾がアルバイトをするピザ店「ネロ」などのように、外来文化の輸入そして馴致されたハイブリッドな「日本」の表象も存在します。ロール・プレーイング・ゲームには副産物として美女キャラクターのジッジ・ヒカルという「イメージ商品」も作られ、それはゲームという元のメディアから離れて流通していきます(8)。このように、取り換え可能な商品としての「日本」は英語の小説『ナンバー9ドリーム』にアダプトされています。英語小説という異なるコンテクスト、リアリティの中で、「日本」の物語が再生産され続けるのです。

3　拡散する「父親探し」のテーマ

「父親探し」は少年にとっての伝統的な成長物語だと言えます。父を特定するということは、自分の系譜を確認して「社会での場所」(Simpson 49)を見つけることです。ハッチオンは「アダプテーションはストーリーを再訪する」(Hutcheon 175)と言っていますが、『ナンバー9ドリーム』でもさまざまなメディアがさまざまなヴァージョンの「父親探し」のストーリーを作り出していきます。そして詠爾の現実世界だけでなく、白昼夢やヴァーチャル世界にも幾人もの詠爾の「父」が登場し、アダプトされた父像やストーリーが詠爾のために作り上げられます。他方、詠爾もまたそれに応じた「子」を演じていきます(9)。とはいえ、詠爾の父親探しのストーリーは失敗の連続なのです。

詠爾の最初の白昼夢は、上京してきた彼が父についての情報を得るため、加藤明子弁護士の事務所を襲撃する話です。麻酔銃で気を失ったはずの弁護士は実はレプリカント（人造人間）でした。本物の加藤は詠爾に銃を突きつけ、『ブレードランナー』を見たことないの？」（*number9dream* 12）と問います。『ブレードランナー』（一九八二）はフィリップ・K・ディックによる『アンドロイドは電気羊の夢を見るか？』（一九六八）のアダプテーション映画です。この映画がレプリカントの父親（創造者）探しと父親による拒絶の物語でもあることを考えると、映画への言及は暗示的です。続く白昼夢の中の「父」は大臣という設定で登場し、加藤弁護士は彼に息子の暗殺計画を提案します。「父」は息子を暗殺することに反対するのですが、そんな「父」を侮蔑しながら守秘義務の代金を釣り上げようとする弁護士に対抗するため、詠爾は突如姿を現します。ビデオ・ゲーム場での詠爾は「父」の救出ストーリーを想像しながら攻略しますが、その「父」が実は敵の変装だったという結末を迎えます。想像世界でもヴァーチャル上のアクション・ストーリーでも、詠爾は「父」の苦境を救うという「父子の再会」シーンを想定しながら、結局は失敗に終わってしまうのです。「ヴァーチュア・サピエンス」というロール・プレーイング・ゲームにおいても父子という役割設定で画面上の会話が進むのですが、二人の話は噛み合いません。物語創作に関わることができる想像世界の中でもヴァーチャル世界の中でも、「父子」対面シーンは詠爾の望むように遂行しないのです。

詠爾の現実世界でも幾人もの「代理の父」が登場しますが、「父」という言葉の曖昧さは、詠爾を含め、彼に関わる人々を混乱させていきます。第三章では、偶然知り合った法科大学院生の大門柚子が会員制バーで詠爾を異母弟だと紹介します。大門の父親が詠爾の「父」と想定されたことは、後に彼を窮地に追いやることになります。第四章では、銀行のATMスクリーン上の「お前の時間がもうないと親父は警告している」「親父がお前に会いに行く」というヤクザの言葉に出ったメッセージや、「親父さんがお前を連れてくるように言った」（*number9dream* 156-57）というヤクザの言葉に出てくる「親父」を詠爾は父のことだと勘違いしてしまいます。実際のところは、大門がヤクザの親分である森野の愛人と付き合っていたため、「義弟」の詠爾もその女との関係を疑われ、森野（＝親父）の元へ拉致されたのです。しかしそのような状況においても、父親の情報ファイルを何としても手にいれたい詠爾は、血の証文という「父子の契り」を森野と交わすことになります。その結果、ヤクザ抗争に巻き込まれた詠爾は「代理の父」である森野に見捨てられ、命の危険にさらされるのです。第七章でも詠爾は再び電話による「父」の成り済ましにおびき出され、森野と対立するヤクザ一味に捕らわれます。捕らわれの理由は、「父子の契り」の証文によって彼が森野一味だと疑われたためです。物語の終盤になって初めて詠爾は、実父が加藤の同僚の弁護士であり、息子の下宿先の電話番号を知っていたこと、上京後間もない真夜中、父がわざと間違い電話をかけてきたことを知ります。息子を遊び半分に扱うような人間が父親の名乗りを上げるはずもありません。実父がこんなにも低俗な人間であることを知った詠爾もまた、息子の名乗りを上げることを断念するのです。

詠爾の「父親探し」のストーリーがこのように次々と失敗するなか、二人の「代理の父」との関係だけが成立します。その二人とは、彼の下宿先の大家でありレンタル・ビデオ店主の文太郎と、詠爾の祖父の築山宝です(10)。文太郎は妻のお腹の胎児に「航大」と名付け、その成長ぶりや生後の教育方法を想像して一喜一憂する子煩悩な父親として描かれています。身寄りのない東京にやって来た詠爾に上野駅での仕事を紹介してくれたのも、ヤクザのリンチにあった大門の世話を電話一本で頼める相手も、さらにはヤクザ抗争から逃れた詠爾を探しに来てくれたのも文太郎でした。詠爾はその後しばらく、文太郎の叔母の家で身を隠すことになります。その間、詠爾が読んでいた寓話「物語研究」は、文太郎の叔母が甥のために創作した童話でした。これは「代理の父」の読んだ童話が「息子」へ受け継がれたとも言えるでしょう。

他方、詠爾の祖父は母を見捨てた父に代わって孫たちの養育費を支払い、実質的に「父」の役割を果たしてきました。文太郎同様、祖父もまた自分の子ども時代に読んだものを詠爾に託します。それは特攻隊員であった兄の昴《すばる》が人間魚雷に乗り込む前の数ヵ月間、幼い弟に宛てて書き溜めた手記でした。手記はこのように「代理の父」から詠爾に託され、彼の人生の「意味」(*number9dream* 275)について考えるきっかけを与えるのです。しかし「物語には時とともに変わる」(Hutcheon 175)ものがあるように、昴の手記は詠爾が読者となったとき、その意味は異なるものになってしまいました。戦死した昴と同年である詠爾は、同じ境遇に置かれた自分を想像し、「僕は全く同じ「自分」だったとは思わない。僕は別の「自分」だったのだろう」(*number9dream* 310)と考えます。いみじくも詠爾の言葉が物語っているように、今の彼を作り上げているのは「自分でも両親でもなく」戦後に「誕生することになった日本」(*number9dream* 310)なのです。「今の日本」というリアリティ、過剰なサインによってイメージ商品化された「今の日本」が詠爾を作り上げているということなのです。

アダプテーション＝移し変えられたストーリーというのは、元のストーリーとは異なったコンテクストに置かれることで異なったリアリティを持ちます。小説中の「父親探し」のさまざまなストーリーは、ミッチェル自身が銘打った「多様なリアリティのフレーム」(11)という手法となって、詠爾に多様な父子物語を提供しているのです。

4　物語創作のメタファー

『ナンバー9ドリーム』の第一章「パンオプティコン」において、詠爾が面会を望んでいる加藤明子弁護士の事務所は「パンオプティコン」というビルの九階にあります。同じ章で詠爾の白昼夢の中で見る短編映画のタイトルも『パンオプティコン』です。パノプティコンとは十八世紀の法律家ベンサム考案による監獄モデル、すなわち一か所から内部すべてが見渡せる円形刑務所を意味しています。ハリス＝バーティルが詳細に論述しているように、『ナンバー9ドリーム』にはパノプティコン的権力や監禁のモチーフが繰り返されています。ヤクザによる拉致・監禁もその一例ですし、短編映画に登場する監獄の所長もベンサムという名前です。ハリス＝バーティルが「ヴァーチャルなパノプティコンは幾層もの円形になった詠爾の精神的幽閉のフレームになっている」（Harris-Birtill 57）と指摘している通り、幽閉と監視システムが物語に明示／暗示されているのは明らかです。

一方、パノプティコンは『ナンバー9ドリーム』のメタフィクショナルな解釈の鍵ともなり、物語の制約からの解放が志向されています。ハリス＝バーティルも各章の詠爾の物語が白昼夢やビデオ・ゲーム、記憶といったフィクショナルな「偽りの出だし」で始まり、それが成長物語というリアリズムのジャンルの「制約や期待を転覆している」（Harris-Birtill 61）と説明しています。それはさらに「型通りの直線上の話だという読者の期待を早い段階で打ち崩す」（Harris-Birtill 61）ことになるのです。そしてそれはまた、物語内の詠爾の現実からの解放にも繋がります。膨大な数の本に囲まれた実感を「僕は本だ」（*number9dream* 210）と比喩的に語ることや、「現実はページであり、人生は言葉である」（*number9dream* 267）という文字メディアの実体とともに、詠爾の精神やさまざまなメディアが作り出したストーリーによるヴァーチャル・リアリティは、硬直した現実に風穴を開け、「意味の付加的な層」（Rajewski 53）を開くことになります。『ナンバー9ドリーム』で志向していく現実とは、「さまざまに異なるメディアや言説やコラボレーションを混ぜ合わせたハイブリッド構造」（Stam, "Introduction" 9）だと言えるでしょう。

映画『パンオプティコン』にはもう一つ、メタフィクションを考察する手がかりがあります。それはヴォーマンという囚人が他の囚人たちから「神」として崇められていることです。彼は監獄内だけでなく外界も自分が創造したと言い、思うままに世界地図を書き換えて「ベルギー」を消滅させ、最後には治療に来た精神科医と入れ替わってしまいます。この映画はヴォーマンの「尊大な妄想」（Childs & Green 43）による創造者の権威が行使されたところで終わっています。しかし『ナンバー9ドリーム』では「神」の権威も物語の作者（創造者）の絶対的力も否定されていきます。

第二章の詠爾の記憶物語は十一歳の彼が雷神の頭部を切り落とす場面で始まります（*number9dream* 43）。詠爾はサッカー試合の直前、好成績を上げたら雷神に「どんなものでも差し出します」（*number9dream* 70）と約束しました。

その願いは双子の姉の安寿が溺死するという残酷な形で叶えられます。つまり、安寿の命を奪われたことへの報復として「神」の頭は切断されたのです。第五章の「物語の研究」と題する創作寓話において、窮地に陥ったメンドリのコーム夫人は、ヤギ作家の原稿の一部分――「父よ、父よ、なぜあなたは私を見捨てられたのか」（*number9dream* 233）――を読みます。もちろん、これはキリスト最期の言葉のアルージョンです。そのとき空から救出のために現われたのが神ならぬ「神二世」でした。ところがこの「神二世」はヒッピー姿のサーファーという出で立ちで現われ、神の威厳などどこにも見られません。第七章では、拉致した四人に内臓を賭けたトランプゲームを命じるヤクザの親分の都留を、詠爾は「神」と呼んでいます。しかしこの「神」も、自らの顔を鉄板で焼いてしまうという悲惨ながらも滑稽な最期を迎えます。いずれの「神」にも権威はないのです。

「神」の権威の失墜は創作者の権威の喪失に繋がります。一九六〇年代にはミシェル・フーコーが「作者の死」を宣言し[12]、ミハイル・バフチンはテクストが多様な声「ヘテログロッシア」から構成されているとして創作者の単一の声を否定しました[13]。挿入された寓話「物語研究」においても作者の権威は解体されていきます。主人公のヤギ作家は清少納言の筆（ペン）を使用し、「本当に語られたことのない話」（*number9dream* 207）を執筆中です。紙とペンを使用するヤギ作家のアナログ的な創作は、ウェブ上のデジタルな創作から挑戦を受けます。ヤギ作家はアラクニド（クモ）をもじったエリクニド女王のウェブに捕らわれ、デジタル化されそうになるのです。コピーとペーストが可能なウェブの世界には作者の独創性も権利もありません。言葉の独自性にこだわるヤギ作家はデジタル化されるのを拒み、仲間のピテカントロプスがコンピュータの電源を切ることでウェブの現実は断ち切られます。しかしこの「物語研究」では、アナログ的文学メディアにおける作者の権威も否定されています。最後にヤギ作家は「聖なる泉」に身を投げ、物質的な身体を消滅させることによって「作者の死」という儀礼を通過するのです。言い換えれば、作者がテクストの一部となり、自らが媒体となって創造することが示唆されているのです。

創作者に関する同様の考え方は、物語の終盤、ジョン・レノンの言葉となって再現されます。レノンを「神格化」

（*number9dream* 397）してきた詠爾は、レノンに出会う夢を見ます。詠爾はレノンのナンバーである「明日は決して知らない」（“Tomorrow Never Knows,” 1966）が何について書かれたものかを尋ねると、レノンは「歌が自分を書いた」（*number9dream* 398）と答えます。つまりテクストが作者を織り込んだと言うことです。自分を「神」とみなすヴォーマン流の作者《オーサー》の権威《オーソリティ》は結局、否定されているのです。

5　『ナンバー9ドリーム』とアダプテーション

『ナンバー9ドリーム』のタイトルはジョン・レノンのナンバー「#9ドリーム」（“#9Dream,” 1974）から採られています。詠爾は十二歳の頃から「音楽の神」レノンを信奉し（*number9dream* 397）、上京の折にはレノンのCDを携え、北千住の下宿には彼の写真を飾っています。小説の終盤、詠爾は夢の中で知己であるレノンに出会います。自分の一番好きな歌は「#9ドリーム」だと詠爾が言うと、レノンはこの歌は「ノルウェイの森」（“Norwegian Wood,” 1965）の「子孫」だと答えます（*number9dream* 398）。「ノルウェイの森」がビートルズのナンバーであることは言うまでもありませんが、同時に、村上春樹の『ノルウェイの森』を想起する読者も多いでしょう。実際、『ナンバー9ドリーム』には村上作品への直接的・間接的な言及が散見されます。「首のきれいな少女」「とかげ」「ドーナッツ」など身体的特徴からの人物の呼称や、『ねじまき鳥クロニクル』の井戸への言及あるいは間宮大佐の話と類似した第二次世界大戦時の回天特攻隊員の手記などは、まさしく村上を意識しているといえるでしょう。たとえミッチェルがレノンの歌からタイトルをアダプトしたにしても、アダプトされた作品のソースは決して単一のものではないのです。

ハッチオンは「短いインターテクスト的なアルージョン」はアダプテーションから除外すると言っています（Hutcheon 170）。その定義はある意味で妥当でしょう。しかし、さまざまな日本のメディアや日本製商品がそれ自身のストーリー性を持って小説の中に移し替えられ、日本の表象が作り上げられていくように、村上流の表現方法やストーリーのモチーフがインターテクストとして移し替えられることで、『ナンバー9ドリーム』の村上流テイストが作られているのです。つまり、『ナンバー9ドリーム』は村上の『ノルウェイの森』の直接的な「子孫」ではないにしても、村上作品の一種のアダプテーションと呼ぶことはできるでしょう。

第一章の白昼夢において詠爾は短編映画『パンオプティコン』を見ます。小説中の映画の書記化された描写は、マーク・ジル監督により二〇一三年に「ヴォーマンの問題」（"The Voorman Problem"）という短編映画にアダプトされ、二〇一四年にオスカー賞の短編映画部門のショートリストにノミネートされました。ちなみに、レノンが「#9ドリーム」をレコーディングするとき、ベース・ギターを担当していたのはクラウス・ヴォーマンでした。タイトルが替わったアダプテーションでは、「パンオプティコン」という章題を持つ元の小説のコンテクストから離れ、さらに同名の映画タイトルを使用しないことにより、所長「ベンサム」の名前が持つ監視体制の含蓄は消滅してしまっています。二〇一二年にBBC制作のテレビドラマ『シャーロック』（シーズン二）においてワトスン博士を演じたばかりのマーティン・フリーマンが、直後に撮影された「ヴォーマンの問題」では再び医師役を演じています。しかし囚人とすり替えられてしまってもホームズという助っ人が来てくれない状況を考えると、このアダプテーションはブラック・ユーモアという解釈が無難かもしれません(14)。

最後にもう一つのアダプテーションの例にふれておきましょう。『ナンバー9ドリーム』の初版は二〇〇一年に英国のホダー&スタウトンのセプター・ブックスから出版され、二〇〇二年には米国のランダム・ハウスからアメリカ版が出版されました。これらの二つのエディションには、イギリス英語とアメリカ英語の筆記の違いだけでなく、各所の表現や数ページ分の削除や追加など大きな違いがあります。言い換えれば、アメリカ版はすでに「原作」からアダプトされていることになります。ちなみに日本語版はアメリカ版から翻訳されています。

小説中、山谷こずえは詠爾と同名の二歳の息子を臓器密売の犠牲にされ、探偵になりました。詠爾は彼女が命がけで調べ上げた暴力団による臓器販売の詳細な情報を、友人のハッカーの置き土産であるウィルス・ソフト「メールマン」で世界中に拡散させます。そして『ナンバー9ドリーム』の最後の第九章は空白の章になっています。こうした二つの事例は、テクストの多方向への拡散と新たな意味の潜在的な可能性という、この小説のポストモダン性を示していると同時に、アダプテーションそのものが持つポストモダン性をも説明しているといえるでしょう。『ナンバー9ドリーム』は小説の創作手法としてアダプテーションを使用しているだけでなく、アダプテーションとは何かという根源的な問題をも考えさせてくれるのです。

【注】

1　二〇一一年、ラナ／アンディ・ウォシャウスキとトム・ティクヴァ監督によってドイツで製作され、ワーナー・ブラザーズの配給によって二〇一二年一〇月に公開された。

2　『クラウド・アトラス』のあらすじは、以下の通り。

一「アダム・ユーイングの太平洋航海記」十九世紀半ば、アメリカ人の公証人ユーイングがオーストラリアへ仕事で派遣されて、嵐のためニュージーランドのチャタム諸島で船の修理を待つ。彼に慢性的な病の症状が現われ、友人となった医者グースは命に関わる寄生虫のせいだとして治療を始める。帰国途上、彼の船室に隠れていた奴隷オートゥアは船員として働けるように船長にとりなしてくれとユーイングに頼む。

二「ゼデルゲムからの手紙」一九三一年、若いイギリス人の作曲家の卵で両性愛者のロバート・フロビシャーは親に勘当されたため、ブリュージュ（ベルギー）のゼデルゲムで隠遁生活を送る高名な老作曲家ヴィヴィアン・エアーズの下で写譜者として雇ってもらう。ケンブリッジ時代の同性愛の恋人ルーファス・シックススミスへ手紙を書いている。フロビシャーは偶然見つけた「アダム・ユーイングの太平洋航海記」の前半を読んでいる。

三「半減期――ルイーザ・レイの最初のミステリー」一九七五年、カリフォルニアに住むジャーナリストのルイーザ・レイは、新しく稼働する原子力発電所が安全ではない証拠を隠滅しようとする企業を告発するため、命を狙われながらも証拠を探そうとする。証拠となる報告書を作成した科学者シックススミスは、ルイーザに託す前に、暗殺される。彼女は偶然、シックススミスが持っていたフロビシャーの「手紙」を読む。企業の殺し屋はルイーザの乗った車を橋の上から落とす。

四「ティモシー・キャヴェンディッシュの恐ろしい試練」現代の英国。六十五歳の編集者ティモシー・キャヴェンディッシュは、本の印税の件でその作者の弟たち（ギャング）から逃げるために、自分の実兄を頼る。度重なる借金の尻拭いに腹を立てていた兄の策略で、彼は老人施設に監禁される。逃亡を企てるが失敗するなか、彼は実話を元に企業陰謀を暴露した「半減期――ルイーザ・レイの最初のミステリー」の原稿を読む。

五「ソンミ四五一のオリゾン」二十二世紀の新世界の韓国では、ファブリカントと呼ばれるクローンがピュア・ブラッド（人間）の代りに奴隷のような労働を担わされている。ファスト・フード店のウェイトレスだったファブリカントのソンミ四五一は反逆罪で処刑される前、インタヴューを受け、どのように自分の意識が「上昇」し、革命に加わっていったのかを記録器「オリゾン」に物語る。個人の権利に目覚めるきっかけの一つが、二十一世紀のピカレスク映画「ティモシー・キャヴェンディッシュの恐ろしい試練」を途中まで見たことだった。

六「スルーシャの渡しとその後のすべて」二十四世紀、文明社会の「転落」後、ハワイのビッグ・アイランドで原始的生活を送っていたザッカリーが若い頃の話を語る。ザッカリーの部族はソンミという女神を崇拝していた。文明が残っている「先見人」が時々彼らのところへ物々交換にやってくるが、あるときその一人メロニムが村に滞在することになる。ザッカリーは部族の人が恐れている山にメロニムを案内し、そこでオリゾンという映像交信器でソンミが語るのを聞き、さらにソンミが女神ではないことを知り、ショックを受ける。下山すると部族の人々は暴力的な他部族に皆殺しにされており、ザッカリーはメロニムに連れられて別の島に行く。最後のところで、彼の子どもがザッカリーから聞いた話を語るという設定になっていることが分かる。

七「ソンミ四五一のオリゾン」ファブリカントは十二年働いた後、自由になると信じていたが、実際には殺され、その身体はファブリカントの食料ソープの原料になることをソンミは知った。彼女は革命家らとともに（ファブリカント）解放「宣言」を書き、社会に訴えるが、反逆罪で捕まる。彼女は、革命そのものは国家がでっち上げたものであることを知っているが、それでも「宣言」の意味はあると信じている。彼女は最後の願いとして「キャヴェンディッシュ」の映画を最後まで見たいと言う。

八「ティモシー・キャヴェンディッシュの恐ろしい試練」心臓発作を起こしたティモシーは養生しながら、「ルイーザ・レイ」の編集を続けている。彼は施設からの逃亡を企てている仲間と知り合い、計画を練って逃亡に成功する。彼は「ルイーザ・レイ」の出版をしたい旨、作者と連絡をとる。

九「半減期――ルイーザ・レイの最初のミステリー」ルイーザは一命をとりとめたが、殺し屋に狙われ続ける。彼女は偶然入手したフロビシャーの「クラウド・アトラス六重奏曲」に聞き覚えがあることを不思議に思う。ルイーザの援助者と殺し屋はともに死に、彼女は報告書を元に企業を告発する。フロビシャーがシックススミスに宛てた残り八通の手紙をルイーザは彼の姪から受け取る。

十「ゼデルゲムからの手紙」フロビシャーはエアーズの妻と不倫関係を続ける一方、彼らの一人娘に惹かれる。作曲中の「クラウド・アトラス六重奏曲」をエアーズに取られそうになったため、彼は屋敷から出ていく。そのとき「航海記」の後半部分を発見する。ホテルに籠って「六重奏曲」を完成させると、それと「航海記」をシックススミスに送り、エアーズの所から盗み出した銃によって、バスタブで自殺する。

十一「アダム・ユーイングの太平洋航海記」ユーイングの病状はだんだんと悪化していった。彼はグースが財産を狙って自分に毒を盛っていることを知り、これで終わりかというとき、オートゥアが助けてくれた。帰国後、ユーイングは奴隷解放運動に人生を捧げることを決意した。

3

登場人物が時間の概念に関してこの用語を使用している（*Cloud Atlas* 409）。『ナンバー9ドリーム』に挿入された短編映画『パンオプティコン』の「一列になったロシア人形が絶叫する」（*number9dream* 26）というポスターの描写はマトリョーシカである。『ナンバー9ドリーム』からのアダプテーションの例と見ることもできるだろう。

4

『ナンバー9ドリーム』のあらすじは、以下の通り。

一「パンオプティコン」上京後、父の弁護士加藤明子が働いているパンオプティコン・ビルの前の喫茶店で、父の情報を得ようと加藤を待ち伏せする。喫茶店のウェイトレスの一人に惹かれる現実と、ビルに侵入して加藤と対決するサイバーパンク調な妄想、さらに加藤の後をつけて映画館で父と密談している現場に乗り込む妄想世界が交互に描かれる。

二「遺失物」東京の北千住のレンタル・ビデオ店の上で下宿住まいしながら、上野駅の忘れ物預かり所でアルバイトを始める。現実と、十一歳の詠爾がサッカーの試合で鹿児島へ出かけたとき、沖合の岩まで遠泳を試みた安寿が溺死するという子どもの頃の記憶物語が交互に描かれる。

三「ビデオ・ゲーム」ビデオ・ゲーム店で金持ちの大学生大門と知り合い、会員制バーへ連れて行かれる。大門との待ち合わせをすっぽかした女性（ミリアム）はそこで働いていた。その後、詠爾と大門はナンパした二人の女性たちと一晩を過ごす。翌日、偶然再会したミリアムが詠爾の情報を知っているような話ぶりだったため、彼女の家をつきとめる。ビデオ・ゲーム上のヴァーチャル世界が現実に挿入される。

四「埋立地」ミリアムはヤクザ（森野）のボスの女だったため、彼女と関係を持ったと思われる大門と詠爾は拉致される。詠爾は無傷で釈放されるが、森野が持っていると言う父の情報ファイルを盗み出そうとする。しかし罠にはまり、血の証文を書かせられ、ヤクザ同士の抗争現場に連れて行かれることになる。目撃者である詠爾が殺される（と思っている）寸前の現実世界と、それまでの記憶による経過が交互に描かれる。

五「物語研究」一命をとりとめた詠爾は忘れ物預かり所の上司である佐々木さん（レンタル・ビデオ店主、文太郎の母であることが後になって判明）の妹宅に身を潜めながら、静養する。詠爾の祖父から連絡が入る。現在ドイツへ旅行中の佐々木さんの妹は寓話作家で、彼女の寓話「物語研究」（ヤギの作家、メンドリのコーム夫人、原人ピテカントロプスの話）を読む。

六「回天」祖父の友人だという老人（実は祖父）から、第二次世界大戦時の人間魚雷「回天」の特攻隊員だった祖父の兄、築山昴の日誌を渡される。その後、父の現在の妻と娘から祖父が亡くなったこと、今後は一切連絡をとらないようにと言い渡される。大家の文太郎が妻と沖縄旅行へ行く間、詠爾はレンタル・ビデオ店を任される。その間、憧れていたピアニスト志望の学生の今城愛と親しくなる。読書中の昴の手記（「回天」）と現実生活が交互に描かれる。

七「トランプ」愛のルームメートの世良に頼まれ、詠爾は夜間、ピザ屋で働く。探偵の山谷から、ヤクザ組織の証拠資料のディスクが送られてくる。また忘れ物預かり所で同僚だったコンピュータ・ハッカーの須賀から渡米前の贈り物として、Eメール・アドレス経由のコンピュータ・ウィルス・ソフト（「メールマン」）をもらう。一方、留守電に残った（成りすましの）「父」からの伝言に釣られ、森野の親分格である都留の一味に捕えられる。四人の中で負けた一人が売買用に内臓を提供するというトランプ遊びを命じられるが、都留が発作で亡くなり、救われる。ピザの配達先のパンオプティコン・ビルで弁護士の父に初めて会うが、幻滅して名乗ることもせず、父探しは終了する。彼はコンピュータ店のコンピュータを使って、山谷の情報と須賀のウィルスを流した。ピザ店の現実生活と父探しに纏わる出来事が交互に描写される。

八「山の言語は雨」詠爾は友人の好意で、無料の輸送トラックを乗り継ぎながら、宮崎の病院にいる母を訪ねる。二人のトラック運転手はそれぞれの悪夢とその結果の人生観を語る。詠爾は母と再会し、母子としてではなく、人間同士として理解し合う。鹿児島の空き家で台風の夜を過ごし、翌日、屋久島で渡る。帰宅直後、ラジオのニュースで東京に大地震が起こったことを知る。愛に電話をするが繋がらないため、すぐに東京へと向かう。宮崎、そして屋久島までの旅の様子や愛との会話と、詠爾の夢が交互になる。

九（空白）

5 Cyberpunkは一九八〇年代に出現したSFのサブジャンル。人体へ機械などを埋め込んで意識や機能を拡張させたりする特徴がある。

6 文学とテクノロジー（映画）との遭遇による影響についてはWattsを参照のこと。

7 Valharaは北欧神話の主神オーディンの神殿。Xanaduはモンゴル帝国のクビライがモンゴル高原に建てた都（上都）。Nirvanaは仏教の涅槃（心の安らぎの境地）。

8 『クラウド・アトラス』の「ソンミ四五一のオリゾン」（"An Orison of Sonmi~451"）にはジッジ・ヒカル（Zizzi Hikaru）という女児に人気のクローン人形はその流行が廃れると捨てられてしまうという描写がある（*Cloud Atlas* 351-52）。これもアダプテーションの一種である。

9 Simpson 55-58. ただし、シンプソンはゲームや詠爾の幻想などの「父」像についてはふれていない。

10 Simpson 57-58.

11 トー・シェン・ミンとのインタヴュー"The Illusionist's Dream"より。

12 フーコー『作者とは何か』（一九六九）を参照のこと。

13 "heteroglossia"についてはバフチン『小説の言葉』（一九七五）を参照のこと。

14 二〇一三年にエマニュエル・オバーグ脚本、リー・トマス制作、アシフ・カパディア監督によって小説と同名の映画がアダプトされる計画が始まったが、二〇一六年一〇月現在、進展はわからない。

【引用文献】

Benjamin, Walter. *Illuminations*. London: Fontana, 1992.

Childs, Peter, and James Green. "The Novels in Nine Parts." *David Mitchell: Critical Essays*. Ed. Sarah Dillon. Canterbury: Gylphi, 2011. 49-76.

Corrigan, Timothy. "Literature on Screen, a History: in the Gap." *The Cambridge Companion to Literature on Screen*. Ed. Deborah Cartmell and Imelda Whelehan. Cambridge: Cambridge UP, 2007. 29-43.

Dick, Frederick K. *Do Androids Dream of Electric Sheep?* London: Gollancg, 2007.

Harris-Birtill, Rose. ""A row of screaming Russian dolls": Escaping the Panopticon in David Mitchell's *number-9dream*." *Substance*. 44-1. 2015: 55-70.

Hutcheon, Linda. *A Theory of Adaptation*. New York: Routledge, 2006.

Ishiguro, Kazuo. *A Pale View of Hills*. London: Faber, 1982.

———. *An Artist of the Floating World*. London: Faber, 1986.

Mitchell, David. *number9dream*. London: Sceptre, 2001.

———. *number9dream*. New York: Random, 2002.（『ナンバー9ドリーム』高吉一郎訳、新潮クレスト・ブックス、二〇〇七年）

———. *Cloud Atlas*. London: Sceptre, 2004.

———. "The Illusionist's Dream." Interview with Toh Hsien Min. *QLRS 1.2*. 2002. Web. 16. Sept. 2014. 〈http://www.qlrs.com/interview.asp?id=173〉

Posadas, Baryon Tensor. "Remediations of 'Japan' in *number9dream*." *David Mitchell: Critical Essays*. Ed. Sarah Dillon. Canterbury: Gylphi, 2011. 77-103.

Rajewsky, Irina O. "Intermediality, Intertextuality, and Remediation: A Literary Perspective on Intermediality." *Intermédialités*. 6. 2005: 43-64.

Ray, Robert B. "The Field of 'Literature and Film.'" *Film Adaptation*. Edited and with an introduction by James Naremore. New Brunswick: Rutgers UP, 2000. 38-53.

Ryan, Marie-Laure. *Narrative as Virtual Reality: Immersion and Interactivity in Literature and Electoronic Media*. Baltimore

and London: John Hopkins UP, 2001.
Simpson, Kathryn. " 'Or Something Like That': Coming of Age in *number9dream*." *David Mitchell: Critical Essays*. Ed. Sarah Dillon. Canterbury: Gylphi, 2011. 49-76.
Stam, Robert. "Beyond Fidelity: The Dialogics of Adaptation." *Film Adaptation*. Edited and with an introduction by James Naremore. New Brunswick: Rutgers UP, 2000. 54-76.
———. "Introduction: the Theory and Practice of Adaptation." *Literature and Film: A Guide to the Theory and Practice of Film Adaptation*. Ed. Robert Stam and Alessandra Raengo. Malden, MA: Blackwell, 2005. 1-52.
Watts, Carol. "On Conversation." *Literature and the Visual Media: Essays and Studies*. Ed. David Seed. Woodbridge: DS Brewer, 2005.
Wolf, Werner. "Intermediality." *Routledge Encyclopedia of Narrative Theory*. London and New York: Routledge, 2005. 252-56.

*

高吉一郎「訳者あとがき」デイヴィッド・ミッチェル『ナンバー9ナインドリーム』新潮クレストブックス、二〇〇七年。

バフチン、ミハイル『小説の言葉』伊東一郎訳、新時代社、一九七九年。

平林美都子『「辺境」カナダの文学――創造する翻訳空間』彩流社、一九九九年。

フーコー、ミシェル「作者とは何か」蓮實重彦・渡辺守章監修『ミシェル・フーコー思考集成Ⅲ　一九六八－一九七〇　歴史学／系譜学／考古学』筑摩書房、一九九〇年。

村上春樹『ノルウェイの森』講談社文庫、一九九一年。

———『ねじまき鳥クロニクル』新潮文庫、二〇〇三年。

●映像資料

ウォシャウスキ、ラナ&アンディ、トム・ティクヴァ（監督）『クラウド・アトラス』（DVD）ワーナー・ホーム・ビデオ、二〇一三年。

北野武（監督）『ソナチネ』バンダイビジュアル、一九九三年。

スコット、リドリー（監督）『ブレードランナー』（ＤＶＤ）、ワーナー・ホーム・ビデオ、二〇〇八年。

――『ブラック・レイン』（ＤＶＤ）、パラマウントジャパン、一九八九年。

マクギガン、ポール（監督）『シャーロック』（ＤＶＤ）、ＢＢＣワールドワイド、二〇一二年。

Gill, Mark, dir. "The Voorman Problem", DVD, Honlodge Productions, 2013.

＊本章は「David Mitchell の *number9dream* と *Cloud Atlas* から「アダプテーション」を考える」（『愛知淑徳大学論集――文学部・文学研究科篇』四〇（二〇一五））を加筆、修正したものである。

あとがき

本書の原稿執筆にとりかかったのは一年三か月ほど前でしたが、まえがきにもあるとおり、執筆は難渋を極めました。現在の大学が慌ただしいこともあるのですが、何よりも一番の原因は、アダプテーション論自体がかなり大変な作業を論者に課す性質のものだからです。文学の論文を書くというのは、なかなか難しい、厄介な手続きの多い作業です。事実を縷々述べたうえで、「考察」という名の考えを付け加える種の論文に比べると、文学は、いわばすべて作品という事実に関する「考察」でできていますから、事実を並べても何もならず、それだけで「逃げる」ことが許されない書き物なのです。さらに、アダプテーション論は、文学的素養と映画の知識が重なりあう場で成り立つ議論ですから、映画など関連映像作品を見て、メモを取り、それを文学作品と比較し、アダプトされた行為・事実に意味を見出していく作業が不可欠で、さらに時間と労力がかかります。情けない限りですが、見たものはすぐ忘れてしまうんですね。おかげで、確認のために何度同じ箇所を見たことでしょう。それ以外の箇所にも当てはまるところがないかどうか確認するために、さらに何度全編通して見たことでしょう。

しかし、アダプテーション論は、それだけの苦労のし甲斐がある議論でもあります。その大事な事実が確認できただけでも、本書の執筆・編集に携われたことの意義は大きかったと感じています。映画・映像作品を参照枠に据えて考えるのでなければ、文学作品をもっとスタティックに、個別の世界として捉えるのみで、映像との関連で諸作家をダイナミックな関係性のなかで捉えようともしなかったはずだからです。

同じことが映画・映像作品にも言えます。同じタイトルの作品であれば、比較を考えるのは当然でしょうが、文学作品をその参照枠に据えて差異を考え始めると、映画というアートの持つ特質が否応なく顕在化されるのです。今までにも映画作品を論じたことはありますが、もともと文学研究者だからなのでしょう、一貫して作品をスタティックに眺めてきたように思います。ところが、文学を透かし見ながら映画を考えるという思考回路は、驚くほど映画が総合アートであることに気づかせてくれるのです。そういう表現の存在は勿論知っていましたし、同様の表現に何度も立ち会ってきましたが、今回の作業を通じてほどその特質を実感したことはありませんでした。どうしてあんなにオリジナル脚本と実際の映画作品でのセリフが違ってしまうのか、納得できた気がします。ベラ・バラージュが言うとおり、「映画は文学とは無関係」なのです。

二十世紀前半のバラージュには思いもよらなかったでしょうが、しかし、アダプテーションは、そういう両者を接合させようとする動きです。それぞれ独立してはいますが、それとは別の、すべての融合・統合を標榜する文明論的流れが二十一世紀には顕著なのです。アダプテーションを文化現象として認識するとは、文化的グローバリゼーションとでも呼ぶべきその流れへの一つの解だと思います。だからこそ、アダプテーションは映画と文学の比較に留まれるわけがないのです。私たちが問題にしているアダプテーションという文化現象は、ハッチオンが言うとおり、「グローバル・エンタテイメント」のただなかで現在進行形で起きている事柄であって、ゲームは言うに及ばず、ユニバも、ひょっとしたらコンサートも、その範疇に加えて考察しなければならないものなのです。

言い換えれば、そういう地球規模で起きるエンタメ現象の中の文学は、ひとつのパートにすぎないということです。ユニバのエンタメが、文学が扱うべき物語性だけで成り立っている訳がありませんし、ハリポタ・シリーズを考えればすぐに分かるように、物語性なしで成立するわけでもありません。文学研究そのものが決して中心にあるわけではないということ、それこそがアダプテーション研究を契機に文学研究者が獲得しなければならない認識なのではないでしょうか。たとえば、先ほど挙げた「映画は文学とは無関係」という表現ですが、これは映画研究が新しい分野であるがゆえに、ベラ・バラージュが自らのアイデンティティ確立のために考えなければならなかった差異であり比較です。既にディシプリンとして確立している文学研究であれば、その必要はなかった。無関係と言えば、それで済んでしまう。それほど学として確立していた、ということです。そう言い切れなかった新しい映画研究であったからこその結論なのですね、バラージュのそれは。その流れで考えてみると、今度は文学が、グローバリゼーションの流れのなかで、映画とどう違うのか、何が同じなのか、それを考える番が来た、ということなのではないでしょうか。

＊

本論集は、序章と九章からなる各論で構成されています。当初の予定よりは四篇少ない構成になりましたが、全体としてはご覧のとおり、文学者や映画俳優は言うに及ばず、ＴＶタレントにロック・ミュージシャンまでが人名・作品名索引リストに並ぶほど多様で、なおかつバランスのとれたアダプテーション論を呈示できたのではないかと自負しています。

世織書房の伊藤晶宣さんには、原稿が揃ってから実に短い期間での刊行をお願いしましたが、実に迅速に仕事をこなしていただき、ここに刊行の運びとなりました。ありがとうございました。

本論集がアダプテーションについての理解を深め、新たな文学・メディア研究へと進む力に少しでもなれば、この上ない喜びです。

二〇一七年二月

岩田和男

【執筆者紹介】（執筆順）

武田美保子（たけだ・みほこ）――京都女子大学名誉教授。〔編者〕
著書に『〈新しい女〉の系譜――ジェンダーの言説と表象』（彩流社、二〇〇三）、『身体と感情を読むイギリス小説――精神分析、セクシュアリティ、優生学』（春風社、二〇一八）、共編著に『増殖するフランケンシュタイン――批評とアダプテーション』（彩流社、二〇一七）などがある。

武田悠一（たけだ・ゆういち）――元南山大学教授。〔編者〕
著書に『読むことの可能性――文学理論への招待』（彩流社、二〇一七）、『アレゴリーで読むアメリカ／文学――ジェンダーとゴシックの修辞学』（春風社、二〇一七）、『差異を読む――現代批評理論の展開』（彩流社、二〇一八）などがある。

大橋洋一（おおはし・よういち）――東京大学名誉教授。
著書に『新文学入門――T・イーグルトン『文学とは何か』を読む』（岩波書店、一九九五）、編著に『現代批評理論のすべて』（新書館、二〇〇六）、訳書に、テリー・イーグルトン『文学とは何か――現代批評理論への招待』（岩波文庫、二〇一四）などがある。

岩田和男（いわた・かずお）――愛知学院大学総合政策学部教授。〔編者〕
共著に『クィア批評』（世織書房、二〇〇四）、『ジェンダーは超えられるか――新しい文学批評に向けて』（彩流社、二〇〇〇）、『英米文学における父の諸変奏――安田章一郎先生百寿記念論集』（英宝社、二〇一六）などがある。

梶原克教（かじはら・かつのり）――愛知県立大学外国語学部英米学科教授。
共著に『エスニシティと物語り――複眼的文学論』（金星堂、二〇一九）、『ハーレム・ルネサンス――〈ニュー・ニグロ〉の文化社会批評』（明石書店、二〇二一）、訳書に、リー・ヴァンス『不法取引』（日本経済新聞出版社、二〇〇九）などがある。

石塚倫子（いしづか・のりこ）――東京家政大学人文学部英語コミュニケーション学科教授。

共著に『ハムレット（シリーズもっと知りたい名作の世界2）』（ミネルヴァ書房、二〇〇六）、『甦るシェイクスピア――没後四〇〇年記念論集』（研究社、二〇一六）、『書斎の外のシェイクスピア』（金星堂、二〇一七）などがある。


小西章典（こにし・あきのり）――大同大学教養部准教授。

共著に『イギリス王政復古演劇案内』（松柏社、二〇〇九）、『増殖するフランケンシュタイン――批評とアダプテーション』（彩流社、二〇一七）、共訳書に、ロナルド・ノウルズ編『シェイクスピアとカーニヴァル――バフチン以後』（法政大学出版局、二〇〇三）などがある。


大西祥恵（おおにし・よしえ）――龍谷大学非常勤講師。

著書に『モダニズムの胃袋――ヴァージニア・ウルフと同時代の小説における食の表象』（春風社、二〇二〇）、論文に「*Mrs Dalloway* の食の政治学」（『テクスト研究』第七号）、「*Flush* における「匂いの世界」」（京都女子大学大学院紀要『英語英米文学論輯』第一八号）などがある。


平林美都子（ひらばやし・みとこ）――愛知淑徳大学文学部総合英語学科教授。

著書に『辺境カナダの文学――創造する翻訳空間』（彩流社、一九九二）、『表象としての母性』（ミネルヴァ書房、二〇〇六）、編著に『女同士の絆――レズビアン文学の行方』（彩流社、二〇二〇）などがある。

アダプテーションとは何か——文学／映画批評の理論と実践

2017年3月30日　第1刷発行 ©
2022年2月10日　第2刷発行

編　者	岩田和男・武田美保子・武田悠一
装幀者	M. 冠着
発行者	伊藤晶宣
発行所	(株)世織書房
印刷所	新灯印刷(株)
製本所	協栄製本(株)

〒220-0042　神奈川県横浜市西区戸部町7丁目240番地　文教堂ビル
電話045-317-3176　振替00250-2-18694

落丁本・乱丁本はお取替えいたします　Printed in Japan
ISBN978-4-902163-94-0

索　引

〈人名＋作品〉

ア行

カ行

サ行

タ行

ナ行

ハ行

マ行

ヤ行

ラ行

ワ行